2014年河北省教育厅人文社会科学研究重大课题攻关项目（编号：ZD201428）
2013年国土资源部软科学研究项目（编号：201345）
2012年河北省高校百名优秀创新人才支持计划（II）（编号：BR2-126）
2010年国家社科基金项目（编号：10BJY027）
河北省高校重点学科建设项目　资助

京津冀资源型企业
生态工程及区域生态共生机制研究

苗泽华　索贵彬　王汉新　彭靖　宿丽霞 ◎ 著

中国财经出版传媒集团

经济科学出版社
Economic Science Press

图书在版编目（CIP）数据

京津冀资源型企业生态工程及区域生态共生机制研究/
苗泽华等著 . —北京：经济科学出版社，2017. 11
ISBN 978 - 7 - 5141 - 8515 - 7

Ⅰ . ①京…　Ⅱ . ①苗…　Ⅲ . ①能源工业 - 工业企业
管理 - 生态管理 - 研究 - 华北地区　Ⅳ . ①F426. 2

中国版本图书馆 CIP 数据核字（2017）第 242349 号

责任编辑：周国强
责任校对：杨　海
责任印制：邱　天

京津冀资源型企业生态工程及区域生态共生机制研究
苗泽华　索贵彬　王汉新　彭　靖　宿丽霞　著
经济科学出版社出版、发行　新华书店经销
社址：北京市海淀区阜成路甲 28 号　邮编：100142
总编部电话：010 - 88191217　发行部电话：010 - 88191522
网址：www. esp. com. cn
电子邮件：esp@ esp. com. cn
天猫网店：经济科学出版社旗舰店
网址：http://jjkxcbs. tmall. com
固安华明印业有限公司印装
710×1000　16 开　18. 5 印张　310000 字
2017 年 11 月第 1 版　2017 年 11 月第 1 次印刷
ISBN 978 - 7 - 5141 - 8515 - 7　定价：68. 00 元
（图书出现印装问题，本社负责调换。电话：010 - 88191510）
（版权所有　侵权必究　举报电话：010 - 88191586
电子邮箱：dbts@ esp. com. cn）

前　　言

乾坤定位，弘道立德，中国梦，飞龙在天；

风云际会，扬善止恶，京津冀，协同发展。

《易经》记载："易有太极，是生两仪，两仪生四象，四象生八卦。"《易经》中的两仪可以理解为乾坤，也可理解为天地、阴阳和男女。也可以说，任何对立统一的两个方面均是两仪。一提到乾坤二字，不少人就发懵。事实上，天地人众生，皆在乾坤之中而不知也。"大道至简，悟在天成。"乾坤之道，至简至易。用心悟之，则朴素简易；不用心悟之，则玄之又玄。许慎在《说文解字》上说："乾，上出也。"段玉裁注解：此乾字之本义也。我国自有文字以来，乾字常用为卦名。《易经》对乾字有诸多的诠释，如"乾，天也。"（《易·说卦传》）；"乾，阳物也。"（《易·系辞传》）；"乾刚坤柔。"（《易·杂卦传》）等。孔子释之曰健也。健之义生于上出，上出为乾，下注则为湿，故乾与湿相对。在伏羲先天八卦中，乾卦是第一卦；在文王六十四卦中，乾卦还是第一卦。乾，对应天，对应阳，对应雄，对应男。朱骏声在《说文通训定声》中说："达于上者谓之乾。凡上达者莫若气，天为积气，故乾为天。"人们常说的"天行健，君子以自强不息"（出自《易经·乾第一》）。就是《易经》对"乾"字最为经典而优美的解释。许慎在《说文解字》上说："坤，地也，易之卦也。"《左传·庄公二十二年》上说："坤，土也。"《易·说卦》上说："坤也者，地也。"《宋书·乐志》上说："山岳河渎，皆坤之灵。"在伏羲先天八卦中，坤卦是第二卦；在文王六十四卦中，坤卦还是第二卦。坤，对应地，对应阴，对应雌，对应女。人们常说的"地势坤，君子以厚德载物"（出自《易经·坤第二》。）也是《易经》对"坤"字最为经典而美妙的解释。"天行健，君子以自强不息；地势坤，君子以厚德载物。"则是《易经》对乾坤定位最为经典而美好的释义，蕴藏着源远流长的人文精神与刚健有为的不竭动力。中华民国时期，著名学者梁启超先生作为清华大学国学院四大导师之一，曾给当时的清华学子作了《论君子》的演讲。梁先生希望清华学子们都能继承中华传统美德，并引用了《易经》上的"自强不息""厚德载物"等名言来激励清华学子。此后，清华人便把"自强不息，厚德载物"八个字写进了清华大学校规，后来又逐渐演变成为清华大学的校训。其实，"自强不息，厚德载物"正是乾坤大道所折射出的人文精神。这不仅仅是清华大学的校训，也是中华民族生生不息、心心相印的智慧之根与文明之源。

《易经》是中华文明的象征，是中华优秀传统文化的璀璨明珠。《易经》不仅是群经之首，也是中华人文之源头；不仅是经典中的经典，学问中的学问，也是哲学中的哲学，更是智慧中最为伟大的智慧。老子的道家学说源于此，孔子的儒家学说也源于此，春秋战国时期的诸子百家以及有史以来的中华精神命脉还是源于此。鄙人认为，从乾坤定位的视角来看，道家居乾位，对应阳；儒家则居坤位，对应阴。东方文明居乾位，对应阳；西方文化则居坤位，对应阴。从伏羲天南地北的先天定位来看，道家对应长江，儒家则对应黄河。长江居乾位，对应阳；黄河则居坤位，对应阴。长江为父亲河，黄河则为母亲河。鄙人曾作过颂扬长江黄河的一首诗："长江黄河浪淘沙，同源分流自天涯。万里奔腾永不尽，百川归海本一家。"这首诗不仅赞美了雄壮的长江黄河，还寓意着祖国统一，台湾回归，功到垂成。在儒道墨法四家中，道家居少阳，对应的季节是春天；儒家居少阴，对应的季节是秋天；墨家居老阳，对应的季节为夏天；法家居老阴，对应的季节则是冬天。一年四季，循环往复；天地四象，斗转星移；儒道墨法，交融渗透。

《易经》对中华民族思维与行为方式的形成与发展起着非常重要的奠基与导向作用。伏羲先天八卦的基本卦为乾坤二卦。通俗地说，乾为父，坤为母。其他六卦可以理解为父母所生的子孙。乾坤合而为一就是太极。在数理上，无极是数字 0，太极是数字 1，乾坤则是数字 2。从无极到太极，就是从 0 到 1，演变为成语"无中生有"。数字 0 和 1 也是数学中最基本的数，德国著名的数学家、哲学家莱布尼兹受我国《易经》的影响而大胆提出了二进位制的设想，为后来迅猛发展的计算科学奠定了重要基础。数是天地之理，天数真定，人在数中。人算不如天算，顺天地而行，则至善至美矣。人若能一分为二，忠恕在心，已所不欲，勿施于人，则通向圣贤。人若能合二为一，一念清净，不忘初心，方得始终，则趋于道德。人若能从有到无，慈悲在心，四大皆空，则跳出三界五行通向极乐矣。在《易经》中，不同的卦对应不同的时空方位。伏羲先天八卦的方位为"天南地北"，亦即乾位在南，坤位在北。而在文王六十四卦中，乾对应西北，坤对应西南。通俗地说，乾坤定位就是定准方向与位置。人们常说的"一花一世界，一叶一菩提"，也是乾坤定位的结果。小到一粒微尘、一草一木、一个人，中到一个家庭、一个企业、一个区域、一个产业，大到一个国家、一个地球、一个世界，乃至整个宇宙，每时每刻都处在乾坤定位之中。一个人不能因时因势而定位，就不能身心和谐；一个企业不能因时因势而定位，就不能良性发展；一个国家不能因时因势而定位，就不能更好地增强国力面向未来。乾坤定位，也是弘道而行、立德而进的过程。先天八卦把天地阴阳统一为道。老子曰："道可道，非常道。"乾坤有大道，人间有大德。习近平总书记指出："国无德不兴，人无德不立。一个民族、一个人能不能把握自己，很大程度上取决于道德价值。"《礼记》中说："大道之行也，天下为公。"人皆有私心，但更要有公心。公心大于私心，才合乎道，才能涌现出大德来。因此，人们坚持不懈地学习弘扬道，少私寡欲，克己复礼，才能立大德。有德者，得天下，掌乾坤，福百姓。人得天地之气而生，是乾坤定位、天地化育的结果。人生于天地之间，就要学习领悟天地之道，学习上天的刚健，化难为易，自强不息；学习地的广袤，有容乃大，厚德载物。一个企业要造福人群，也要秉承"自强不息，厚德载物"的精神与文化，承担并履行社会责任，引领社会经济新风尚。一个国家也要弘扬"自强不息，厚德载物"的精神与文化，为人民、为国家、为苍生、为世界，贡献道德、智慧与力量。

　　中华民族伟大复兴的中国梦，就是在习近平总书记的英明领导下，为中国人民，也为世界人民提出了一个伟大而充满道德与智慧的奋斗目标与愿景。中华民族伟大复兴涉及政治、经济、军事、文化、科技、教育、生态和社会诸方面的复兴。中国梦就是乾坤定位在新中国改革开放全面建成小康社会并逐渐趋向世界大同的特定历史时期的具体表现，也是 13 亿中国人民美好的梦想。中国梦是习近平思想的重要组成部分，也是伟大领袖毛泽东主席和周恩来、刘少奇、朱德、邓小平等老一辈革命家为中华民族而奋斗终生的梦想。中国梦传承了中华民族自强不息、厚德载物的精神，凝聚了中华民族五千年的智慧与文明。2017 年 7 月 30 日上午，我放下艰巨的课题研究及这部重要书稿的撰写工作，安安静静地坐在家里的电视机前，聚精会神地观看了建军九十周年在内蒙古自治区朱日和镇举行的大型沙场阅兵仪式。当时，我的心情非常激动，为我们伟大祖国的强大而无比自豪，为我们威武的人民子弟兵而无比骄傲。观看阅兵仪式之后，鄙人即兴赋诗三首："南昌金秋义擎天，朱毛会师井冈山。星火燎原遍地红，不忘初心永向前。""阅兵朱日和，大器壮国威。习风惠天下，中华逐梦飞。""龙师军号响，古月迎霞光。挥去相思泪，英雄战沙场。"《易经》对师卦的解释为："师。贞，丈人吉，无咎。"①《易经》象曰："地中有水，师。君子以容民畜众。"师即兵众，只有选择德高望重的长者来统率军队，才能吉祥无咎。统率军队需要德高望重的长者，统领国家更需要德高望重的长者。中华龙师之道，在于身心和谐、家庭和谐、企业和谐、社会和谐，国家和谐、世界和平。中国梦是和谐之梦，是富民强国之梦，更是世界和平之梦。

中华民族自古就称为龙的传人，龙的传人不仅仅是美丽的神话，而是中华民族心心相印、生生不息的人文精神。俗语说："自从盘古开天地，三皇五帝到如今。"三皇一般是指天皇、人皇、地皇。天皇之配皇为伏羲，对应龙；人皇之配皇为女娲，对应蛇；地皇之配皇为神农，对应牛。《帝王世纪》将伏羲列为三皇之首，《吕氏春秋》又将伏羲列为五帝之首，故伏羲为三皇五帝之首。青帝，亦即苍帝，也称为木帝。青帝主木，主掌万物生发，木属东方，代表春天。其精神为"仁"，即"上天有好生之德"。青帝之配帝为伏羲，也称庖牺。传说伏羲有圣德，明若日月，故称为太昊或太皞。据说伏羲生于大水，其母华胥氏曾到雷泽游坑，踩雷公足迹而受孕，生下来的伏羲却

---

① 丈人，本意为身材高大之人，在古代往往指德高望重的老者。能弘道立德，才德高望重，才能令人生敬畏之心。大到一个国家的领袖，小到一个家庭的家长，都需要德高望重者。人，无德不立，有德自尊。后来，丈人一词演变为妻子之父，也称为岳父或泰山大人。泰山，五岳独尊。看来，就是做老丈人，也要德高望重，才能赢得女婿和女儿等晚辈的敬重。

是人首龙身。因此，伏羲氏也号曰"龙师"。正因为此，我们中华民族自古至今才称为龙的传人。位于河北省新乐市区北郊两公里处的何家庄村之东隅伏羲台，就是新石器时代伏羲氏寓此繁衍生息发展壮大的地方。伏羲台、金水河、葫芦头、刺孩草等是伏羲时代留下的遗物和遗迹。伏羲为中华民族之人文始祖，他教民结绳为网，创立先天八卦，建古代历法，改婚姻制，主张非同族通婚。青帝（伏羲）对应的卦是乾卦，上卦为天，下卦也是天，每一爻皆是阳爻。这就是"天上有天""天外有天"的来历。中国古代皇帝称为"九五至尊"，就源于乾卦九五爻辞"飞龙在天，利见大人"。"先天"与"后天"出自《周易乾·文言》"先天而天弗违，后天而奉天时"。伏羲所创的先天八卦描绘的是宇宙之本源，为存在之始。孔子在解释乾卦第二爻时说道："见龙在田、天下文明。"这里的"见"字就是"出现"的意思。为什么乾卦爻辞中，都有"龙"字呢？龙到底是一种动物，还是天象天意天道呢？当今，虽然有诸多恐龙化石出土，但中华龙恐怕并不是张牙舞爪的动物。鄙人认为，龙就是天道，也是天象，还是天意。龙是人德，人得之于天，得之于道。从乾卦之卦辞来释义，龙则是"刚健有为，自强不息"之精神。也可以说，"龙"就是天地万物所表现出的阴阴阳阳、刚刚柔柔、动动静静、弯弯曲曲的纹路与轨迹。龙正是乾之大道，若隐若现，玄妙无穷。我们将其引申为天地大道，人间大德。中国梦，正是秉承了中华文明之龙神，体现了天地大道、人间大德，并呈现出飞龙在天的大国气象。

　　成语"风云际会"也源于易经。《周易·乾·文言》中说："云从龙，风从虎，圣人作而万物睹。"风云用来比喻难得的机会，而际会表示遇合。风云际会也往往比喻有能力的人遇上了好机会。当今，习近平总书记设计的中华民族伟大复兴的中国梦就是宏伟而美好的蓝图，也是人民对幸福生活的向往，更是非常难得的发展机遇。他所提倡的"一带一路"战略、"京津冀协同发展"战略以及建设雄安新区的决策等，给中华民族不忘初心继续前进指明了方向。要实现中国梦，推进京津冀协同发展，需要弘道立德，文化自信。继承弘扬中华优秀传统文化，需要万众一心，坚定不移，众志成城。这需要调动每一个中国人的主动性、能动性与积极性。在汉字中，"人"字最好认，但用毛笔把人字写好却不太容易，把人做好就更难了。鄙人认为，毛主席题写的"人民日报"之"人"字最为优美而神采飞扬，大有龙之气象、领袖之风采。"人"字也是乾坤定位，合二为一的结果。人字左边这一撇，处于乾位；人字右边这一捺，则处于坤位。二者合而为一，才为人。人字左撇为阳，为真；人字右捺为阴，为正。常行正真，才是真正的人。行真，则需要扬善；行正，则需要止恶。在成语"扬善止恶"中，"止恶"更为关键，止不住恶，也就不可能真正扬善。止恶不仅需要扬善之引领，更需要惩恶之保障。必须严厉惩处大奸大恶，才能更好地扬善。一个人，不论是从恶到善，还是从善到恶就像天地阴阳一样是渐变的，也是动态的。一个人，把善做到极致不容易，把恶做到极致也不容易。可以说，善与恶是一对矛盾，激荡于心，此起彼伏，伴人终生。不论是止恶扬善，还是止善趋恶，皆是人生的某种境界。人若能止恶向善，就会越活越阳光；人若止善趋恶，就会越活越阴暗。这两种境界皆是境界，甚至由此而演化出无穷无尽的人生境界来。人生境界不同，则趣味不同，过程不同，结果也不同。止恶向善的人生趣味似乎在天上，止善趋恶的人生趣味恐怕在地狱。不比较，人们也就不知道天宫与地狱之别。

《说文解字》上说："京，人所为绝京丘也。"京，也寓意高岗。绝高为之京。"京"字属于象形。"京"字的甲骨文字形就好像那筑起的高丘形状，上为耸起的尖端。"京"字的本义则是人工筑起的高土堆。高为乾，低则为坤；有高有低，则为乾坤。因此，京也可以引申为乾坤之枢纽。北京，简称京。北京是中华人民共和国的首都，也是新中国最早设置的直辖市、国家中心城市、超大城市，全国政治中心、文化中心、国际交往中心、科技创新中心，是中国共产党中央委员会、中华人民共和国中央人民政府和全国人民代表大会的办公所在地。北京位于华北平原北部，背靠燕山，毗邻天津市和河北省。北京历史悠久，文化灿烂，是首批国家历史文化名城、中国四大古都之一和世界上拥有世界文化遗产数最多的城市。北京有3060多年的建城史，并孕育了故宫、天坛、八达岭长城、颐和园等众多名胜古迹。早在70万年前，北京周口店地区就出现了原始人群部落"北京人"。公元前1045年，北京成为蓟、燕等诸侯国的都城。公元938年以来，北京先后成为辽陪都、金中都、元大都、明清国都。1949年10月1日，北京成为中华人民共和国首都。从乾坤定位的角度来看，北京则居于乾位。《说文解字》上说："津，水渡也。""津"字属于会意。金文字形，从舟，从淮。津字的本意为渡口。天津，简称津。天津是中华人民共和国设置的直辖市、国家中心城市、环渤海地区经济中心、全国先进制造研发基地、北方国际航运核心区、金融创新运营示范区、改革开放先行区、中国中医药研发中心、亚太区域海洋仪器检测评价中心。天津自古因漕运而兴起，明永乐二年十一月二十一日（1404年12月23日）正式筑城，是中国古代唯一有确切建城时间记录的城市。历经600多年，造就了天津中西合璧、古今兼容的独特城市风貌。天津位于华北平原海河五大支流汇流处，东临渤海，北依燕山，海河在城中蜿蜒而过，海河是天津的母亲河。天津滨海新区被誉为"中国经济第三增长极"。天津是夏季达沃斯论坛常驻举办城市。2014年12月12日，位于天津市滨海新区的中国（天津）自由贸易试验区正式获得国家批准设立。2015年4月21日，中国（天津）自由贸易试验区正式挂牌，并成为中国北方唯一的自贸区。冀，作为名词，古代特指冀州这一区域。冀州也是古代九州之一。冀，也可以作动词。其意思是希望、期望。组词有：冀幸、冀望、冀希、冀练、冀述等。河北省，古属冀州、直隶，简称冀。河北省下辖11个地级市，省会为石家庄市。河北省地处华北、漳河以北，东临渤海、内环京津，西为太行山，北为燕山，燕山以北为张北高原。早在4700年之前，黄帝与蚩尤涿鹿之战，开启了中华文明之先河。春秋战国时期河北属于燕国、赵国。汉代河北属幽州、冀州。元代河北为中央直属的中书省。清代属直隶省。解放战争时期，河北西柏坡曾为中共中央所在地。河北是中华民族的发祥地之一，省级以上文物保护单位达930处，居全国第一位。拥有长城、承德避暑山庄、清东陵和清西陵3项世界文化遗产；拥有邯郸、保定、承德、正定、山海关5个国家级历史文化名城。河北是长城途经距离最长、保存最完好的省份，境内长城遗存达2000多公里。河北的唐山港、黄骅港、秦皇岛港均跻身亿吨大港行列。铁路、公路货物周转量居中国首位。2014年2月，京津冀协同发展上升为重大国家战略。2015年7月31日，国际奥委会主席巴赫宣布北京携手河北省张家口获得2022年冬奥会举办权。2014年，河北省生产总值实现29421.2亿元，第一产业增加值占生产总值的比重为11.7%，第二产业增加值比重为51.1%，第三产业增加值比重为37.2%。全部财政收入3764.6亿元，其中公共财政预算收入2446.6亿元；税收收入1865.1亿元。城镇居民人均可支配收入24141元；农村居民人均可支配收入10186元。全社会固定资产投资完成26671.9亿元；社会消费品零售总额实现11690.1亿元；进出口总值完成

598.8亿美元；实际利用外资70.1亿美元。河北省已基本形成了以新能源、汽车、电气、煤炭、纺织、冶金、建材、化工、机械、电子、石油、轻工、医药等具有优势与影响力的产业群，其中工业生产中的一些行业和产品在全国居重要地位。

宇宙运行遵循乾坤大道，国家与社会发展也要遵循乾坤大道。区域的协同发展还要遵循乾坤大道。在京津冀区域中，北京居乾位，天津和河北省均居坤位。《说文解字》上说："协，众之同和也。"《书·尧典》有"协和万邦"之语。《说文解字》上说："同，合会也。"《易·杂卦》有"同人亲也"之语。齐心协力、同心同德则是人们常用的成语。"协同"一词由来已久。《汉书·律历志上》上说："咸得其实，靡不协同。"《后汉书·桓帝纪》上说："内外协同，漏刻之闲，桀逆枭夷。"宋代庄季裕《鸡肋编》卷中上有："誓书之外，各无所求，必务协同，庶存悠久。"古希腊语中有"协同"一词，英文"协同"（synergism）一词则源于希腊语。协同还是协同学（synergetics）的基本范畴。所谓协同，就是指协调两个或者两个以上的不同资源或者个体，协同一致地完成某一目标的过程或能力。1971年德国科学家哈肯提出了统一的系统协同学思想，认为自然界和人类社会的各种事物普遍存在有序和无序两种现象，在一定的条件下，有序和无序之间会相互转化。无序就是混沌，有序就是协同。这是自然界中的普遍规律。我国《易经》中的"太极生两仪"，太极一元对应混沌，乾坤两仪则对应有序。因此，乾坤定位实质就是协同而有序的过程。康德认为，协同有主动和受动两方，主动与受动之间交互作用。例如，地球围绕太阳转，太阳是主动方，地球则是受动方。企业围着市场转，市场是主动方，企业则是受动方。在京津冀协同发展中，党中央和国务院制定的战略及其顶层设计居于乾位，属于主动方；而北京市、天津市、河北省均居于坤位，属于受动方。北京市、天津市、河北省之间的主动与被动，可以相互制约、相互依赖、相互转化。在京津冀协同发展中，河北省在某些方面，还要解放思想，锐意进取，化被动为主动，尤其在生态文明建设及生态环境治理方面，淘汰落后产能促进资源型产业转型升级方面更要化被动为主动，开创更美更好的未来。

京津冀协同发展涉及社会、经济和自然等诸多方面的协同。具体还涉及到政治、经济、资源、环境、军事、文化、教育、科技、法律以及诸产业之间的协同。就生态、经济、社会三者而言，鄙人认为生态居乾位，而经济增长和社会发展均居于坤位。习近平总书记倡导的"绿水青山就是金山银山"，其中"绿水青山"就是生态，居于乾位，"金山银山"就是经济发展、社会进步、民富国强，则居于坤位。在我国传统经济社会发展中，重视经济增长、忽视环境恶化的现象普遍存在。这正是人们颠倒乾坤，不知敬畏天地所导致的恶果。试想，我们吸收的空气越来越毒，喝的水越来越毒，吃的食物越来越毒，毒气、毒水、毒食混合起来毒害人及众生，连命都要搭进去了，而单纯的经济增长又有什么意义呢？因此，在京津冀协同发展中，生态共生是基础，经济共赢是条件，社会共荣是目的。生态就是按照乾坤定位还天地本来面目，呈现出美好的态势。生态共生就是让自然更有生机，让生命更有活力，让人民更加幸福，让社会更加和谐，让众生更加平等，让世界更加和平！

伴随经济活动为主的人类活动在地球生物圈内迅速扩张，快速的经济增长在给人类带来物质极大繁荣的同时，也使地球生态系统遭受到日益严重的破坏。我国作为发展中国家，在经济迅猛增长的同时，也以牺牲生态环境为沉痛的代价。这不仅导致了自然资源的严重短缺与耗竭，而且造成了立体的生态污染，形成了缺乏生机的生态沼泽，导致了严峻的生态危机。尤其京津冀区域生态环境恶化非常严峻，严重的沙尘暴与雾霾气候令人忧心。其中，资源型企业的粗放式生产经营方式恐怕是环境恶化的根源之一。我国是全球钢铁产量最大的国家，而河北省的钢铁生产量就占到了全国的四分之一左右。河北省的煤炭、石油、石化、水泥、建筑、建材等传统行业的产能严重过剩与高消耗高污染低效益产业结构并存。这加剧了河北省、北京市和天津市的环境污染。为了改变京津冀生态危机的现状，必须改变传统的经济增长方式，以资源型产业为重点，在资源型企业中率先实施生态工程，全面建设绿色矿山。我们认为，生态沼泽问题已经成为制约河北和谐发展的"拦路虎"。河北省在"京津冀协同发展"国家战略出台以后，深入贯彻落实党的十八大精神和习近平思想，着力改善生态环境，促进经济社会又好又快地发展。这对于建设经济强省、诚信燕赵、和谐河北具有重要而深远的意义。构建京津冀区域共生机制是一个重大课题，需要京津冀党政领导的高度重视，需要企业与居民的广泛参与，更需要学者们齐心协力地研究，把这个大学问做好。构建京津冀区域生态共生机制的关键，是学习贯彻习近平思想，树立生态伦理观念，建立生态文化，守住生态信用，履行生态责任，构建生态共生机制，加强生态环境的科学评价，完善生态激励性政策与规制，并率先在资源型企业中实施生态工程，全面建设绿色矿山。

要科学构建京津冀区域生态共生机制，在资源型企业中实施生态工程，全面建设绿色矿山，推进自然、经济与社会和谐发展，离不开人、资金和制度。其中，人是核心，也是关键。每一个人都是耗散体，也是能量转换体；人，既有创造力，也有毁灭力；人，既是自然环境的维护者，也是破坏者。但一个人的创造力较小，毁灭力也不太大。但由众人集聚而成的企业、产业、区域、社会等，其创造力不是简单的相加，而是叠加，可能是"1＋1＞2"；而毁灭力也不是简单的相加，而可能是多次叠加，就可能出现"1＋1＞n"的后果。乾坤定位是天地自然规律，并不以人的意志为转移。人们敬畏天地，师法天地，尊重自然，珍爱生命，按照乾坤定位的规律办事，才符合乾坤定位之大道。市场主体是人，以及由人集聚而成的企业，由人群聚合而成的家与国。作为人，要常怀家国情怀，爱人爱物爱众生，才能从唯我独尊中走出来，由小我到大我，由大我到无我，从而上升到"无我而无不是我"的境界。我是人，人是我；我为人人，人人为我；我是众生，众生是我；我为众生，众生为我；我不唯我，矢志为人，感念众生，则天地人和，世界大同矣。

企业的统领者，也称为经营者、管理者，还可以称之为企业家。德高望重者未必是企业家，但真正的企业家必然是德高望重之人。人的培养需要老师的教诲，需要学校的教育，需要社会这个大熔炉的锤炼，更需要天地自然的不断陶冶。当今学校为社会培养了四类人：一是德才兼备者，这是优品；二是德高才寡者，这是良品；三是无德无才者，这是废品；四是缺德才具者，这是毒品，也是危险品。人们若不遵循乾坤定位的大道，不敬畏天地自然，自然就会沦为毒品或危险品。不仅危害自己、危害家庭、危害苍生、危害组织，还危害国家、危害社会、危害世界、危害天地自然。中华新儒商是适应全球化与社会主义市场经济，继承并弘扬中华优秀传统文化，学习借鉴发达国家先进的技术与管理方式，并逐渐成长为德才兼备的现代企业经营者与管理者。新儒商群体中的佼佼者还有可能成为德高望重的企业家，名扬海内外。培育中华新儒商不仅是商科教育教学改革的使命，也是立德树人并适应经济与社会新常态的必然选择。培育中华新儒商群体，才能更好地实施企业生态工程，构建更大更广的区域生态共生机制，推进社会和谐发展，保护自然环境、维护世界和平，创造更好更美的新天地。在此，鄙人特赋诗与诸位同仁共勉：

大儒通天地，仁爱发乎心。

弘道育儒商，正气满乾坤。

2017 年 8 月 1 日正午

目 录
CONTENTS

第 1 章

绪　论

京津冀协同发展是重要的国家级战略。京津冀不仅是我国具有战略地位的经济社会生命共同体，而且还是华北地区典型的区域复合生态系统。京津冀协同发展需要从生命共同体的视角，遵循共生规律，以互利共生为主导，科学界定京津冀三方的责权利，做好顶层设计，搞好战略部署，落实具有可操作性的措施。在复合生态系统中，共生是区域协同发展的基本规律与思想纲领。京津冀协同发展既包括经济、生态和社会诸方面的共生与协同，也包括科技、教育、文化诸方面的合作与共荣。在京津冀协同发展战略中，经济协同是主导，生态协同是基础，社会协同是目的。因此，研究京津冀协同发展，必须高度重视区域生态共生规律的探索，深入研究对京津冀地区具有重要支撑作用的资源型产业的现状，以及企业与所在区域的共生与耦合关系，探索资源型产业新型的可持续发展战略与模式，全面推进京津冀资源型产业的转型与升级。

1.1　研究背景

1.1.1　共生是京津冀协同发展的战略基础

党的十八大提出"我们一定要更加自觉地珍爱自然，更加积极地保护生态，努力走向社会主义生态文明新时代。"《中国国民经济和社会发展第十二个五年规划纲要》也特别强调："面对日趋强化的资源环境约束，必须增强危机意识，树立绿色、低碳发展理念，以节能减排为重点，健全激励与约束机制，加快构建资源节约、环境友好的生产方式和消费模式，增强可持续发展能力，提高生态文明水平。"

党的十八大以来，中共中央总书记、国家主席、中央军委主席习近平非常关心京津冀的协同发展问题。2013年5月，他在天津调研时提出，要谱写新时期社会主义现代化的京津"双城记"。2013年8月，习近平在北戴河主持研究河北发展问题时，又提出要推动京津冀协同发展。此后，习近平多次就京津冀协同发展作出重要指示，强调解决好北京发展问题，必须纳入京津冀和环渤海经济区的战略空间加以考量，以打通发展的大动脉，更有力地彰显北京优势，更广泛地激活北京要素资源，同时天津、河北要实现更好发展也需要连同北京发展一起来考虑。2014年2月26日，习近平总书记在北京主持召开座谈会，专题听取京津冀协同发展工作汇报，强调实现京津冀协同发展，是面向未来打造新的首都经济圈、推进区域发展体制机制创新的需要，是探索完善城市群布局和形态、为优化开发区域发展提供示范和样板的需要，是探索生态文明建设有效路径、促进人口经济资源环境相协调的需要，是实现京津冀优势互补、促进环渤海经济区发展、带动北方腹地发展的需要，是一个重大国家战略，要坚持优势互补、互利共赢、扎实推进，加快走出一条科学持续的协同发展路子来。习近平总书记在座谈会上还要求北京、天津、河北三地打破"一亩三分地"的思维定式，并抓紧编制首都经济圈一体化发展的相关规划。习近平总书记就推进京津冀协同发展提出七点要求。一是要着力加强顶层设计，抓紧编制首都经济圈一体化发展的相关规划，明确三地功能定位、产业分工、城市布局、设施配套、综合交通体系等重大问题，并从财政政策、投资政策、项目安排等方面形成具体措施。二是要着力加大对协同发展的推动，自觉打破自家"一亩三分地"的思维定式，抱成团朝着顶层设计的目标一起做，充分发挥环渤海地区经济合作发展协调机制的作用。三是要着力加快推进产业对接协作，理顺三地产业发展链条，形成区域间产业合理分布和上下游联动机制，对接产业规划，不搞同构性、同质化发展。四是要着力调整优化城市布局和空间结构，促进城市分工协作，提高城市群一体化水平，提高其综合承载能力和内涵发展水平。五是要着力扩大环境容量生态空间，加强生态环境保护合作，在已经启动大气污染防治协作机制的基础上，完善防护林建设、水资源保护、水环境治理、清洁能源使用等领域合作机制。六是要着力构建现代化交通网络系统，把交通一体化作为先行领域，加快构建快速、便捷、高效、安全、大容量、低成本的互联互通综合交通网络。七是要着力加快推进市场一体化进程，下决心破除限制资本、技术、产权、人才、劳动力等生产要素自由流动和优化配置的各种体制机制障碍，推动各种要素按照市场规律在区域内自由流动和优化配置。2014 年 3 月，国务院总理李克强作政府工作报告，谈到 2014 年重点工作时，提出"加强环渤海及京津冀地区经济协作"。2014 年 3 月 26 日出台的《河北省委、省政府关于推进新型城镇化的意见》明确指出，河北省将全面落实京津冀协同发展国家战略，以建设京津冀城市群为载体，充分发挥保定和廊坊首都功能疏解及首都核心区生态建设的服务作用，进一步强化石家庄、唐山在京津冀区域中的两翼辐射带动功能，增强区域中心城市及新兴中心城市多点支撑作用。2014 年 4 月 30 日，中共中央政治局召开会议，审议通过了《京津冀协同发展规划纲要》。该会议指出，推动京津冀协同发展是一个重大国家战略。战略的核心是有序疏解北京非首都功能，调整经济结构和空间结构，走出一条内涵集约发展的新路子，探索出一种人口经济密集地区优化开发模式。促进区域协调发展，形成增长极。会议强调，要坚持协调发展、重点突破、深化改革、有序推进。要严控增量、疏解存量、疏堵结合调控北京市人口规模。要在京津冀交通一体化、生态环境保护、产业升级转移等重点领域率先取得突破。2014 年 7 月 1 日，京津在全国率先启动运行区域一体化改革。2014 年 9 月 22 日，通关一体化改革正式扩大到河北省，企业可在京津冀三地自主选择通关模式、申报口岸和检查地点。2015 年 3 月 19 日，京津冀城际铁路投资有限公司成立。2015 年 4 月，中央审议通过了《京津冀协同发展规划纲要》。2015 年 6 月，党中央、国务院颁布《京津冀协同发展规划纲要》，确定天津定位，即"一基地三区"。2015 年 6 月 23 日，京津冀拟统一编制"十三五"规划。北京、天津、河北三地在交通一体化、生态环境保护、产业转移等方面也签署了多项合作协议或备忘录。2015 年 7 月 24 日，中央政治局常委、国务院副总理张高丽主持召开京津冀协同发展工作推动会议。强调全面贯彻落实《京津冀协同发展规划纲要》，尽快对工作任务和政策措施进行细化分解，落实到具体单位，进一步明确了京津冀协同发展的路线图与时间表。2015 年 7 月，北京市农村工作委员会、天津市农村工作委员会、河北省农业厅在北京签署《推进现代农业协同发展框架协议》。2015 年 7 月 31 日，北京携手张家口成功申办 2022 年冬奥会。2015 年 8 月 26 日，京津冀手机长途漫游费正式取消。2015 年 12 月 20 日，京津冀试点公交"一卡通"。2015 年 12 月 30 日，发布了《京津冀协同发展生态环境保护规划》。2016 年 2 月全国首个跨省市的五年规划《"十三五"时期京津冀国民经济和社会发展规划》发布实施。2016 年 5 月 27 日，中央政治局召开会议，研究部署规划建设北京城市副中心。2016 年 9 月 22 日，《京津冀地区高速公路命名和编号规则》征求意见，三地衔接高速拟排"J"字辈。2016 年 11 月 28 日，京津冀地区城际铁路网规划修编方案正式获得批复。2017 年 1 月 1 日起，京津冀三地 102 家医疗机构医学影像检查资料共享。2017 年 2 月 14 日，京津冀人大立法项目协同机制正式确立。2017 年 2 月 17 日，京津冀签署教育协同发展合作协议，将建 10 个基础教育协同发展共同体。2017 年 4 月 1 日，中共中央、国务院印发通知，决定设立河北雄安新区。雄安新区是继深圳经济特区和上海浦东新区之后又一具有全国意义的新区，也是继规划建设北京城市副中心后又一京津冀协同发展的历史性战略选择，是千年大计、国家大事。规划建设雄安新区，是党中央深入推进京津冀协同发展作出的一项重大决策部署，对于探索人口经济密集地区优先开发新模式、调整优化京津冀城市布局和空间结构、培育创新驱动发展新引擎具有重大现实意义和深远历史意义。

在京津冀协同发展战略背景下，河北省、北京市、天津市三省市不仅要重视经济、科技、文化与社会诸方面的协同发展，而且必须从区域复合生态系统的视角，系统研究生态共生问题，构建京津冀区域生态共生机制，促进社会—经济—自然三个维度的共生、共荣与共赢。国内外诸多学者主要研究自然界的生物共生，以及产业共生，而对复合生态系统中的基本单元——工业企业之间的共生关系、共生规律、共生原则与共生途径研究还属于薄弱环节。我们必须明确地认识到，京津冀协同发展的微观主体是工业企业，京津冀区域生态共生的基本单元也是工业企业。而资源型企业则是在工业中发挥基础作用，而又往往导致高能耗、高污染的微观主体。在资源型业企业内部，以及不同区域内，资源型产业的集聚与共生，成为构建和谐社会，实现中国

梦的重要组成部分。资源型企业不仅具有不可取代的社会功能，也需要重视
并挖掘其生态功能，尤其要高度重视产业生态链与区域生态共生机制的构建。
因此，系统研究资源型企业生态工程，从而制定相应的产业转型升级与区域
生态共生政策，是京津冀协同发展的重要基础。

  京津冀协同发展，包括经济、社会和生态三位一体的协同发展，其关键
是区域复合生态系统的共生。我国著名生态学家王如松院士认为，复合生态
系统是社会系统、经济系统和自然生态系统三个方面的复合，涉及人口、资
源、环境、经济、科技、教育与社会等方面。京津冀区域共生离不开良好的
自然与社会条件，这与该区域的空气、山川、河流、湖泊、森林、耕地等自
然条件息息相关，还与该区域的人口、产业、市场、经济与社会等因素有着
密切的联系。京津冀区域是包括其所在区域河流、湖泊、水库等水源涵养地
以及政治、经济、科技、文化、教育和社会诸多领域相关的广大区域。京津
冀区域地处华北平原，三省市的土地总面积为 21.6 万平方公里，占全国国土
总面积的 2.25%。人口 11142.4 万人，占全国总人口的 8.1%，2015 年京津
冀三地地区生产总值合计 69312.9 亿元，占全国的 10.2%。在京津冀区域复
合生态系统中，坝上草原等植被是京津冀北部的生态屏障，燕山和太行山是
保持生物多样性的重要区域，白洋淀、衡水湖、海河、九河末梢湿地及河流、
水库、山泉等是重要的水源涵养地，河北平原、"北京弯"平原、天津与河
北沿海滩涂等皆是该区域复合生态系统的重要组成部分。京津冀既是全国复
合生态系统的重要组成部分，也是一个相对独立的区域复合生态系统，并具
有整体性、相关性、复杂性与动态性等特征。

  京津冀协同发展战略是国家级战略，也是实现中华民族伟大复兴中国梦
的关键。京津协同发展的共同基础是该区域社会—经济—自然复合生态系统
的共生，涉及经济共生、社会共生和自然共生等不同层面，其核心是"生
态、生产与生活三位一体式的共生"。共生不仅需要不同单元之间的相互依
存与相互作用，也需要特定的空间，如生态空间、生产空间与生活空间等。
三个空间不是绝对独立的，也不能严格分割开来，它们之间是相互依存、相
互作用，甚至是相互叠加、相互融合的。其中，生态空间是生产空间与生活
空间的基础。生态共生需要良好与清新的自然环境。生态共生、生产共生与
生活共生之间是一体的，也是可以调控的。这需要发挥人与组织的能动性与

创造性。离开了生态共生，其他共生都不可能长久。可以说，区域复合生态系统共生是京津冀协同发展战略实施的基础与保障，而生活、生产与生态共生的重要基础是区域系统的水、空气、土地以及相关的资源与自然环境对人、组织及其产业集群的承载力。如图1－1所示。

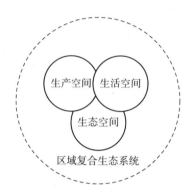

图1－1　区域复合生态系统共生空间的叠加与融合

1.1.2　京津冀协同发展面临着严峻的环境污染

我们必须清醒地认识到，京津冀正面临着严峻的环境污染与生态危机。一是京津冀区域水土流失和河流湖泊水系淤积严重，如太行山东坡、燕山山地和坝上植被遭受破坏，白洋淀、衡水湖、岗南水库、官厅水库、密云水库水位下降，大部分河流淤积，湿地和水源涵养地减少，地表水与地下水污染严重，水供求矛盾突出。二是冀北地区和冀中平原土地过垦，水土流失与荒漠化并存，沙尘暴肆虐。三是大气污染严重，雾霾天气呈现常态化且日益严重，成为京津冀人民身心健康的切肤之痛。之所以京津冀生态环境呈现恶化态势，是因为京津冀产业结构不合理，尤其是工业"三废"污染非常严重。

随着我国经济社会的发展以及工业化、城镇化、市场化、信息化进程加快，京津冀区域生态环境凸显出诸多问题，如水土流失、荒漠化、植被弱化、生物多样化减少等。尤其近几年，严重的沙尘暴和雾霾天气成为困扰京津冀空气质量的最大障碍。河北省是京津冀国家级发展战略的重要组成部分，也是"一带一路"战略的重要支撑点。河北省矿产资源丰富，生态环境脆弱，经济快速发展，产业结构不尽合理。从河北省产业层面看，河北省处于国内产业分工第四层，属于典型的高耗能、高耗水、低附加值型的产业结构。其中，钢铁、纺织、石油加工、化工、医药、建材、食品等七个行业增加值占工业增加值的80.5%，对工业生产增长的贡献率为87.1%。虽然产业结构调整日趋受到重视，但河北省至今产业结构没有得到根本改变，主导产业依然是钢铁、制药、煤炭、装备制造、石油炼化、石油石化、建材建筑等十大产业，产业增长方式依然为粗放型方式，主要表现在高耗能、高污染、低产出、低效益，经济的快速增长很大程度是依靠高投入、高污染换来的。在2014年1月公布的74个城市空气质量状况报告中，全国污染最严重的十个城市中河北省就占了6个，从最差排名分别是邢台（第一）、石家庄（第二）、保定（第三）、邯郸（第四）、衡水（第五）、唐山（第七）。在2015年1月公布的74个城市空气质量状况报告中，全国污染最严重的十个城市中河北省就占了5个，从最差排名分别是保定（第一）、邢台（第二）、石家庄（第三）、邯郸（第四）、衡水（第六）。在2016年1月公布的74个城市空气质量状况报告中，全国污染最严重的十个城市中河北省仍占了6个，从最差排名分别是保定（第一）、邢台（第三）、石家庄（第五）、邯郸（第六）、衡水（第七）、唐山（第十）。京津冀区域空气质量差、雾霾严重及沙尘肆虐的根本原因是区域产业结构不合理而生态环境脆弱，尤其河北省工业废气的产生量与排放量数额较大，是影响京津冀空气质量的重要因素。

近年来，通过实施京津冀协同发展战略，北京市、天津市、河北省等华北地区非常重视产业结构调整与升级，高度重视资源可持续开发与利用，尤其重视京津冀区域的环境保护与综合治理，京津冀三省市的工业"三废"排放得到了有效的遏制与治理，"三废"综合利用水平得到显著提高。但由于依托矿产资源为主的传统资源型产业结构及生产方式的不合理，京津冀三地的工业"三废"排放总量还是比较大的，如工业废气排放量逐年增多，空气污染所导致的雾霾天气日益严重，工业废水及其污染严重，工业固体废弃物产生量增加，京津冀生态环境危机非常严峻！三地市工业"三废"排放情况详见表1-1、表1-2、表1-3。京津冀区域，尤其是河北省的产业结构是以矿产资源为基础的高能耗、高污染、低产出、低效益的产业集群为主，尤其是这些省市的钢铁、煤炭、装备制造、石油炼化、石油石化、建材建筑等产业，其经济的快速增长很大程度是依靠高投入、高污染换来的。如河北省万元生产总值能耗 2.06 吨标准煤，比全国高 30.4%，能源、原材料消耗占企业产成品成本近 70%；资源、生态环境约束突出。

表 1-1　　　　　　　　京津冀三省市工业废气排放情况

年份	地区	废气排放总量（亿立方米）	二氧化硫排放量（吨）	氮氧化物排放量（吨）	烟尘排放量（吨）	粉尘排放量（吨）
2008	北京	4316	57783	51538	19983	15251
	天津	46005	209844	183344	58465	7439
	河北	37558	1158712	829250	396424	507388
2009	北京	4408	59922	53751	19077	17321
	天津	5983	172980	201406	58697	7946
	河北	50779	1042679	837762	329819	426988
2010	北京	4750	56844	108851	21266	16550
	天津	7686	217620	236078	53831	7970
	河北	56324	994177	958265	322624	320924
2011	北京	4897	61299	90317	29405	
	天津	8919	221897	300404	65333	
	河北	77185	1317099	1220888	1223502	
2012	北京	3264	59330	85331	30844	
	天津	9032	215481	275553	59036	
	河北	67647	1238737	1194755	1055732	
2013	北京	3692	52041	75927	27182	
	天津	8080	207793	250646	62766	
	河北	79121	1173147	1105634	1187198	
2014	北京	3569	40347	64400	22710	
	天津	8800	195395	216947	112187	
	河北	72732	1047351	987289	1450723	
2015	北京	3676	22070	26864	16987	
	天津	8355	154605	150210	73795	
	河北	78570	829414	800215	1111046	

资料来源：《中国环境统计年报》，2008～2015 年，历年。

表 1－2　　　　　　　　京津冀三省市工业废水排放及处理情况

年份	地区	工业废水排放量（万吨）	废水治理设施数（套）	废水设施处理能力（万吨/日）	本年运行费用（万元）
2008	北京	8367	514	198	40183.8
	天津	20438	875	340	87263.5
	河北	121172	5822	3207	304484
2009	北京	8713	524	168	65702.5
	天津	19441	848	256	73073.1
	河北	110058	3869	2658	301707.1
2010	北京	8198	481	170	68058.5
	天津	19680	912	273	69321.1
	河北	114232	4008	2750	388592.2
2011	北京	8633	508	60	37124
	天津	19795	957	136	134315.1
	河北	118505	4769	3522	468524.1
2012	北京	9190	521	65	51338.7
	天津	19117	967	171	127294.3
	河北	122645	4780	3725	550249.2
2013	北京	9486	518	60	36310.9
	天津	18692	1088	151	170400.4
	河北	109876	4573	4029	477030.5
2014	北京	9174	586	61	38723.1
	天津	19011	1184	134	92064.3
	河北	108562	4606	3644	501388.9
2015	北京	8978	2203	6775	9932
	天津	18973	5493	13479	34268
	河北	94110	55094	39017	598193

资料来源：《中国环境统计年报》，2008～2015 年，历年。

表1-3　　　京津冀三省市工业固体废物产生量及处置利用情况　　　单位：万吨

年份	地区	工业固体废物产生量	工业固体废物综合利用量	工业固体废物贮存量	工业固体废物排放或倾倒丢弃量
2008	北京	1157	835	39	0.087
	天津	1479	1471	…	0
	河北	19769	12757	1537	6.08
2009	北京	1242	910	44	0.088
	天津	1516	1498	0	0
	河北	21976	15693	1168	30.45
2010	北京	1269	835	40	0.061
	天津	1862	1845	0	0
	河北	31688	17973	1831	4.45
2011	北京	1126	749	28	0
	天津	1752	1749	0	0
	河北	45129	18821	20184	0
2012	北京	1104	872	13	0
	天津	1820	1816	0	0
	河北	45576	17361	21210	0
2013	北京	1044	904	0	0
	天津	1592	1582	0	0
	河北	43289	18356	1847	0
2014	北京	1021	895	0	0
	天津	1735	1724	0	0
	河北	41928	18228	1512	0
2015	北京	710	592	…	0
	天津	1546	1524	…	0
	河北	35372	19900	884	0

资料来源：《中国环境统计年报》，2008～2015年，历年。

还需要高度重视的是，京津冀工业废水及其污染也比较严重，如2015年公布的 2014 年河北省工业废水排放量为 108562 万吨，虽比 2013 年的 109876 吨减少 1314 万吨，但依然严峻。工业废水和城镇生活废水污染地表水及地下水，加剧了水污染恶性循环。又如 2015 年公布 2014 年河北省工业固体废物产生量为 41928 万吨，虽比 2013 年的 43289 万吨减少 1361 万吨，但不容乐观。而且京津冀区域城镇污染逐渐向广大农村扩散，呈现全面化和常态化趋势，尤其是河北省工业肆虐的"立体式污染"（包括空气污染、水质污染、土壤污染）成为京津冀区域协同发展的巨大障碍。

1.1.3 资源型产业结构调整与升级是推进生态共生的经济基础

人类社会是以人的行为为主导、自然环境为依托、资源流动为命脉、社会体制为经络的人工生态系统。人类对工业企业这一最早的企业组织形态的认识有一个渐进的过程。自英国产业革命和亚当·斯密《国民财富的性质和原因的研究》出版以来，工业企业得到了蓬勃发展，并成为追逐经济利润最大化的典型代表，利润最大化成为工业企业的重要职能。资源型企业作为工业企业形态的一种，它追逐经济利益，掠夺自然资源的基本职能一直为人们所接受。但随着工业化进程中，生态环境遭到严重破坏、自然资源短缺与耗竭日益严重，高消费，甚至浪费现象层出不穷，人类社会越来越感受到工业化进程给人类带来的巨大负面影响，工业与生态的对立与统一成为矛盾的焦点。为此，可持续发展、环境保护、生态共生、资源有效利用等焦点问题备受人们重视。

自 2012 年下半年以来，我国煤炭行业最早出现了经济效益下滑的趋势。这犹如"多米诺骨牌效应"迅速引起了以矿产资源为依托的资源型产业的连锁反应。2015 年 1～6 月，全国我国规模以上工业企业实现利润总额 28441.8 亿元，利润总额同比下降 0.7%，工业增加值同比增长 6.3%。其中，规模以上采矿业增加值增长 3.2%，比 1～5 月份增幅下降了 0.1 个百分点。1～6 月，采矿业主营业务收入 26058.6 亿元，同比下降了 15.4%。采矿业实现利润总额 1396.1 亿元，同比下降 58.8%。其中，煤炭开采和洗选业利润总额 200.4 亿元，同比下降 67%；石油和天然气开采业利润总额 628.9 亿元，同比下降 68.4%；黑色金属矿采选业利润总额 186.4 亿元，同比下降 47.5%；

有色金属矿采选业利润总额213.9亿元，同比下降17.4%。

自然资源是我国国民经济与社会发展的战略性资源，尤其是对自然资源的有效勘查、开发与可持续利用关系到国计民生，关系到和谐社会的构建与发展。我国现阶段95%以上的能源、80%以上的工业原料、70%以上的农业生产资料源于矿产资源。据预测到2020年，在我国经济发展所需的45种主要矿产资源中，可以保证供应的有24种，基本保证的2种，短缺的10种，严重短缺的9种。依托矿产资源开采及生产经营所形成的煤炭、石油、天然气以及依托矿业所发展的冶金、化工、石化、建筑、建材等行业，在快速发展的同时，不仅导致矿产资源的供求矛盾，而且也形成了生产与生活，发展与生态环境等方面的矛盾，面临经济效益大幅度下滑的困境。"粗放式"的矿产资源开发也酿成了严峻的生态危机。京津冀区域内资源型企业的所依托的产业表现为高耗能、高污染、低产出、低效益等特征。尤其是钢铁、煤炭、装备制造、石油炼化、石油石化、建材建筑等产业，其经济的快速增长很大程度是依靠高投入、高污染换来的。如河北省万元生产总值能耗2.06吨标准煤，比全国高30.4%，能源、原材料消耗占企业产成品成本近70%；资源、生态环境约束日益明显。经济与生态的双重危机倒逼矿业及其资源型产业进一步做好科学定位与调整升级。近几年来，我国矿业所导致的"水陆空"立体环境污染非常严峻。近几年来，资源型产业所依托的矿业"三废"及环境污染触目惊心。如全国煤炭开采和洗选业所产生的"三废"数量惊人，环境形势不容乐观。详见表1-4、表1-5、表1-6[①]。

表1-4 　　　　　　　　　　煤炭开采和洗选业废气排放情况

年份	废气排放总量（亿立方米）	二氧化硫排放量（吨）	氮氧化物排放量（吨）	烟尘排放量（吨）	粉尘排放量（吨）
2008	2452	148675	101844	99901	136596
2009	2334	149861.2	90604.9	98282.4	187838.7

①　表1-4、表1-5、表1-6的数据根据《中国环境统计年报》2008~2014年数据整理。表1-4中的烟尘和粉尘从2012年开始没有分别统计，将二者合为烟（粉）尘进行统计。表1-6中工业废弃物排放量，从2011年开始改为统计工业固体废弃物倾倒丢弃量。

续表

年份	废气排放总量（亿立方米）	二氧化硫排放量（吨）	氮氧化物排放量（吨）	烟尘排放量（吨）	粉尘排放量（吨）
2010	2323.8	160254.5	73945.1	116162.1	149118.8
2011	2039	129000	45000	147000	209000
2012	3248.6	125000	45000	333000	
2013	2363.1	126000	46000	382000	
2014	2087.9	114000	46000	385000	
2015	1908.3	105000	46000	235000	

资料来源：《中国环境统计年报》，2008~2015年，历年。

表1-5　　　　　　　煤炭开采和洗选业废水排放及处理情况

年份	煤炭开采和洗选企业数（个）	工业废水排放量（万吨）	废水治理设施数（套）	废水设施处理能力（万吨/日）	本年运行费用（万元）
2008	4103	72209	2959	588	120279.3
2009	4261	80235.5	3435	735.6	107414.3
2010	4623	104765.3	3605	1395.2	174405.4
2011	6587	143493.4	4603	1212.31	288373.6
2012	6516	142220.3	4970	1532.8	160053.4
2013	6462	142867.5	4536	1300.6	167694.0
2014	6472	144825.9	4772	1342.7	183891.3
2015	6033	148138.3	4287	1283.2	203125.1

资料来源：《中国环境统计年报》，2008~2015年，历年。

表1-6　　　　　　煤炭开采和洗选业固体废物产生量及处置利用情况　　　　单位：万吨

年份	工业固体废物产生量	工业固体废物综合利用量	工业固体废物贮存量	工业固体废物排放量
2008	19571	13880	1234	247
2009	23869	18410	1490	261
2010	27316	20906	1627	188

年份	工业固体废物产生量	工业固体废物综合利用量	工业固体废物贮存量	工业固体废物排放量
2011	34988	26730	2581	130
2012	38537	30440	2750	18
2013	39233	28719	2788	12
2014	37540	28327	1754	5
2015	39045	25907	1262	5

资料来源：《中国环境统计年报》，2008～2015 年，历年。

资源型企业不仅是京津冀共生体中的基本单元，也是京津冀协同发展推进生态文明建设的微观主体。资源型企业主要是指充分利用区域自然条件，通过对自然资源占有、开发、生产、经营，依靠资源开发与消耗而成长起来的企业。资源型企业所依托的自然资源是社会经济健康持续发展的战略性资源，关系到国计民生。资源型企业对自然资源的有效勘查、开发与可持续利用不仅关系区域生态的共生，还关系到经济的共赢与社会的共荣。依托矿产资源所形成的资源型企业主要包括煤炭、钢铁、石油、天然气、化工、建材等。这些行业对自然资源依赖程度高，投资大，劳动密集，污染比较严重，表现出高耗能、高污染、低产出、低效益等特征。

随着资源型产业的快速发展，京津冀区域内的资源型企业持续扩张，如钢铁、水泥、煤炭、化纤、玻璃、多晶硅、电解铝以及装备制造（如造船）等行业出现了较严重的产能过剩。2014 年，我国粗钢产量 8.23 亿吨，约占全球粗钢产量的 50%，而我国钢铁产能利用率只有 70.69%，过剩产能约 2.412 亿吨，作为钢铁产能全国第一的河北省，钢铁产能约 2 亿多吨，而过剩产能达到 0.6 亿吨。2014 年，全国煤炭产能约 40 亿吨，在建产能约 11 亿吨，全国煤炭过剩产能至少 5 亿吨。2014 年，全国过剩水泥产能 8 亿吨，约占全国水泥产能的 30%。严重的产能过剩，不仅导致了资源型企业产品价格迅速下降，而且带来了诸多的生态环境与社会问题。

资源型企业在工业乃至国民经济发展中发挥着重要的基础作用，在京津冀协同发展中扮演着重要角色，可以说是京津冀协同发展的重要基础。资源型企业的集聚与共生，成为构建和谐社会，推进生态文明建设，实现中国梦的重要组成部分。资源型企业不仅具有不可取代的社会功能，也具有重要的生态功能。因此，构建共生机制，调整产业结构，推进资源型企业实施生态工程是充分发挥资源型企业市场竞争与环境治理"双主体"责任，强化企业生态与社会功能的重要途径，也是深化供给侧改革的焦点与难点。《中国国民经济和社会发展第十二个五年规划纲要》（以下简称《纲要》）也特别强调："面对日趋强化的资源环境约束，必须增强危机意识，树立绿色、低碳发展理念，以节能减排为重点，健全激励与约束机制，加快构建资源节约、环境友好的生产方式和消费模式，增强可持续发展能力，提高生态文明水平。"《纲要》还指出："实行矿山最低开采规模标准，推进规模化开采。发展绿色矿业，强化矿产资源节约与综合利用，提高矿产资源开采回采率、选矿回收率和综合利用率。推进矿山地质环境恢复治理和矿区土地复垦，完善矿山环境恢复治理保证金制度。"

1.2 研究目的与意义

1.2.1 研究目的

在京津冀协同发展背景下，针对资源型产业，按照可持续发展与建设绿色矿山的总体要求，在资源型企业中全面实施生态工程，不仅是产业结构调整与升级的战略要求，也是京津冀区域在生态协同发展方面实现共生，在经济协同发展方面实现共赢，在社会协同发展方面实现共荣，从而构建京津冀人民共享协同发展成果的长效机制。因此，从复合生态系统视角，积极发展京津冀依托高科技和生态质量管理的循环经济与绿色经济，深化资源型产业供给侧改革，为京津冀资源型企业全面实施生态工程，构建京津冀区域生态共生机制及相关政策，落实企业社会责任，推进京津冀协同发展，构建生态文明，提供科学的决策依据。

企业是社会经济发展的细胞，企业有活力、有良好发展态势，经济才有生机，社会才能良性发展，生态环境综合治理也就有了资金保障。而企业低效重复建设，业内恶性竞争，企业必然是死路一条，产业调整与升级也就缺乏后劲。通过系统的理论研究，就是要进一步探索资源型企业生态工程的内涵、特征、原理与原则，进一步界定并明确资源型企业的社会责任，尤其是生态责任。分析资源型企业生态工程与资源产业生态链的关系，从而为科学有效地深化供给侧改革提供良好的思路与对策。本研究力求推进企业管理学、产业经济学、区域生态共生理论、社会责任理论等多学科的交融渗透，促进我国传统文化中的生态智慧长入现代经济生活中，从而促进京津冀区域乃至全国各族人民群众树立正确的价值观、利益观、财富观、竞争观和发展观。通过开展多种形式的合作研究，加强河北省高校与京津高校之间的交流与合作，这对培养我校企业管理省级重点学科"企业生态管理与社会责任"方向的学术团队，提升中青年学术骨干的科学研究水平，培养优秀硕士研究生，进一步提高我校与京津高校联合协作进行重大科学研究的攻关能力奠定基础。

1.2.2 研究意义

20 世纪 60 年代，美国著名生态学家奥登姆提出了生态工程的概念与理论。80 年代初，马世骏、王如松等中国生态学家指出可持续发展问题的实质是以人为主体的生命与其栖息劳作环境、物质生产环境及社会文化环境间的协调发展，它们一起构成了社会—经济—自然复合生态系统。资源型企业作为社会—经济—自然复合生态系统的基本单元和市场经济中的微观主体，肩负着促进社会功能与生态功能协调的社会责任，这是资源型企业实施生态工程，构建区域生态共生机制的理论基础。

生态工程是实施可持续发展战略的重要途径，是着眼于生态系统持续发展能力的一种策略与方法。它是应用生态系统中物种共生与物质循环再生的原理，结合系统工程的最优化方法，对复合生态系统进行科学、合理的规划，以提高生态系统的可持续能力。复合生态系统的规划涉及多要素、多层次，资源型企业生态工程正是属于复合生态系统中微观层次的复杂系统工程。

资源型企业生态工程作为人工生态工程，其本质是通过研究资源型企业内外多层次的生态关系以及资源型企业内外各要素之间生态链和效益链的耦

合关系，对资源型企业生产经营过程进行生态规划与设计，从而增强资源型
企业的生命力。资源型企业实施生态工程的目标是节约资源和防治环境恶化，
促进资源型产业及相关产业的协同发展，实现经济、生态与社会效益的协调
与统一。因此，需要效仿自然生态系统的运行模式，按照生态共生理论，形
成多层面、多方位的区域生态产业链；按照系统自身的演替规律实现采矿与
生态恢复的一体化。

习近平总书记多次强调："我们既要绿水青山，也要金山银山。宁要绿
水青山，不要金山银山，而且绿水青山就是金山银山。我们要为子孙后代留
下绿水青山的美好家园。"习近平总书记指出："良好的生态环境是最公平的
公共产品，是最普惠的民生福祉。"习近平总书记还指出："环境就是民生，
青山就是美丽，蓝天也是幸福。要像保护眼睛一样保护生态环境，像对待生
命一样对待生态环境。"习近平总书记的重要讲话非常生动形象地表达了我
们党和政府大力推进生态文明建设的鲜明态度和坚定决心。"绿水青山"也
是京津冀协同发展，推进资源型企业全面实施生态工程，调整优化资源型产
业结构的重要思想与行动纲领。在习近平总书记重要讲话及治国理政思想的
指引下，系统研究京津冀资源型企业生态工程，构建资源型企业的社会责任
体系，实现京津冀区域生态共生，不仅具有重要的理论价值，对京津冀依托
系统发展战略切实提高 1.1 亿人的生活质量也具有深远的现实意义。

1.3 国内外研究动态综述

1.3.1 资源型企业生态工程研究现状

1962 年，美国的著名生态学家奥德姆（H. T. Odum）首先启用了生态工
程（ecological engineering）一词，20 世纪 70 年代后逐步受到重视。他将其定
义为："人类运用少量辅助能而对以自然能为主的系统进行的环境控制。"
1983 年他修改此定义为："为了激励生态系统的自我设计的干预即生态工程，
这些干预的原则可以是为了人类社会适应环境的普遍机制。"加洛普罗斯

（Gallopoulos，1985）给出了工业生态学的概念。联合国工业发展组织（1991）明确指出，工业生态系统是一种对环境无害或生态系统可以长期承受的工业发展模式。穆尔（Moore，1996）指出企业生态系统是由相互作用的企业组织与个人所形成的经济群体。博尔根等（Bergen et al，1997）在生态原理的基础上架构了生态工程体系。凯尼格和坎顿（Koeniq ＆ Cantlon，1998）系统分析了生态和经济之间的困境，指出应在生态和经济之间设立有效的机制。巴克什（Bakshi，2000）建立了生态意识的生命周期理论与方法，并应用在产品生态设计和生态系统调控等领域。2000年，第一个研究工业生态学的国际学会成立了，该学会组织了很多专家、学者等致力于工业生态学（The International Society for Industrial Ecology）的研究，为产业生态理论与方法的发展奠定了基础。西格等（Seager et al，2002）对工业生态进行了研究，提出了较为统一的生态工业的定义及定量分析科学方法。加蒂等（Gattie，Smith，Kellam ＆ Tuek et al，2003）对生态工程的理论及前景进行了研究，并利用复合系统理论辨析了生态工程与环境工程的区别。加蒂等指出生态工程的研究要做好三件事情：一是建立正式的生态工程研究和发展基地；二是发展生态工程核心课程；三是制定生态设计说明。阿伦（Allen，2003）利用复合系统理论辨析了生态工程和环境工程的区别，指出生态工程设计必须具有一定的弹性。科霍宁（Korhonen，2004）对工业生态工程有关的政策、法规与管理措施等进行了探析。蒂尔（Teal，2005）以实例分析的形式分析了生态工程的适应性管理。迈耶斯（Mayers，2007）研究了欧洲生产者的生态战略与责任。米奇等（Mitsch et al，2007）架构了生态工程体系，但同时认为生态工程的研究是匮乏的。伯尔根（Bergen et al，2007）运用系统理论对生态系统进行了分析，界定了相关的若干概念，并对建立生态系统的数学模型进行了研究。莱昂斯（Lyons，2007）对美国德克萨斯州的循环经济与工业生态进行了实证分析。弗雷德里克（Frederic，2008）提出应重新定义生态工程，以促进它与可持续发展的整合，以及与整个生态链的联系。

我国著名生态学家马世骏院士从20世纪70年代开始研究生态系统和生态工程等问题，创建了中国生态工程学说。中国生态工程强调人工生态建设，追求经济、生态和社会效益的统一以及人和组织对生态环境的主动改造和建设。马世骏研究员（1984）根据国内大量生态工程实践归纳出"整体、协调、循环、自生"的生态工程原理与原则。在此基础上，马世骏、王如松（1984，1991，1993）把自然生态系统扩至社会—经济—自然复合生态系统，并指出它比自然生态系统高一个层次；可持续发展是生态工程的总目标或纲领。马世骏等人认为，生态工程是应用生态系统中物种共生与物质再生原理、结构与功能协调的原则，结合系统分析的最优化方法设计的分层多级利用物质的生产工艺系统。生态工程的目标就是在促进自然界良性循环的前提下，充分发挥资源的生产潜力，防治环境污染，达到经济效益与生态效益同步发展。它可以是纵向的层次结构，也可以发展为几个纵向工艺链横向联系而成的网状工程系统。这为引导国内外生态工程的研究开拓思路奠定了坚实的理论基础。1989 年，马世骏与美国的米奇（Mitsch）和丹麦的乔根森（Jorgensen）等学者合著出版了世界第一本生态工程专著《生态工程》（*Ecological Engineering*）。程俊慧（1994）认为，企业生态系统是自然和社会生态因素构成的相互作用的综合体，对工业生态系统理论探索是我国工业生态学研究的重点。李自如等（2005）则认为企业生态系统是指网络环境中相互影响、相互作用的企业组织之间、企业组织和个人之间的复杂经济群体。针对企业生态系统的组成结构与运行方式，王兆华（2006，2010）研究了工业共生与产业链的关系，构建了工业产业生态理论。王贵明（2010）从资源承载力的角度研究了产业结构存在的问题及优化路径。廖文华（2011）对西部资源型产业生态化问题从现状及理论等方面进行了研究。刘玉强（2011）分析了建设绿色矿山的必要性，提出了建设绿色矿山的基本原则与措施等。康新立（2012）以山西煤炭企业为例，对矿山企业生态规划及其生态恢复工程进行了研究。吴进和（2013）从建设生态文明的视角论述了绿色矿山建设必然性，提出矿山企业绿色发展的路径与措施。郝祖涛（2014）从集群的视角对资源型企业的绿色行为决策进行了研究，分析了影响绿色行为决策的因素。向秋兰（2014）从产业生态化的视角对我国资源型产业集群升级进行了研究，提出了循环产业集群的概念。

1.3.2　区域与产业生态共生研究现状

共生是自然界普遍存在的一种现象。尤其在生物种群中，不论是低等生物还是高等生物，共生现象是普遍存在的。早在1879年，德国生物学家德贝里（Anton de Bary）就对生物中的共生现象进行了研究并首次给出了共生的定义。他认为，共生是相互性活体营养之间的联系，也是一起生活的生物体在某种程度上的永久性物质联系。范明特（Famint）、科勒瑞（Caullery）和斯哥特（Scott）等生物学家进一步发展了共生思想，逐步形成了系统的共生理论。共生（symbiosis）是生物在长期进化过程中，逐渐与其他生物走向联合，共同适应复杂多变的环境的一种生物与生物之间的相互关系。共生理论（symbiosis theory）认为，共生是生物种间关系的一种，是指两种生物为了更好地适应生存环境而彼此互利地生活在一起。工业共生的概念是受自然界中的共生现象及共生理论启发而来的。1989年弗洛什和盖勒普斯（Frosch & Gallopoulos）在《科学美国人》上发表的《可持续工业发展战略》一文中，首次提出了"工业生态学"的概念，并发展了"工业共生"（industrial symbiosis）（也翻译为"产业共生"）的理论框架。20世纪70年代，在丹麦的卡伦堡市产生了一种典型的生态共生体—生态工业园系统。1997年，伊莱费尔德（John Ehrenfeld）和格特勒（Nicholas Gertler）等人通过对卡伦堡企业共生体的研究，提出了工业共生理论。2002年，伊莱费尔德等人进一步界定了工业共生的概念，指出：工业共生是指工业企业之间各种物质、能源、水以及各类副产品的物理交换，企业之间地理位置的相近性为企业之间更广泛的合作提供了可能性。兰伯特和布恩斯（Lambert & Boons，2002）强调企业共生是企业之间设备共享、废物集中循环利用及企业多余能量的交换。伊莱费尔德（2004）进一步强调企业共生是企业之间设备共享、废物集中循环利用及企业多余能量的交换。玛瑞特（Mirata，2005）指出，工业共生网络为区域企业间，通过物理交换或物质、能源传递，知识、人力资源、技术资源的交换形成的长期合作共生关系，从而实现环境效益和竞争效益。切尔托等（Chertow et al，2007）揭示了工业企业建立共生关系的直接和间接动机，以及带来的经济社会效益。

国内学者袁纯清（1998）较早地将共生理论引入经济领域。冯德连（2000）对共生体内部共生单元之间联系的按紧密程度从低到高进行了划分。王兆华（2002）结合贵糖工业园对复合实体共生进行了实证分析。夏训峰等人（2006）探讨了工业共生原理，指出：工业企业共生是指工业生态系统中通过不同企业之间相互利用与合作，共同提高企业的生存及获利能力，从而达到节约资源和保护环境的目的。张萌（2008）对工业共生及其网络的运作的稳定性进行了分析。胡晓鹏（2008，2009）对产业共生机理及区域生态共生进行了研究。肖忠东等人（2009）对工业产业共生理论进行了研究，明确了产业共生体系应遵循的四个基本原则。杨玲丽（2010）结合贵糖工业园对政府在工业共生中的作用进行了分析。2010 年，王兆华等学者对区域产业链及产业共生问题进行了研究。苗泽华、彭靖（2012）从复合生态系统的视角对工业企业生态共生的理论与途径进行了研究。刘有金等人（2012）从共生的视角对产业集群的转移演化模式进行了研究。仇保兴（2013）运用共生理念对生态城市建设进行了研究。丁立义（2013）运用共生理论对创业产业园区的生态管理模式进行了研究。张智光（2014）从产业共生与生态共生的视角探索了生态文明建设。葛剑平（2014）提出，京津冀协同发展必须树立共生的理念。李昕（2015）提出应在京津冀形成互补共生的区域城市圈。史宝娟、郑梅婷（2015）围绕京津冀产业生态共生进行了研究，提出了基于共生的三维立体循环模式。

1.3.3 企业社会责任研究现状

企业社会责任（Corporate Social Responsibility，CSR）最早由英国人奥利弗·谢尔曼（Olivwer Sheldom）在 1924 年提出的，他认为企业社会责任包含伦理因素。1953 年，鲍恩（Howaid Bowen）发表了《商人的社会责任》，这标志着具有现代意义的企业社会责任思想的形成。1979 年卡罗尔（Carrol）提出了金字塔的企业社会责任，认为企业社会责任包括经济责任、法律责任、伦理责任和慈善责任等。随后，戴维斯（Davis）提出了同心圆理论。1984年，弗里曼（Edward Freeman）在其著作《战略管理：利益相关者方法》中提出了利益相关者理论。经济优先权委员会（Council on Economic Priorities，CEP）作为一家长期研究社会责任及环境保护的非政府组织，一直积极支持并参与制定社会责任标准的活动。1997 年初经济优先权委员会成立了经济优先权委员会认可委员会（Council on Economic Priorities Agency，CEPA）。该委员会制定了全球第一个可被第三方认证机构审核的企业伦理规范标准——

SA8000。

我国对企业伦理的研究最早可追溯到 20 世纪 80 年代，如我国学者甘碧群（1983）指出社会主义的市场营销也应注意伦理问题。90 年代后，随着社会主义市场经济的确立，"竞争"成为整个经济社会的主题，一些企业经营者为了追逐经济利益，采用了各种不符合伦理道德的谋利手段进行经营活动，严重干扰了我国市场经济的健康发展。近几年来，社会各界开始关注资源型企业伦理与社会责任问题，如俞秀宝（2001）在《企业利益相关者利益与煤炭企业效益实证研究》一文中，较早地运用定量化方法对煤炭企业及其利益相关者的关系进行了研究，构建了利益相关者及其利益衡量指标体系，通过实例验证了煤炭企业效益与利益相关者存在很强的定量关系。高山、侯华（2006）在《资源型企业社会责任的构建》一文中探讨了资源型企业社会责任的共性与特殊性。张阳、唐震、王文珂（2007）在《水电开发企业利益相关者治理模式探讨》一文中，针对水电开发企业的特点，结合利益相关者理论，提出水电开发企业应运用利益相关者理论与方法进行一体化治理模式的现实依据。吉海涛、楚金华（2009）《基于资源基础理论的资源型企业社会责任特殊性分析》一文认为，资源型企业占有公共资源，应承担更多的社会责任。邹武平（2009）则从财务视角探讨了资源型企业社会责任的培育及其途径。史亚东（2010）分析了企业社会责任与企业内部治理的关系，并从利益相关者视角提出了企业与利益相关者共同治理的思想。武红、谷树忠（2011）等人则以贵州毕节煤矿企业为例，对其履行社会责任的现状、问题进行了研究，初步建立了 CSR 的履行范式。康纪田、彭一伶（2013）在《矿山企业承担社会责任是矿业环境保护的新途径》一文中，提出了矿山企业在生态环境保护前提下，面临承担社会责任的挑战，指出：矿山企业承担以环境保护为主的社会责任责无旁贷。

总而言之，国内外众多学者对复合生态系统、工业企业生态工程、企业社会责任和区域生态共生的理论及应用研究取得了丰硕的成果。尤其是近几年来，生态文明、社会责任、产业结构、区域协同发展等成为学术界的热点与焦点，研究也取得了很大进展，多学科交融渗透，跨行业跨区域联合研究方兴未艾，政产学研用相结合的长效机制初步形成。但研究及应用领域仍存在以下几个方面的不足：

（1）多数学者从生态学和农林学的角度研究生态系统，从企业管理学的视角研究的较少，并未形成较完整、系统的理论体系，而复合生态系统的基本单元是企业，尤其是资源型企业"高能耗、高污染"的特征成为企业、政府决策中必须重视的问题。因此，对资源型企业生态工程进行系统研究，恰恰是有效促进复合生态系统建设，促进区域产业生态共生的关键。

（2）多数学者的研究以探讨自然环境资源的生态系统为主，虽意识到社会—经济—自然复合生态系统和企业生态系统的存在，但仍停留在概念和探讨阶段，而且没有将资源型企业生态工程与履行企业社会责任有机结合起来，缺乏责任激励与约束。

（3）尽管京津冀协同发展上升为国家战略，不少学者为此摇旗呐喊，但一些学者们并没有从复合生态系统的视角，系统研究京津冀区域生态系统共生机制构建的基本理论与有效途径。尤其是京津冀区域生态共生的政策需要科学研究的支撑。

1.4　研究内容、方法与创新点

1.4.1　本书主要章节及其简介

第1章　绪论

本章阐述了本书的研究背景与目的，论述了在京津冀协同发展战略背景下，在区域生态共生的基础上，全面推进资源型企业实施生态工程，认真履行社会责任，从而实现资源型产业转型与升级的理论价值与现实意义。本章还对国内外有关企业生态工程、区域生态共生与社会责任的文献及研究动态进行了简略地述评，进一步明确了本书的研究思路、重点、方法以及创新点等。

第2章　京津冀资源型企业实施生态工程的现状分析

本章深入分析了京津冀区域的资源状况、产业结构现状和资源型产业现状，指出了京津冀资源型产业存在问题。并重点分析了河北省资源型企业

"节能减排"与履行生态责任的状况。剖析了京津冀资源型产业所面临的生态环境问题，分析了我国资源型产业可持续发展相关政策与法规及其存在的弊端，并指出了我国资源型产业可持续发展的相关政策与法规改革趋势。

第3章　资源型企业复合生态系统理论

复合生态系统不仅具有一般系统的基本特征，同时还具有循环性、异质性、共生性、线性与非线性等特征。人类即是复合生态系统中生产者，也是消费者，又是分解者，还是调控者。人既是复合生态系统的主体，也是自软资源开发与利用的主体。自然资源（尤其是矿产资源）的开发利用具有明显的两面性，既给经济的快速发展提供了物质来源，同时也使环境付出了沉重代价。传统清洁生产、绿色工业确实在一定程度上减缓资源的浪费、减轻了工业废弃物的排放，而以自然生态系统的新陈代谢、共生共存为基础的复合生态系统的提出，为从根本上解决经济与环境的矛盾化解提供了一个有效途径。在复合生态系统中，资源型企业实施生态工程的本质是通过研究企业内外生态关系，在清洁生产、综合利用、生态恢复等各个方向充分遵循循环、生态理论，努力实现企业与区域的共生与交替进化，并构建支撑复合生态系统的硬件、软件与心件，实现经济效益、生态效益与社会效益统一与协调发展。

第4章　资源型企业实施生态工程的生态伦理基础

生态伦理是资源型企业实施生态工程的价值导向与思想基础。资源型企业生态工程作为多学科交叉研究领域，所涉及的理论与方法非常广泛，其中蕴含了丰富的生态伦理思想。本章系统地梳理了我国古代的生态伦理思想、可持续发展与生态环境伦理、循环经济与低碳经济、社会公民及生态信用等相关的思想和理论，为京津冀协同发展背景下资源型企业实施生态工程夯实思想与理论基石。中国古代传统文化中蕴含着"天人合一""尊重生命与万物平等""天道生生与循环节用"等宝贵的生态思想精华与智慧，不仅为当代的生态伦理发展提供重要的思想源泉，也为现代资源型企业生态工程实施提供有益借鉴，是培养新型企业经营者的伦理基础。推进资源型企业实施生态工程，需要坚持可持续发展的思想，走循环经济和低碳经济之路，履行社会公民责任，提高企业生态信用，同时重视生态补偿政策与制度的完善，建立起新的企业与生态环境、企业与社会、企业与企业之间和谐共处的关系。

第5章 资源型企业社会责任体系与评价研究

企业不仅仅是创造财富的经济组织，也是维护社会和谐与推动科学发展的社会组织，更是促进人类与自然环境可持续发展的责任主体，只有承担社会责任的企业才能得到全社会的认可，才能实现可持续发展。资源型企业主要是从事不可再生的自然资源开发和初加工的企业，其行业特点决定了资源型企业在国家能源安全、自然环境保护、员工安全与政府责任等方面存在特殊性，现有社会责任评价体系缺少对资源型企业的个性化研究，因而不能照搬一般企业社会责任评价的指标和方法，要使资源型企业社会责任评价建立在科学评价的基础上，明确其评价原则，构建评价指标体系，选择科学的评价方法。本章在利益相关者和三重底线理论基础上构建了资源型企业社会责任评价体系，从经济责任、社会责任和生态责任三个维度以及政府、社区、消费者、供应商、投资者等利益相关者角度设立了资源型企业社会责任评价指标体系，选择模糊综合评价方法对资源型企业社会责任进行综合评价，并以冀中能源集团为案例对资源型企业社会责任评价体系有效性进行了实证分析，科学论证了所设计的资源型企业社会责任评价指标体系以及评价模型具有较好的实用性，能够对资源型企业社会责任履行状况进行客观的评价和分析。

第6章 京津冀资源型企业生态位与生态群落分析

自然资源的开发与可持续利用关系到国家经济与社会命脉，也关系到人类的生活、生产与生态。在市场经济发展进程中，资源型企业由粗放化到精细化的转变是市场与生态的双重需要。资源型企业具有资源依赖性较强的特点，生产过程中能耗高、产出地、环境破坏严重，对生态环境带来严重的负面影响。本章系统研究了京津冀地区资源型企业群落的发育成长、运行机制及发展态势，这对京津冀区域资源、环境与经济系统的协调发展具有重要意义。本章深入分析了生态群落的一般特点与京津冀区域资源型企业群落的分布及资源构成，对比了京津冀资源型企业群落的种群结构及发展规模。并从发育成长、生命周期及运行机制等方面剖析了京津冀资源型企业群落的演化，指出资源型企业群落的稳定、健康、持续与共生是协同发展的关键。

第7章 京津冀区域共生与协同发展

本章首先从生物学视角的共生理论入手，阐述了生态共生、社会共生与产业共生的基本理论；其次，对区域、协调、区域协调发展等概念和基本理论进行了梳理，并以区域生态共生为基础，将京津冀资源型企业共生问题归结为区域产业的协调发展。在相关理论基础上，研究了区域产业共生系统中的主体博弈行为，对不同主体之间的博弈行为构建了博弈模型。本章还对各类博弈模型进行了计量和系统分析，其分析结果表明：产业共生系统内部各主体协同治理是促进资源型企业实施生态工程的保障，也是资源型企业实现可持续发展的必要途径。

第 8 章　京津冀区域合作与生态共生

要实现京津冀区域生态共生、经济共赢、社会共荣，基于生态共生理论建立长效的经济社会合作机制尤为重要。建立长效的京津冀三地的博弈资源存在显著的梯度差，为京津冀区域合作提供了良好的基础条件。而中央政府与地方政府的合作障碍以及地方政府间的合作障碍严重影响了区域协同发展。特别是地方政府之间的各种矛盾，导致不同地区无法达成利益均衡。只有用多边合作模式来取代陈旧的单边合作与简单双边合作模式，才能破解这一难题。除在政府之间加强协同合作以外，区域生态协同治理还有赖于区域市场协同、社会协同、人才协同发展以及合理的生态补偿。

第 9 章　京津冀生态共生与资源型企业生态工程

全面推进京津冀协同发展，需要构建京津冀区域复合生态系统的共生机制，还要做好功能定位和顶层设计，重视雄安新区的功能定位与战略规划设计。京津冀协同发展与长城经济带战略是东西南北综合交织的战略选择。中华长城，龙头先行。京津冀是北方长城经济带的龙头，要发挥龙头带动效应。促进资源型企业实施生态工程是产业转型升级的基础，也是深化供给测结构改革的重要途径。资源型企业能否实施生态工程，关键在于生态规划与设计，其中以国家政府为主制定推进资源型企业实施生态工程压缩过剩产能推进转型升级的激励性规制与政策是重要保证。通过制度设计，促进资源型企业将生态工程的伦理观念、决策流程与措施手段纳入战略规划与生产经营活动中，形成一种新的常态。这需要树立生态工程的理念，全面推进资源型企业按照市场与生态两个方面的要求进行转型与升级，制定可行的生态工程措施，促进京津冀建设得更加美好。

1.4.2 基本思路与主要方法

本书的研究以京津冀协同发展为背景，以京津冀区域内的资源型企业为主要研究对象，以实现京津冀区域生态共生为研究目的，以区域产业结构调整与升级为引领，以资源型企业全面实施生态工程为重点，综合运用复合生态系统理论、生态共生理论、协同发展理论、产业集群理论、社会责任理论、利益相关者理论、生态激励与补偿理论等对资源型企业生态工程和区域生态共生机制进行深入研究，构建资源型企业生态工程理论体系，建立京津冀区域生态共生和产业共生机制。综合运用调查分析、大数据分析、计量分析、博弈分析、实证研究和典型案例剖析等方法，运用改进的灰色评价方法，构建矿山企业生态工程综合评价指标体系与模型，重视定性方法与定量方法的有机结合。在研究中重视区域经济学、产业经济学、企业管理学、生态学、系统论、协同论、规制与博弈等理论与方法的有机结合，在学科交叉、渗透等方面力求创新。研究思路与内容如图1-2所示。

本书涉及跨学科、跨区域、跨行业等综合性研究，在研究内容与方法上重视管理学、生态学、经济学等多学科交叉研究，综合运用调查分析、统计分析、系统层次分析、实证研究和典型案例剖析等方法，推动现代决策定量分析方法在资源型企业生态工程综合评价与区域共生机制构建方面进行理论、方法及应用创新。具体地说：

（1）重视调查研究与统计分析相结合。为了掌握京津冀区域资源型企业实施生态工程现状及存在的问题等方面的第一手资料，课题研究人员运用问卷调查和深度访谈对京津冀区域内的资源型企业进行调查，同时充分利用报纸杂志书刊等收集第二手资料。对有关资料进行梳理与科学分析，并对问卷调查进行统计分析，从而揭示问题的症结所在，为京津冀资源型企业实施生态工程提供理论依据。

（2）重视归纳法与演绎法方法相结合。在研究中，我们运用归纳法分析并界定了资源型企业生态工程的内涵与特征，并从中归纳出具有共性的问题。运用演绎法对不同地域、不同行业的生态共生态共生规律、共生模式、共生机制等科学调查与分析，由共性挖掘不同区域不同企业的个性，从一般到特殊进行科学推理。

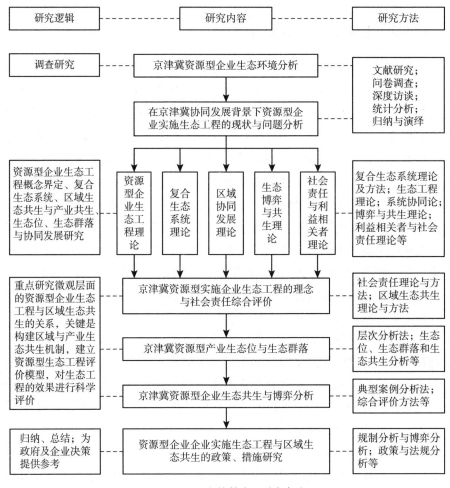

图 1－2　研究的基本思路与框架

（3）重视规范分析与实证分析相结合。在研究中，我们运用规范分析对资源型企业的生态工程理论，如基于生态伦理与社会责任的资源型企业生态工程决策、生态工程综合评价等进行了规范分析，在此基础上，重点结合河北省资源型企业实施生态工程的现状，理论联系实际，进行实证分析。

（4）重视定性与定量方法相结合。课题组必须重视定量分析及相关模型的构建，具体地说：①运用规制与博弈理论与方法，从微观上对京津冀资源型企业生态工程决策进行科学分析，构建了多层次的博弈分析模型与数学公式，为资源型工业企业实施生态工程，形成区域共生机制奠定了理论基础。②运用层次分析法分析资源型企业社会责任的层次，并以此为基础，明确资源型企业生态工程的生态定位的层次。动力激励机制及其政策的制定提供了依据。③运用聚类分析研究不同类别的资源型企业生态工程之间的内在联系与共生关系、共生模式与共生机制等。④运用复合生态系统层次分析方法，综合考虑企业社会责任及利益相关者等因素，构建资源型企业生态工程评价指标体系与评价模型。运用多目标多属性不确定决策理论与方法、改进的灰色评价方法和物元可拓理论与方法对资源型企业生态工程决策及其效果进行科学评价。⑤运用规制与激励理论与方法研究京津冀资源型企业实施生态工程构建区域生态共生机制的激励性政策与约束性法规等。

1.4.3 重要思想与主要观点

（1）京津冀协同发展战略，涉及人口、资源、环境、经济、科教、文化诸方面的协同发展。不论是经济方面的共赢，还是社会方面的共荣，其重要基础是区域生态共生。共生是天地自然大道，有其奥妙与规律。共生机制不仅作用于自然生态系统，还作用于经济和社会系统。从区域复合生态系统视角来看，资源型企业是区域复合生态系统的基本单元，也是经济主体和社会细胞，要激活这些细胞，提高微观主体的生命力，就必须科学认识区域复合生态系统中不同层次微观主体（共生单元）之间的共生关系、共生模式与共生环境，综合考虑资源型所依托的产业、城镇之间的利益关系。

（2）要构建京津冀区域生态共生机制，其不可或缺地是继承并深入挖掘儒释道及西方生命生态哲学理论中有关生命、生态、共生与循环的思想与智慧。这需要从人类文明长河的大维度来分析区域资源型企业的经营理念与行为。在京津冀区域内，围绕不同类型的资源型企业科学设计其生态工程是提高资源型企业生命力，实现顺利转型与升级的关键。而分类指导，全面实施资源型企业生态工程是落实生态文明战略，推进京津冀系统发展的根本。

（3）资源型企业是影响区域复合生态系统协调与稳定的重要因素，在京津冀区域中，资源型企业比重过大、产能严重过剩、技术创新能力不足，可持续发展缺乏后劲。因此，不论是资源型企业实施生态工程，还是资源型产业转型升级，都是在共生基础上不同层面的要害问题。京津冀协同发展，需要按照循环经济和低碳经济的理念指导企业的改革与发展，切实推进生态文明建设。围绕资源型企业生态工程，全面构建在企业社会责任体系与评价标准，推进传统产业走生态化工业的道路。河北省是京津冀协同发展的重要区域，河北省的资源型产业及企业结构严重不合理，供给与需求的矛盾激化，尤其是工业排污与人民对美好环境的期望形成了矛盾的焦点。要解决供给侧问题，不是简单的关停并转，也不是单纯的规制与罚款，而是一个比较复杂艰巨的社会系统工程，既要有紧迫性，也要科学理智地分析问题，抓住症结。资源型企业生态工程就是微观层面最为关键的节点，抓住这一节点设计科学的战略措施，不仅有利于推进资源型产业转型与升级，有效化解供给侧矛盾，还有利于推进京津冀协同发展战略的实施，形成良性良好的共生局面。

（4）企业、市场、居民、政府以及自然环境是复合生态系统中非常重要的组成部分。复合生态系统各要素之间以共生为基础，存在不同程度的竞合与博弈。共生是一种共同而长远的内在利益，而竞合与博弈则是利益的分割与获取。从利益相关者的角度研究并科学界定资源型企业与利益相关者在实施生态工程中各自的责任，对资源型企业的可持续发展具有重要意义，也是制定京津冀资源型企业实施生态工程，深化资源商品供给侧改革，促进资源型产业转型与升级的激励性政策与措施提供重要的决策依据。

（5）数学是最优美的语言，经济、管理及生态的深度分析离不开定性与定量分析。在研究中，我们运用层次分析法、模糊综合评判法、博弈理论与方法等，运用复合生态系统理论与方法，从社会—经济—生态（自然）三个角度构建资源型企业实施生态工程的综合评价方法和激励机制，重点结合河北省大型资源型企业，如钢铁、煤矿企业等企业，进行系统深入地剖析，为京津冀区域的资源型企业实施生态工程履行社会责任提供政策性建议。

1.4.4 研究的创新点

（1）基于利益相关者视角，对京津冀资源型企业生态工程进行探索，构建科学的理论体系是本书的重点，也是创新点之一。在研究中，我们运用复合生态系统、利益相关者、企业社会责任等理论与方法，以京津冀资源型企业为主要研究对象，科学界定了资源型企业生态工程的概念与特点，明确了资源型实施生态工程的目标与战略定位，并初步建立了资源型企业生态工程的理论体系。在理论上，具有较大的创新。尽管，国内外很多学者对资源型企业的生态问题进行了多维度的探索与研究，但就我国京津冀区域资源型企业生态工程的理论问题研究的还不够深入，其理论体系已经初见端倪。因此，针对京津冀这一特定区域，构建资源型企业生态工程的理论体系，对深化资源型企业改革，促进转型升级，具有建设性的指导意义。

（2）京津冀协同发展战略的重要基础是区域生态共生。离开了区域生态共生、经济共赢、社会共荣，区域协同发展就不可能长久。因此，以资源型企业生态工程为切入点，深入探究了京津冀区域生态共生的基本规律，从而初步构建了京津冀区域共生的长效机制。尽管国内外学者对生物种群的共生、企业之间的共生，以及产业共生等问题进行了多方位的研究，但针对京津冀区域生态共生研究还探索阶段。因此，将共生理论与京津冀区域生态环境的现实相结合，研究并设计有利于该区域生态共生的机制与规制，具有重要意义，也是本书的亮点与创新点之一。

（3）资源型企业是否实施生态工程，社会公民是否主动参与京津冀协同发展，不是政府的一厢情愿，而是一个从博弈、竞合到共生的过程。在这个过程中，各微观主体尤其是企业与政府的决策成为关键。在研究中，我们运用层次分析法等剖析了资源型企业生态工程的相关因素，围绕资源型生态责任初步构建了综合评价指标体系，并运用现代决策理论和综合评价方法对资源型企业履行生态责任进行科学评价。这是规范资源型企业行为，各级政府制定激励与约束型政策的重要基础。在研究中，我们运用模糊综合评判法、灰色系统理论与方法、博弈论法和层次分析法等从经济、生态（自然）、社会多个维度构建多层次的综合评价模型，在评价指标体系构建、综合评价模型及其应用方面有较大的创新。

1.5　本 章 小 结

本章作为绪论，首先阐述了本书的研究背景，简略回顾并阐释了京津冀协同发展这一重大国家级战略的现实与深远意义，并以这一战略实施为背景，论述了京津冀区域资源型企业实施生态工程的主要目的与应用价值。本章还概述了国内外生态工程、生态共生和社会责任等理论方法的发展现状与研究动态，分析了资源型产业生态化的必然趋势。从可持续发展、循环经济、复合生态系统等视角剖析了京津冀区域资源与环境所处的状况，强调了生态危机的严峻性。本章还明确了研究的基本思路与框架，科学设计了研究的主要内容，简述了研究成果的主要思想、观点与创新点。

第 2 章

京津冀资源型企业实施
生态工程的现状分析

    党的十八大报告将中国特色社会主义事业总体布局拓展为包括经济建设、政治建设、文化建设、社会建设、生态文明建设在内的"五位一体"的总布局，将生态文明建设提升到更高的战略层面。生态文明是人们在对传统工业文明进行反思的基础上，建立的可持续发展理论及其实践成果，中国特色生态文明建设以人与自然和谐相处为核心，强调经济、社会的发展必须在资源环境的承载力范围内，与生态保护相协调，建成节约能源资源和保护生态环境的产业结构、增长方式和消费模式。生态文明以经济—社会—自然这一复合生态系统的协调发展为基础，衡量生态文明发展程度的标准是这一复合生态系统高效、和谐发展的能力。以生态经济学为基础理论的产业生态化，使这种协调成为可能。而工业企业生态工程是产业生态化的基础工作，也是产业生态化的重要实现方式。相应地，工业企业生态工程也是中国特色生态文明建设的微观途径与具体举措。而京津冀地区的工业企业生态工程的顺利实施则关系到全国生态文明建设的顺利进行。

2.1 资源型企业与资源型产业的内涵与特点

2.1.1 资源型企业的概念、特征与分类

1. 资源与自然资源的概念

"资源"一词，在我国《辞海》的解释是"资财之源，一般指天然的财

源"。广义的资源指人类生存发展和享受所需要的一切物质的和非物质的要素，既包括一切人类生存所必需的自然物，也包括人类劳动产生的各种形式的生产资料性商品以及消费性商品，还包括无形的资财，以及人类本身的体力和智力。狭义的资源仅指自然资源，即存在于自然环境中并可以用于人类生产和生活的物质。联合国环境规划署（UNEP）认为："自然资源是指在一定时间、地点的条件下能够产生经济价值以提高人类当前和将来福利的自然环境因素和条件的总称。"

自然资源按照存在形态可分为：土地资源、气候资源、水资源、矿产资源、生物资源和环境资源。

按照可持续利用程度可分为：①储存性资源：主要是矿产资源。包括可回收的资源（如金属类）和不可回收的资源（非金属类，如石油、天然气和煤）。②恒定性资源：可持续利用的资源，如太阳能、风能、水能、潮汐能。③临界性资源：主要是生物资源，如动植物、微生物以及土地资源。

本研究中的"资源"主要是指矿产资源，包括可回收的资源（如金属类）和不可回收的资源（非金属类，如石油、天然气和煤），这是一种储存性资源。

2. 资源型企业概念与分类

目前，关于资源型企业还没有一个普遍认同的概念。本研究中的资源型企业是指从事不可再生的自然资源开发和加工的企业，其中，不可再生自然资源包括金属矿产资源、非金属矿产资源和能源；开发和加工包括资源的采、选、初加工和后续的冶炼、压延等工序。本研究中的资源型企业包括资源开采型企业与资源加工转化型企业，其中资源开采型企业包括煤炭采选业企业、石油和天然气开采业企业、黑色金属矿采选业企业、有色金属矿采选业企业、非金属矿采选业企业和其他矿采选业企业；资源加工转化型企业包括石油加工及炼焦业企业、化学原料及制品制造业企业、非金属矿物制品业企业、黑色金属冶炼及压延加工业企业、有色金属冶炼及压延加工业企业等企业。

3. 资源型企业特征

一般而言，资源型企业表现为以下四方面特征：第一，以资源占有优势作为企业发展的核心竞争力，依托丰富的资源形成竞争优势；第二，资源依赖性大，在产品成本构成中资源物耗成本占主体，资源禀赋成为决定企业发展的基础；第三，地理性强，由于对资源的依赖性大，故在选址时要考虑资源丰富性、供应便利性等问题，进而形成对资源丰富或供应便利地区的根植性；第四，产品附加价值低，资源型企业属于以利用资源为主要特征的传统生产开发领域，长期以来产品的属性、形态、层次变动不大，技术、管理的投入量相对较少，因而其附加价值比率比较低。

2.1.2　资源型企业之间的关联分析——基于生命周期视角

群落指一定时间里聚集在一定地域或生境中所有生物种群的集合。企业群落是仿照自然生态系统的物质与能量循环的方式构成的人工生态系统，与自然生态系统存在着结构、功能相似性。资源开采型企业、资源加工转化型企业因为资源而集中在某个区域，与非资源型企业以及自然环境之间形成关联共生、高效互动的产业生态链，彼此之间不断进行着物质与能量的交换，维持着区域矿业生态的动态平衡，促进着区域的持续发展。

资源型企业群落因某区域丰富的资源而产生，在群落发生初期，群落规模小，结构比较简单，功能较为单一，形成资源开采型企业种群，彼此之间以协作为主。在群落发展阶段，以资源开采型企业为关键种，种群内部因密度的增加而引发市场份额战和资源战，企业种群的空间扩张则是同类复制。随着大规模基建任务的完成，建筑、建材业及相关服务业企业逐渐退出企业群落，取而代之的是资源加工转化型企业和运输、服务业企业。资源开采型企业种群内部以竞争为主，互补合作关系较少，企业多采用工艺创新，兼并整合的手段以获得竞争优势。在群落成熟阶段，群落发展动力基于产业链的延伸，相关种群之间联系紧密、并相互耦合，功能相互协调并趋于成熟。资源加工转化型企业成为关键种，种群内部亦是以竞争关系为主，竞争优势来源于产品创新和工艺创新。而资源开采型企业和资源加工转化型企业种群之间则以互利共生关系为主。在群落转型阶段，资源因开采而耗竭，寄生、共生在资源之上的相关种群体随之灭绝。资源型企业群落必须经历一场彻底地系统再造，打破资源型群落原有的内部自循环，实现关键种更替，并围绕新关键种形成新的生态群落，方能保持区域经济发展的持续性。该阶段资源型企业种群内部和种群之间呈现竞争合作关系。

2.1.3 资源型产业的内涵与特点

资源型产业一般是指以探明的矿产资源为对象，从事矿产资源开采、加工，向社会提供矿产品及其加工产品的工业部门，包括资源采选和加工业。资源采选业主要包括煤炭采选业、石油和天然气开采业、黑色金属矿采选业、有色金属矿采选业、非金属矿采选业和其他矿采选业；资源加工业主要包括石油加工及炼焦业、化学原料及制品制造业、非金属矿物制品业、黑色金属冶炼及压延加工业、有色金属冶炼及压延加工业等。

资源型产业和后续的金属加工、机械制造等形成了巨大的资源产业链和产业链集群（包括单纯产业链、含群产业链、交叉产业链等多种形式），这些资源产业链和产业链集群已成为地区乃至全国经济发展的主导产业，对地区乃至全国经济发展发挥着重要的资源保障和经济支撑作用。相关研究成果表明，改革开放以来，物质资本投入是我国经济增长的主要贡献因素，矿产资源对我国经济总量的贡献高达30%左右。然而，巨大的资源产业链和产业链集群在支撑着我国经济快速增长的同时，由于低技术水平上的粗放式开发利用，不仅造成了巨大的资源浪费，资源供给严重不足，资源安全问题日益突出，而且带来了严重的环境污染和破坏问题。研究结果表明，1990年以来我国矿业及相关产业占到工业废水排放量的50%～60%、废气排放量的80%～90%、固体废物产生量的90%左右。资源环境问题已成为资源产业链乃至总体经济发展的主要制约因素。

2.2 京津冀资源型产业发展现状及存在问题分析

2.2.1 京津冀产业结构现状分析

区域与产业关系密切，区域发展离不开产业支撑，产业组织则依托于特定区域。2015年4月30日，中共中央政治局审议通过了《京津冀协同发展规划纲要》，京津冀协同发展作为国家重大战略正式进入实施阶段。协同发展包括很多方面，产业协同就是其中之一。京津冀区域要以资源要素空间统筹规划利用为主线，科学选择主导产业，优化区域分工和产业布局，实现京津冀区域产业协同发展。

1. 京津冀区域产业结构分析

北京、天津产业结构呈现"三二一"模式，河北则呈现"二三一"模式，北京"二产"占比逐渐收缩，天津"二产"占比呈现出先升后降态势，河北"二产"整体呈现下降趋势；天津于 2015 年"三产"已超过"二产"，河北 2015 年"二产"占比则低于 50%；北京"三产"占比呈上升态势，天津波动上升，河北"三产"呈稳步上升态势（见表 2 - 1）。

表 2 - 1　　　　　　　　　京津冀产业结构　　　　　　　　单位：%

地区		2005 年	2008 年	2011 年	2014 年	2015 年
北京	第一产业	1.2	1.0	0.7	0.7	0.6
	第二产业	28.9	23.3	21.4	21.4	19.6
	第三产业	69.9	75.7	77.9	77.9	79.8
天津	第一产业	2.9	1.8	1.3	1.3	1.3
	第二产业	54.6	55.2	49.4	49.4	46.7
	第三产业	50.1	50.9	49.3	49.3	52.0
河北	第一产业	14.0	12.7	11.7	11.7	11.5
	第二产业	52.7	54.3	51.1	51.1	48.3
	第三产业	33.4	33.0	37.2	37.2	40.2

产业趋同是区域间产业类型、结构、分布等态势逐渐趋于一致的现象。本研究采用联合国国际工业研究中心提出的结构相似系数，分析结果详见表 2 - 2。一般以 0.85 为标准判断区域间产业结构相似程度。从表 2 - 2 可以看出，北京与天津产业结构相似系数为 0.86，产业结构具有相似性；北京与河北为 0.76，产业结构差别明显；天津与河北为 0.98，产业趋同严重。伴随京津冀协同发展上升为国家战略，北京、天津开始向河北有序转移产业，可逐渐形成产业协同发展格局。

表 2 - 2 　　　　　　　　　京津冀区域产业结构相似系数

地区	北京	天津	河北
北京	1.00	0.86	0.76
天津		1.00	0.98
河北			1.00

2. 北京市产业结构分析

2015 年，北京市地区生产总值 22968.6 亿元，比上年增长 6.9%。其中，第一产业增加值 140.2 亿元，下降 9.6%；第二产业增加值 4526.4 亿元，增长 3.3%；第三产业增加值 18302 亿元，增长 8.1%。三产结构为：0.6：19.6：79.8。全年实现工业增加值 3662.9 亿元，比上年增长 0.9%。其中，规模以上工业增加值增长 1.0%。详见表 2 - 3。

表 2 - 3 　　　　2015 年北京规模以上工业重点监测行业增加值增长速度 　　　　单位：%

指标	比上年增长	比重
规模以上工业增加值	1.0	100.0
其中：石油加工、炼焦和核燃料加工业	-16.8	1.8
化学原料和化学制品制造业	-8.1	1.8
医药制造业	7.2	8.6
非金属矿物制品业	-14.3	1.9
通用设备制造业	-11.3	3.8
专用设备制造业	-4.7	4.0
汽车制造业	8.3	20.2
铁路、船舶、航空航天和其他运输设备制造业	-6.8	1.7
电气机械和器材制造业	1.8	4.3
计算机、通信和其他电子设备制造业	7.3	9.2
仪器仪表制造业	2.9	2.2
电力、热力生产和供应业	-0.7	18.2

3. 天津市产业结构分析

2015 年天津市国民经济和社会发展统计公报显示，天津市全年地区生产总值（GDP）16538.19 亿元，按可比价格计算，比上年增长 9.3%。分三次产业看，第一产业增加值 210.51 亿元，增长 2.5%；第二产业增加值 7723.60 亿元，增长 9.2%；第三产业增加值 8604.08 亿元，增长 9.6%。三次产业结构为 1.3∶46.7∶52.0，服务业增加值比重首次超过 50%。

工业实现平稳增长。全年工业增加值 6981.27 亿元，增长 9.2%；其中，规模以上工业增加值增长 9.3%。规模以上工业总产值 28016.75 亿元，增长 0.3%。

工业结构进一步调整优化。全年高技术产业（制造业）增加值占规模以上工业的 13.8%，比上年提高 1.5 个百分点。装备制造业增加值占规模以上工业的 36.2%，比上年提高 3.2 个百分点；其中，航空航天、汽车制造、电气机械等行业分别增长 25.2%、13.2% 和 11.1%。

4. 河北省产业结构分析

2015 年河北省国民经济和社会发展统计公报显示，全省地区生产总值实现 29806.1 亿元，比上年增长 6.8%。其中，第一产业增加值 3439.4 亿元，增长 2.5%；第二产业增加值 14388.0 亿元，增长 4.7%；第三产业增加值 11978.7 亿元，增长 11.2%。第一产业增加值占全省生产总值的比重为 11.5%，第二产业增加值比重为 48.3%，第三产业增加值比重为 40.2%。全部工业增加值 12626.2 亿元，比上年增长 4.3%。规模以上工业增加值 11244.7 亿元，增长 4.4%。高新技术产业增加值增长 11.6%（2014 年增长 13.2%）。其中，新材料、高端装备制造、电子信息和新能源四个领域增加值分别增长 10.9%、11.8%、13.8% 和 19.7%。

2.2.2 京津冀资源型产业现状分析

由 2015 年京津冀三地的国民经济和社会发展统计公报可以看出：北京市规模以上资源型产业，包括石油加工、炼焦和核燃料加工业，化学原料和化学制品制造业以及非金属矿物制品业等，占规模以上工业增加值比重分别为 1.8%、1.8% 和 1.9%，其增加值均呈现下降趋势，下降幅度分别为 16.8%、

8.1%和14.3%（详见表2-3）。

天津市工业结构进一步调整优化。资源型产业主要产品产量，除天然原油产量增长13.7%外，整体呈现下降趋势，水泥、平板玻璃、生铁、粗钢等产量分别下降23.7%、4.4%、10.5%和9.5%。

通过对河北省统计局官网的统计数据进行收集和整理，分析河北省资源型产量变化走势，可得到表2-4和图2-1。从图2-1可以看出，河北省钢铁、煤炭产能从1998年到2013年15年基本呈上升态势，只是在2014年、2015年受"6643"工程影响才出现下降，尤其是煤炭产量下降幅度更大。河北省的水泥和玻璃产能则从2012年开始出现大幅度下降。

2015年河北省六大高耗能行业增加值表现不一，煤炭开采和洗选业下降5.3%（2014年下降7.5%），石油加工、炼焦及核燃料加工业增长9.1%（2014年下降2.3%），化学原料及化学制品制造业增长7.0%（2014年增长8.2%），非金属矿物制品业增长0.5%（2014年增长1.9%），黑色金属冶炼及压延加工业增长4.8%（2014年增长5.1%），电力、热力的生产和供应业下降2.1%（2014年增长0.9%）（详见表2-5）。

表2-4　　　　　　河北省主要资源产业产量表　　　　单位：万吨，万重量箱

行业	1998年	1999年	2000年	2001年	2002年	2003年	2004年	2005年	2006年
钢铁	1106.11	1303.89	1230.1	1969.65	2659.63	4035	5641.39	7386.4	9096.29
煤炭	5636.73	5510.98	5781.21	5865.7	6083.7	6600.15	7156.15	7956.4	7927.71
水泥	3887	4133.77	4694.59	4878.03	5769.24	6611.4	7825.51	8850.04	8492.68
玻璃	2456	2373.25	2083.3	2328.27	2800.97	3129.61	3612.31	4964.25	5808.4
行业	2007年	2008年	2009年	2010年	2011年	2012年	2013年	2014年	2015年
钢铁	10706.44	11589.42	13536.27	14458.79	16452.24	18048.38	18849.63	18530.34	18833
煤炭	8389.88	7914.58	8389.2	10199.27	10584.57	11771.56	9300.00	8688.00	8215.27
水泥	9358.41	8953	10611.47	12594.3	14093.34	12809.79	12676	10625.46	9073.00
玻璃	7442.39	8676.13	8797.71	12033.83	13617.83	11382.75	11836	12292.63	11100

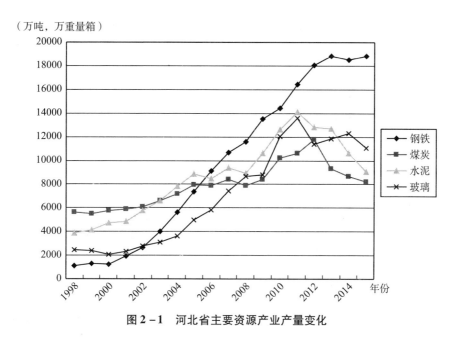

（万吨，万重量箱）

图 2 – 1　河北省主要资源产业产量变化

表 2 – 5　　　　　　　　　河北省部分工业产品产量及增速

产品名称	单位	产量	比上年增长（%）
生铁	万吨	17383.3	2.5
粗钢	万吨	18833.0	1.3
钢材	万吨	25245.3	5.5
原油	万吨	580.1	− 2.1
水泥	万吨	9073.2	− 14.6
平板玻璃	万重量箱	11100.0	− 10.6

　　用生态学的原理来进行产业规划、城市建设、自然资源与环境保护是建设生态文明、实现可持续发展必须遵循的原则。生态位理论是生态科学最重要的理论之一。生态位是指群落中每一个生物物种对特定位置（即特定资源与环境）的占据。《京津冀协同发展规划纲要》明确了京津冀的功能定位：北京为全国政治中心、文化中心、国际交往中心、科技创新中心；天津为全国先进制造研发基地、北方国际航运核心区、金融创新运营示范区、改革开

放先行区；河北为全国现代商贸物流重要基地、产业转型升级试验区、新型城镇化与城乡统筹示范区、京津冀生态环境支撑区。北京市作为全国的首都，集聚了大量的人才、资金、科技成果和信息，而北京市的土地、矿产资源、能源和水资源有限，不宜发展第一产业和第二产业。北京市的水资源、土地、煤炭、铁矿等资源的人均占有量均处于非常低的水平。按照生态位理论，北京市已不能够提供发展黑色金属冶炼和压延加工业、化学原料和化学制品制造业、非金属矿物制品业、石油加工、炼焦和核燃料加工业等产业的资源和空间环境，应向自然资源和环境相对丰富的河北省有序转移。从长期来看，北京市第二产业的生态位亦会趋于萎缩，也应有计划逐步转移。

天津市作为京津冀中的经济中心，第二产业仍占据较大比重。天津市作为我国现代工业的起源地、新兴制造技术和信息技术的集聚地，积累了发展高新技术产业和新兴战略产业的生态位（即资源和环境），应大力发展航空航天、新一代信息技术、生物技术与健康、高端装备制造、新能源新材料和国防等第二产业。根据天津市全国先进制造研发基地的功能定位，应将资源型产业向河北省转移。

京津冀区域中，河北省的矿产资源、土地资源和水资源等自然资源相对比较丰富，尤其是铁矿、煤炭和石油资源储量丰富，且区位优势明显。按照生态位理论，应做好北京、天津相关产业的承接。河北省的资源型产业要按照"做精、做大、做强"的原则，进一步提高产业集中度，加强技术创新，加速产业结构调整，促进专业化分工，优化产业结构，把河北省的资源型产业不仅要做大，更要做强。

2.2.3 京津冀资源型产业存在问题

2015 年，京津冀三地以占全国 2.2% 的土地面积、0.5% 的水资源，承载了全国 8.1% 的人口，贡献了全国 10.2% 生产总值。京津冀区域的资源型产业在为三地的经济、社会发展做出重大贡献的同时，其自身发展也存在诸多问题。

（1）找矿难度增大，主要矿种储量不足，开采成本逐渐上升，资源优势逐步降低。京津冀资源型产业一直面临着可持续发展问题，资源型产业矿产开采在工业产值中占较大比重，随着不可再生资源被不断开采，资源生产地区逐步变为资源枯竭地区，其区位优势不断下降，资源优势正在萎缩，必须进行外围及深部找矿工作，加大了找矿成本与难度。又由于矿产勘查长期投入不足、深部探矿技术发展缓慢等原因，使得新增矿产地较少，可供矿山建设的储量不足，储采比失调、供需不平衡等矛盾更加突出。主要矿产如煤、铁等的自给率逐年下降。河北省的铁矿石品位在20%~30%之间，而进口矿石的品位一般都在50%以上。目前邯郸钢铁集团进口的铁矿石已达其总需求的70%，唐山钢铁集团的铁矿石也有50%需要进口。如何维系资源型产业的可持续发展是必须面对的问题。

从表2-6可以看出，河北省铁矿石消耗量以及产量均呈现逐年增长趋势，且铁矿石消耗量呈现大幅增长趋势。自2010年起，河北省铁矿石的消耗量和河北省铁矿石的产量之间的缺口越来越大，河北省铁矿石产量已难以满足本省的铁矿石需求量，需要做好铁矿资源保证程度工作。

表2-6 河北省铁矿石消耗量与产量统计 单位：万吨

年份	铁矿石消耗量	铁矿石产量
2002	8698	6257
2003	11822	7922
2004	15681	102812
2005	20327	152272
2006	20952	24952
2007	22786	30954
2008	24997	38097
2009	26089	35789
2010	52119	44619
2011	68471	59471
2012	67157	52357
2013	68532	56931
2014	72349	56611

（2）精加工矿产品少，资源利用效率不高，产业结构单一，新兴产业亟待发展。津冀地区，尤其是河北省的部分矿区，矿产品仍以初级加工为主，深加工矿产品少、附加值低，单位产值资源消耗量大；部分矿产资源回收率低下，选冶设备和工艺落后，能源消耗过高；矿产资源还没有形成开采—选矿—冶炼及深加工的产业链条，资源利用效率不高。由于资源衰退，可采出量急剧减少，开采成本增加，唐山、邯郸、邢台等资源型城市产业结构偏重于资源型产业，产业结构单一，矿区环境恶化，煤炭沉陷区等问题日益突出。如果新兴产业规模小，则难以解决因资源开采下降而带来的大量工人失业、城市产业转型等问题，如果新兴产业发展缓慢，城市经济发展就会逐步陷入衰退的困境。

（3）资源型产业污染严重，环境灾害相对突出，矿山环境治理日益紧迫。资源型产业除了一般产业所具有的"三废"污染之外，还存在特殊的生态环境问题，如矿物废渣压占土地资源、矿区的地面崩塌、水资源的污染，以及空气污浊、可吸入颗粒物严重超标等问题。2014年京津冀地区产生大宗工业固体废物（含废石）16.4亿吨，其中北京0.5亿吨、天津0.2亿吨、河北15.7亿吨，仅河北省承德市尾矿库就达867座，尾矿存积量近22亿吨；主要再生资源（包括废钢铁、废有色金属、废塑料、废轮胎、废橡胶等）产生量1990万吨、其中北京550万吨、天津360万吨、河北1080万吨。大量工业固体废物堆存，不仅造成了资源的浪费，而且给区域生态环境带来巨大压力。

（4）资源型产业中国有老企业技术装备落后、产业升级缓慢。河北省既要面对资源型产业转型，又面临着老工业基地改造振兴的双重压力。作为老工业城市的唐山、邯郸等城市承担着较高的指令性计划和较重的财税任务，这些城市错过了资金积累和产业技术升级的时机，导致技术装备落后，产业升级缓慢。在河北省老工业基地中，国际20世纪70年代及以前的技术水平的装备占总装备的比例达40%，具有当代国际水平的装备不足7%，严重影响了产业发展后劲和产品的升级换代。

（5）资源型城市社会保障工作滞后，社会就业压力大。随着经济结构调整和产业转型，老工业基地和资源型城市的社会就业压力加大，社会保障工作亟待完善。同时，由于城市化进程加快，农民向非农产业转移更增加了就业需求，社会就业压力进一步加大。

2.3 京津冀资源型企业实施生态工程现状分析

2.3.1 资源型企业实施清洁生产的状况

清洁生产在世界范围内得到广泛认可和推行，已经成为工业污染防治的最佳选择。我国清洁生产促进法的修订使清洁生产上升为国家战略，成为"节能减排"的重要助力。清洁生产是资源型企业实施生态工程的重要途径，同时，也是实现京津冀地区节能减排及可持续发展的重要手段。

清洁生产是指不断采取改进设计、使用清洁的能源和原材料、采用先进的工艺技术与设备、改善管理、综合利用等措施，从源头削减污染，提高资源利用效率，减少或者避免生产、服务和产品使用过程中污染物的产生和排放，以减轻或者消除对人类健康和环境的危害。实施清洁生产对提高京津冀区域资源型企业污染防治水平，促进企业污染防治由末端治理向预防为主和生产全过程控制转变，提高资源利用效率，切实转变经济增长方式，实现经济与资源、环境的协调发展，具有十分重要的意义。

京津冀区域土地资源占全国的比重为 2.2%，水资源的占比为 0.51%，煤炭资源占比为 1.99%，铁矿资源占比 14.46%（2015 年数据），由于一些资源型企业仍旧沿袭着"高投入、高消耗、高污染"的发展模式和"先污染、后治理"的防治方式，致使区域工业污染物排放总量居高不下，主要污染物排放总量远远超出了环境的承载能力。推行清洁生产有利于由过去的大量消耗资源（能源）转变为综合利用资源、节约能源，提高资源的利用效率，可以缓解京津冀区域资源短缺的现状。同时，推行清洁生产是也增强企业竞争力的重要措施。在当前的国际贸易中，绿色贸易壁垒已经成为一个重要的非关税贸易壁垒。发达国家为了保护本国利益，不仅要求产品符合环保要求，而且规定从产品开发、生产、包装、运输、使用、回收等各个环节都要符合环保要求。只有实施清洁生产，提供符合环境标准的"清洁产品"，才能避免绿色贸易壁垒对我国出口产品造成影响。具体地说：

（1）认识不足，实施规模小，方案落实程度低。清洁生产在中国推行已有 22 年，但是从根本上来说还没有融入节能减排的主流工作中去。京津冀部分资源型企业，特别是一些中小型企业对推行清洁生产的重要性认识不够，积极性不高，不主动配合，有的企业仅把它当作获得"绿色通行证"的权宜之计。清洁生产理念还没有深入人心，公众对清洁生产所知甚少，NGO 在推动清洁生产方面尚未发挥作用。

（2）资金、技术、信息缺乏。中央财政资金规模小，项目少，对数量庞大的京津冀资源型企业，特别是河北省的资源型中小企业支持力度很小。河北省建立的清洁生产专项资金规模有限。清洁生产推进过程中存在技术指导缺乏、技术标准不健全等问题，清洁生产技术方案中部分投资过高，部分技术已过时。咨询机构一般不具备技术研发能力，而科研机构又不了解清洁生产技术的供求信息，清洁生产技术研发很难做到有的放矢。

（3）持续清洁生产落实还不到位。由于实施中高费方案及进行清洁生产技术研发的资金严重缺乏，持续清洁生产动力不足。清洁生产审核后监管体系建设与当前清洁生产工作发展的总体形式相比，存在一定程度的滞后，大多数企业把清洁生产搞成了"运动式"，认为一次通过，终生"免疫"，持续清洁生产尚未被更多的企业认可和重视，清洁生产螺旋式上升的思想内涵有待于在实践中进一步体现。

2.3.2 资源型企业"节能减排"与履行生态责任的状况

如前所述，本研究中的资源型企业包括资源开采型企业与资源加工转化型企业。2015 年，天津市的生铁产量为 1953.21 万吨、粗钢产量为 2068.91 万吨、水泥产量为 777.59 万吨、平板玻璃产量为 3139.94 万重量箱。2015 年，河北省的生铁产量为 17383.3 万吨、粗钢产量为 18833.0 万吨、水泥产量为 9073.2 万吨、平板玻璃产量为 11100.0 万重量箱。北京作为全国的首都，已将非首都功能进行转移，相应地，也就没有了生铁、粗钢、水泥、平板玻璃等资源型产品的产量。在此，对京津冀的煤炭、钢铁、水泥等主要资源型企业的"节能减排"与履行生态责任的状况进行分析。

1. 煤炭企业

在京津冀区域中，河北省的煤炭储量为 40.97 亿吨，京津冀的煤炭总储量为 47.69 亿吨，河北省占比为 85.91%。京津冀的煤炭企业集中在河北省，在此对河北省的煤炭企业进行分析。

河北省煤炭资源的利用程度较高，已利用的占比 64%，高出全国平均水平 23%，河北省的煤炭资源大部分已被开发利用。目前河北省煤炭企业存在的问题比较多，主要包括集中度低、科技水平低下、产业链短、生态环境遭到破坏等。

（1）产能过剩问题严重。河北省煤炭产业存在着严重的产能过剩问题，又由于产业集中度低，使得煤炭产业产能过剩问题更加严重。目前，河北省煤炭产业受宏观经济持续放缓、需求不旺、产能过剩、控煤降耗、能源结构调整等多重因素影响，煤炭经济依旧呈现低位运行态势，煤炭市场供大于求的矛盾仍然突出，煤炭生产经营压力和困难进一步加大。其主要表现在：煤炭产销大幅下降，市场需求持续低迷，煤炭库存高位盘整，煤炭价格大幅下滑，企业效益明显下降，全行业亏损严重。

（2）整体技术水平较低。与发达省份相比，河北省煤炭产业整体技术水平仍然较低，特别是深部资源开采技术、低透隙瓦斯抽采技术需加大研究力度。在目前的煤炭经济形势下，煤炭行业应该通过科技创新进一步加强现有矿井技术改造。同时各煤炭企业自身也要依靠科技创新的力量，提高自主创新能力，将研究专利进行成果转化，以提高河北省煤炭产业整体技术水平。

（3）煤炭产业生产链短，生态效益低。河北省煤炭生产企业以单一煤炭销售为主导的市场导向依然没有发生实质性转变。根据河北省的实际情况，充分依托煤炭资源优势，延伸煤炭产业链，在发展"煤—电—建材""煤—化工"循环经济产业链的同时，拓展"煤矸石—煤泥—热电""灰渣、煤矸石—建材产品""矿井水—污水治理中心—洁净水"等产业链，实现煤炭生产的多元化经营，提高煤炭企业的经济效益，促进循环经济的良性发展。

（4）煤炭产业环境破坏严重。煤炭产业对环境破坏主要表现在以下三个方面：一是矿山建设本身占据大量耕地、森林或绿山，造成生态环境破坏。一般而言，露天采矿所占用的耕地面积相当于矿场面积的几倍以上，占用的大量土地中，其中有相当一大部分是良田，造成河北省的耕地面积大量损失。

二是煤炭开采对水资源、土壤有严重的污染和破坏。采煤会对水资源产生不利影响，由于采煤活动严重影响覆岩层的结构，从而破坏了水资源，严重影响人们的生活生产活动。采煤不仅会减少地下水的数量，还会破坏植被，这些又都会影响土壤的质量。三是煤炭采掘附属物（如煤矸石、瓦斯等）的排放，造成周围环境的污染。煤矸石经风化、雨蚀、自燃后，其表面的风化层物质在风力作用下进入大气，严重污染大气环境。

2. 钢铁企业

京津冀区域中，只有天津和河北有钢铁企业。2015 年，天津市和河北省的生铁产量为 19336.51 万吨，河北省占比 90%；两地粗钢产量 20901.91 万吨，河北省占比 90.1%。在此仍然对河北省的钢铁企业进行分析。

目前我国钢铁行业总能耗占全国总能耗的 17%，总体能耗水平与国际先进水平相差 10% 左右。目前我国重点钢铁企业的吨钢综合能耗、烧结、炼铁和电炉的工序能耗已经超过国内清洁生产的先进水平，但是转炉工序能耗比国内清洁生产先进水平低 25% 左右。转炉煤气和蒸气的回收量偏低是我国转炉工序能耗高的主要原因。钢铁作为河北的支柱性产业，也是河北省非常重视的战略性产业，为促进河北经济发展方面做出了巨大贡献。但是，河北省钢铁产业也在几十年的发展中积累了许多矛盾和问题，如产能过剩、资源利用不充分、环境污染问题严重等。钢铁行业产能过剩只是一个表面现象，其背后隐藏的是钢铁行业的产品同质化问题，具有自主知识产权的高技术和高附加值产品的缺乏。据河北冶金行业协会分析，2014 年河北钢铁行业吨钢利润只有 113.24 元，销售利润率只有 1.87%，低于全国工业 4.04 个百分点。

钢铁工业是国民经济发展的重要原材料基础产业，节能降耗的基本原则有助于河北省钢铁企业的可持续发展。河北省钢铁企业在宏观上需要调整产业结构，促进装备的大型化和高效化。另外，技术的革新化和产业化，工艺的紧凑化和生态化，均有利于提高各项生产技术的经济指标、降低能源消耗、减少污染物的产生。

3. 水泥企业

京津冀区域中，只有天津和河北有水泥企业。2015 年，天津市和河北省的水泥产量为 9850.79 万吨，河北省占比 92.11%。在此仍然对河北省的水泥企业进行分析。

河北省作为水泥工业大省，拥有冀东、太行等国内知名的水泥集团，水泥工业基础雄厚，但却不是水泥强省。水泥企业在清洁生产方面存在以下问题：

（1）规模及技术结构不合理。目前水泥生产主要有三种方法，即新型干法预分解窑、立窑及其他回转窑，其中第一种生产方法约占到33%左右，第二种占到57%左右，其他类型的占到10%左右。随着企业数量的增长，水泥产量远远落后。

（2）水泥产品质量较低，生产能耗高。根据相关资料显示，高质量的水泥产量只占15%，熟料烧成能耗与发达国家相比，煤炭能耗高出30% ～40%，电能能耗高出5% ～10%。

（3）环境污染严重。河北省大多数水泥企业多采用立窑和回转窑，其生产线灰尘较大，且多数企业没有安装相应的收尘装置或者收尘率较低，不能达到国家的排放标准。对于回转窑，新建成的干法生产方法虽然收尘效果良好，但收尘效率还不高，环境污染依然相当严重。

2.4　京津冀资源型产业资源环境问题及产业政策、法规分析

2.4.1　京津冀资源型产业所面临的生态环境问题

京津冀地区位于东经 113°04′～119°53′，北纬 36°01′～42°37′之间。地处华北平原，北接内蒙古高原，西邻黄土高原，东临渤海。京津冀地区整体地势呈西北高、东南低的特征。区域内部的自然地理要素较为齐全：山地、高原、丘陵、平原、盆地、湖泊洼淀、海洋等均具备。平原面积74946平方公里，占全区域面积比重为34.7%，远高于全国11.98%。其中，北京平原面积比重38.6%、天津95.5%、河北30.5%；山地80577平方公里，所占比重为37.3%。山地主要集中在河北境内，河北集中了区域内部87.1%的山地。京津冀区域内高原全部集中在河北境内，集中分布在张家口、承德地区。盆

地也主要集中在河北境内，比重为 10.5%。丘陵、湖泊洼淀的面积较小，分别占全域面积的 4.3% 和 1.9%。海岸线分布在河北和天津境内，共 640 公里，河北与天津的海岸线长度比约为 3:1。

京津冀区域生态安全体系较为薄弱，水土流失、荒漠化等问题主要体现在河北省境内。河北省的北部、西部山区承载着整个区域生态涵养、水土保持、防风固沙的作用，但由于资金投入不足、滥采乱伐现象多发、人民生产生活与资源环境保护以及牧业发展与林草恢复之间的矛盾没有很好化解、水资源缺乏等诸多因素，导致山区水土流失、荒漠化等问题突出。据全国第二次土壤侵蚀遥感调查结果显示，河北省水土流失总面积为 62957 平方公里，占全省土地总面积的 33.3%，是全国水土流失比较严重的省份之一。特别是张家口和承德地区，风蚀、沙化现象更是触目惊心，荒漠化土地占总面积的 60% 以上，有的地段风蚀模数高达 3000 吨/（平方公里·年）。

1. 矿产资源状况

京津冀地区矿产资源比较丰富，金属矿产约 20 种，其中以铁矿为主，占全国总量的 14.31%（见表 2-7）。铁矿资源主要分布在河北境内，其储量占到了区域整体的 97%。河北省虽然铁矿资源蕴藏量较丰富，但富矿少、贫矿多，这决定了金属矿山以中小型私营矿山居多，国有大中型矿山企业较少。2013 年河北省铁矿石矿山企业共有 379 个，其中大型 13 个、中型矿山 43 个、小型 210 个、小矿 113 个（如图 2-2 所示）。河北省各类矿山除唐山、邯郸、承德等市的大中型矿山企业基本能做到对矿山环境防护和后期治理，大量的中小型矿山个体企业普遍存在矿山环境防护措施不足，私挖乱采，废渣随意丢弃等问题。在河北境内，矿山企业直接占用、破坏土地约 5.8 万公顷，积存固体废石、废渣、尾矿堆达 7000 多个，存量达 18 亿吨，其中金属矿山开采所产生的废弃渣料约占 98%（王超等，2010）。由于金属矿山采矿改变了原有环境景观，使得自然生产力、生物多样性、气候调节和水土保持等生态、经济功能强度退化，而一些矿山废弃地逐渐演化为水土流失和荒漠化的重灾区。另外，尾矿库的废渣、尾矿砂容易向大气、水体释放粉尘和多种有毒、有害物质如重金属离子等，且大多数矿山分布于河流上游，对水体、土壤和大气环境造成直接污染。

表 2-7　　　　　　　　　京津冀主要矿产资源的储量及占全国的比重

地区	煤炭（亿吨）	铁矿（矿石，亿吨）	锰矿（矿石，万吨）	铬矿（矿石，万吨）	钒矿（万吨）	原生钛铁矿（万吨）	菱镁矿（矿石，万吨）
北京	3.75	1.33	0	0	0	0	0
天津	2.97	0	0	0	0	0	0
河北	40.97	28.54	7.05	4.64	10.28	283.68	882.34
京津冀	47.69	29.87	7.05	4.64	10.28	283.68	882.34
全国	2399.93	206.56	21415.44	419.75	900.17	21611.22	108366.98
京津冀占比（%）	1.99	14.46	0.03	1.11	1.14	1.31	0.81

资料来源：《中国统计年鉴 2015》。

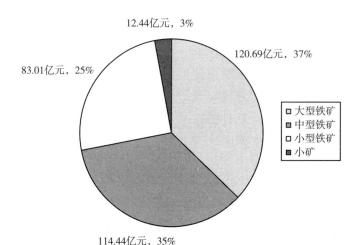

12.44亿元，3%
120.69亿元，37%
83.01亿元，25%
114.44亿元，35%

□ 大型铁矿
■ 中型铁矿
□ 小型铁矿
■ 小矿

图 2-2　河北省大、中、小型铁矿工业总产值及比重

2. 水资源状况

京津冀是典型的资源型缺水地区，水是京津冀地区重要的资源约束因子。在多年的发展过程中，该地区始终受到缺水的严重困扰和水荒的威胁。京津冀地区水资源总量仅占全国的 0.51%，2014 年，北京的人均水资源量为 95.1 立方米，天津人均水资源量为 76.1 立方米，河北为 144.3 立方米，分别约为全国的 0.21%、0.05%、1.15%。水资源匮乏的现象极其突出。详见表 2-8。

表 2 - 8　　　　　　　　京津冀地区水资源总量及占全国的比重

地区	水资源总量（亿立方米）	占全国比重（%）	地表水资源量（亿立方米）	占全国比重（%）	地下水资源量（亿立方米）	占全国比重（%）	人均水资源量（立方米/人）
北京	20.3	0.07	6.5	0.02	16.0	0.21	95.1
天津	11.4	0.04	8.3	0.03	3.7	0.05	76.1
河北	106.2	0.39	46.9	0.18	89.3	1.15	144.3
京津冀	137.9	0.51	61.7	0.23	109	1.41	
全国	27266.9	100	26263.9	100	7745.0	100	1998.6

资料来源：《中国统计年鉴2015》。

3. 土地资源状况

京津冀区域土地资源供需吃紧、人地矛盾日益尖锐。人口增加、经济增长及快速城镇化，对建设用地的刚性需求大幅增加，每年建设用地需求量与新增建设用地计划指标缺口不断加大，土地供需矛盾凸显。北京、天津等特大城市耕地总量持续减少，耕地后备资源不足，违规违法用地现象时有发生。京津冀区域面临着既要满足经济建设必需的用地需求，又要落实耕地保护责任，还要兼顾环境保护和生态建设，土地资源日益紧张。

4. 大气污染状况

长期以来，京津冀地区大气受煤烟型污染、沙尘污染的困扰。近年来，虽然通过努力传统型大气污染的恶化态势有所遏制，但这些历史性问题还未能得到根本解决。与此同时，随着城市建设的快速发展和人民物质生活水平的提高，以机动车尾气为主体的新型排放源导致京津冀大气污染的性质发生了根本性变化。煤烟型污染、沙尘污染与机动车尾气污染发生叠加，形成了新的复合型大气污染。其中，以PM2.5为重要组成。京津冀地区废气排放情况详见表2-9。

表 2－9　　　　　　　　　京津冀地区废气中主要污染物排放情况

指标	地区	二氧化硫（万吨）	氮氧化物（万吨）	烟（粉）尘（万吨）
总量	北京	7.89	15.10	5.74
	天津	20.92	28.23	13.95
	河北	118.99	151.25	179.77
	京津冀	147.80	194.58	199.46
	全国	1974.42	2078.00	1740.75

指标	地区	二氧化硫 （吨/平方公里）	氮氧化物 （吨/平方公里）	烟（粉）尘 （吨/平方公里）
地均	北京	4.93	9.44	3.59
	天津	17.43	23.53	11.63
	河北	6.33	8.05	9.56
	京津冀	6.84	9.01	9.23
	全国	2.06	2.16	1.81

资料来源：《中国统计年鉴 2015》。

2.4.2　资源型产业可持续发展政策与法规分析

1. 资源型产业可持续发展相关政策与法规分类

资源型产业可持续发展相关政策与法规是政府为实现可持续发展的目标和任务，用以引导相关主体在实现经济发展的同时，节约资源与保护环境的活动准则或指南。资源型产业可持续发展相关政策与法规分类，详见表 2－10。

表 2－10　　　　　　　资源型产业可持续发展相关政策与法规分类表

政策类型	手段	内容
管制型	管制	环境资源法律法规、制定环境标准和做出环境规划
经济型	庇古手段	资源与环境征税、排污费征收与退还、补贴与补贴免除、押金与退款、强制刺激等
	科斯手段	排污权交易、自愿协商、环境协议

2. 我国目前执行的资源型产业可持续发展相关法律法规及政策

我国目前执行的与资源型产业可持续发展相关的法律法规包括：

（1）环境保护方面，主要包括：《中华人民共和国环境保护法》《中华人民共和国大气污染防治法》《中华人民共和国水污染防治法》《中华人民共和国海洋环境保护法》《中华人民共和国环境噪声污染对策法》《中华人民共和国环境影响评价法》《中华人民共和国放射性污染防治法》《中华人民共和国固体废弃物污染环境防治法》《中华人民共和国节约能源法》等。

（2）自然资源保护方面，主要包括：《中华人民共和国矿产资源法》《中华人民共和国煤炭法》《中华人民共和国水土保持法》《中华人民共和国洪水防治法》《中华人民共和国地质灾害的预防与减轻法》《中华人民共和国土地管理法》《中华人民共和国防沙治沙法》《中华人民共和国海域使用管理法》《中华人民共和国水法》等。

（3）循环经济方面，主要包括：《中华人民共和国循环经济促进法》《中华人民共和国节能法》《中华人民共和国再生能源法》《中华人民共和国清洁生产促进法》《国务院关于循环经济发展战略及近期行动计划》《全国资源型城市可持续发展规划》等。

（4）其他方面，主要包括：《中华人民共和国乡镇企业法》《中华人民共和国城市计划法》《中华人民共和国文物保护法》《中华人民共和国对外贸易法》《中华人民共和国农业法》《中华人民共和国道路法》等。我国目前执行的与资源型产业可持续发展相关的政策，详见表 2 – 11。

表 2 – 11　　　　我国资源型产业可持续发展相关法律法规及政策

政策类型	实施部门	主要内容
循环经济政策	发改委、环保	发展循环经济的指导思想、基本原则和主要目标、工作重点和环节、建立和完善促进循环经济发展的政策机制
清洁生产政策	发改委、环保	依据国情推行清洁生产，制定清洁生产推行规划，完善清洁生产法规政策体系
投资政策	发改委、财政、金融、环保	建设项目环境影响评介制度 建设项目"三同时"制度

续表

政策类型	实施部门	主要内容
投资鼓励政策	发改委、财政、金融、环保	国家重点鼓励发展的产业、产品和技术目录 环境保护产业发展目录 国家鼓励发展的环保产业设备（产品）目录 国家重点行业清洁生产技术导向目录
投资禁止和限制政策	发改委	国际禁止发展项目表
财政和税收政策	财政、税收、国土资源	财政支持环境政策、税收减免政策（环保部分）、资源税、矿产资源补偿费
信贷政策	金融	信贷支持环境保护政策、淘汰落后生产能力、工艺和产品等的信贷限制和禁止政策
收费政策	环保	排污费征收政策
资源综合利用政策	发改委、税收	资源综合利用目录、资源综合利用的税收优惠等奖励政策

资料来源：俞海，冯东方，高彤．远虑与近忧——急需完善的环境经济政策 [J]．环境经济，2006（3）：33。

我国目前实行的经济手段主要是征收税费，具体有如下几个方面：

（1）税务部门征收的资源税。《中华人民共和国矿产资源法》规定："国家对矿产资源实行有偿开采。开采矿产资源，必须按照国家有关规定缴纳资源税和资源补偿费。"

（2）资源产业管理部门的收费。如地质矿产部门征收的矿产资源费；建设部门根据《中华人民共和国水法》规定征收的地下水资源费；林业部门根据《中华人民共和国森林法》和《中华人民共和国土地管理法》征收的林地补偿费、伐除林木补偿费、森林植被恢复费等。

（3）土地管理部门征收的土地复垦金。《土地管理法》第三十一条规定国家实行占用耕地补偿制度。非农业建设经批准占用耕地的，按照"占多少，垦多少"的原则，由占用耕地的单位负责开垦与所占用耕地的数量和质量相当的耕地；没有条件开垦或者开垦的耕地不符合要求的，应当按照省、自治区、直辖市的规定缴纳耕地开垦费，专款用于开垦新的耕地。《土地管理法实施条例》第十六条对此进行了更为明确的规定。

（4）环境保护主管部门征收的排污费。某些地区环境保护主管部门试行征收的生态环境补偿费。

3. 我国资源型产业可持续发展相关政策与法规弊端

上述各种政策与法规对于遏制自然资源开发造成的生态破坏和环境污染、筹集环境保护资金起到了一定作用，但还存在一定问题。

（1）政出多门，缺少协调。如上所述，各个部门与自然资源开发有关的收费名目繁多，有的相互之间重复，有的缺乏法律依据，没有得到明确的授权，这就削弱了国家作为自然环境资源所有者代表实现其价值的权威性，影响了政策的效果。

（2）缺少科学依据，激励作用不强。没有根据自然环境资源的价值以及开发活动的损失为基础制定收费费率，标准偏低，从而难以刺激开发者珍惜自然资源，保护生态环境。

（3）手段单调。如上所述，运用的经济手段绝大部分为征收税费这一种，而其他经济手段则运用甚少。

（4）资金挪用严重。既然收取的费用是自然环境资源价值的体现，是自然资源产品成本的一部分，那么，为了维护自然环境资源的再生产，这些费用必须再投入到自然环境资源的恢复、保护与增值项目中去，但被挪作他用的现象却时有发生。

4. 我国资源型产业可持续发展相关政策与法规改革趋势

原国务院总理温家宝指出解决环境问题必须实现"历史性转变"，即"从主要用行政办法保护环境转变为综合运用法律、经济、技术和必要的行政办法解决环境问题"。根据时任国家环保总局副局长潘岳介绍，我国推行全新的环境经济政策体系，包括以下七方面内容。

第一，绿色税收。环境税（绿色税）已被西方广泛采用。如果宽泛理解，环境税包括专项环境税、与环境相关的资源能源税和税收优惠，以及消除不利于环保的补贴政策和收费政策。严格来讲，环境税主要是指对开发、保护、使用环境资源的单位和个人，按其对环境资源的开发利用、污染、破坏和保护的程度进行征收或减免。

第二，环境收费。对传统的环境收费政策仍应继续执行，但中国的排污收费水平过低，不但不能对污染者产生压力，有时反会起到鼓励排污的副作用。

第三，绿色资本市场。构建绿色资本市场可以直接遏制"两高"企业资金扩张冲动，通过直接或间接"斩断"污染企业资金链条，等于对它们开征了间接污染税。

第四，生态补偿。生态补偿政策以改善或恢复生态功能为目的，以调整保护或破坏环境的相关利益者的利益分配关系为对象，具有经济激励作用。目前，发达国家大都采用了生态补偿政策，成效显著。

第五，排污权交易。排污权交易是利用市场力量实现环境保护目标和优化环境容量资源配置的一种环境经济政策。从 20 世纪 70 年代开始，美国就尝试将排污权交易应用于大气及河流污染源的管理。其经验在全球具有代表性。

第六，绿色贸易。在西方国家开始普遍设立绿色贸易壁垒对中国贸易进行挤压的形势下，我国的贸易政策应做出相应调整。要改变单纯追求数量增长，而忽视资源约束和环境容量的发展模式，平衡好进出口贸易与国内外环保的利益关系。

第七，绿色保险。绿色保险又称为生态保险，是在市场经济条件下，进行环境风险管理的一项基本手段。其中环境污染责任保险最具代表性，就是由保险公司对污染受害者进行赔偿。

2.5 本章小结

党的十八大报告将中国特色社会主义事业总体布局拓展为包括经济建设、政治建设、文化建设、社会建设、生态文明建设在内的"五位一体"的总布局，将生态文明建设提升到更高的战略层面。工业企业生态工程是中国特色生态文明建设的微观途径与具体举措。京津冀三地的地区生产总值占全国 1/10，京津冀地区的工业生态工程建设关系到全国生态文明建设的顺利进行。本章首先分析了京津冀区域资源状况、产业结构现状和资源型产业现状，指出了京津冀资源型产业存在问题；其次对京津冀资源型企业（主要是河北省的资源型企业）"节能减排"与履行生态责任的状况进行了分析；最后分析了京津冀资源型产业所面临的生态环境问题，分析了我国资源型产业可持续发展相关政策与法规及其弊端，并指出了我国资源型产业可持续发展相关政策与法规改革趋势。

第 3 章
资源型企业复合生态系统理论

　　自然资源（尤其是矿产资源）开发与利用明显地呈现正、负价值的两面性，一方面自然资源开发为社会经济快速发展提供了重要的物质来源，比如我国 92% 以上的一次能源、80% 的工业原材料、70% 以上的农业生产资料都来自于矿产资源；另一方面，资源开发与生产活动也是工业废水和固体废弃物排放最多的行业行为之一，地表塌陷、泥石流、土地及水的污染等使环境付出了沉重代价。资源开发所带来的生态环境破坏是在人类活动压力条件下环境变化超过一定限度的产物，它与任何事物一样具有双重性，既有"害"的一面，也有"利"的潜在可能。复合生态系统理论强调社会、经济、自然的统一协调，自然资源的开发利用以及相关的生产活动可以效仿生物新陈代谢过程和生态系统物质流、能量流的运动规律，实现矿产资源的再开发与循环利用，降低环境污染的同时实现经济、文化和技术的持续进步。

3.1　复合生态系统的基本原理

　　系统是由相互关联的若干组分所构成的、具有某种特定功能的有机整体。从生态学和系统科学来看，人类社会是以人的行为为主导、自然环境为依托、资源流动为命脉、社会体制为经络的人工生态系统。复合生态系统，也就是社会—经济—自然生态系统，是由社会系统、经济系统、自然系统组成的一个复合的复杂巨系统，即所谓的"社会—经济—自然"复合系统。我国著名生态学家马世骏教授认为当今人类赖以生存的社会、经济、自然是一个复合大系统的整体，社会是经济的上层建筑，经济是社会的基础，又是社会联系自然的中介，自然则是整个社会与经济的基础，也是整个复合生态系统的基础。

企业生态学运用生态学与生态系统生态学的理论、模型、方法研究了消费者、企业（或各种联合体、规制机构）、市场及所处自然、社会和经济环境构成的系统内各要素的生态位，相互间的作用机制、协调发展机制、演化机制等一系列内容。复合生态管理旨在倡导一种将决策方式从线性思维转向系统思维，生产方式从链式产业转向生态产业，生活方式从物质文明转向生态文明，思维方式从个体人转向生态人的方法论转型。通过复合生态管理将单一的生物环节、物理环节、经济环节和社会环节组装成一个有强生命力的生态系统，从技术革新、体制改革和行为诱导入手，调节系统的主导性与多样性、开放性与自主性、灵活性与稳定性。使生态学的竞争、共生、再生和自生原理得到充分的体现，资源得以高效利用，人与自然高度和谐。

3.1.1 复合生态系统的内涵与特点

1935 年英国植物学家坦斯莱提出了生态系统的概念，这为生态学的发展开辟了新境界，随着人地关系矛盾的发展，20 世纪 60 年代以后关于生态系统的研究逐步成为生态学研究的中心。生态系统是指一定空间范围内，生物群落与其所处的环境所形成的相互作用的统一体。生态系统概念的出现不仅开拓了生态学研究的新领域，而且为人地关系的研究与协调提供了有效载体。一般认为，生态系统的组成包括生物部分和非生物部分，两者缺一不可，根据生物在生态系统中的作用和地位而划分为生产者、消费者和分解者，即三大功能类群。

生产者是指能用简单的无机物制造有机物的自养生物，包括所有的绿色植物、光能和化能微生物；消费者是不能利用无机物质制造有机物质的生物；清道夫是运输、食用腐烂有机物质的生物；分解者是把复杂有机物逐步分解为简单的无机物，最终以无机物的形式回归到环境中的异养生物，如细菌、真菌等。通过将人类生产过程与自然生态系统生产过程相模拟，企业生态系统也由具有类似生物有机体属性的产业组织系统和环境系统组成。在企业生态系统中，生产者是指利用基本环境要素（空气、水、土壤岩石、矿物质、化石燃料等自然资源）生产出初级产品的企业，如采矿业、农业等；消费者则包括初级产品的深加工和高级产品的生产者，如化工、机械制造、食品和电子等各类型生产企业；分解者是指对废弃物进行处理处置的企业，即资源再生公司。在这样的系统中，每个企业都与其他企业相互依存、相互联系，构成一个复合的大系统，可以运用一体化的生产方式代替过去简单化的传统生产方式，最终减少企业生产对自然生态环境的影响。

1. 复合生态系统的概念

荀子曰："金石有形而无气，水火有气而无生，草木有生而无知，禽兽有知而无义，人有形、有气、有生、有知且有义，故最为天下贵也。"当然，从生态学角度，人只是地球上生物的一种，是不是"最为天下贵"值得商榷，但作为最有创造性和破坏性的高级动物却一点也不假。荀子在这里把整个生态系统从环境到生物到人都描述出来了：金、石、水、火、草、木、禽、兽、天、地构成绚丽多彩的生态景观，再加上人气、人生、人知、人义、人文就构成了生机盎然的生态社会。人类社会是一类以人的行为为主导、自然环境为依托、资源流动为命脉、社会文化为经络的社会—经济—自然复合生态系统，马世骏、王如松将其定义为社会—经济—自然复合生态系统，如图3-1所示。

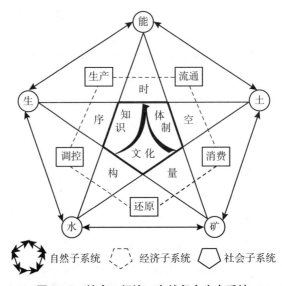

图3-1 社会—经济—自然复合生态系统

人的生存环境，可以用水、土、气、生、矿及其间的相互关系来描述，是人类赖以生存、繁衍的自然子系统。首先是水，水资源、水环境、水生境、水景观和水安全，有利有弊，既能成灾，也能造福；第二是土，人类依靠土壤、土地、地形、地景、区位等提供食物、纤维，支持社会经济活动，土是人类生存之本；第三是气和能，人类活动需要利用太阳能以及太阳能转化成的化石能，由于能的驱动导致了一系列空气流动和气候变化，提供了生命生存的气候条件，也造成了各种气象灾害、环境灾害；第四是生物，即植物、动物、微生物，特别是我们赖以生存的农作物，还有灾害性生物，比如病虫害甚至流行病毒，与我们的生产和生活都息息相关；第五是矿，即生物地球化学循环，人类活动从地下、山里、海洋开采大量的建材、冶金、化工原料以及对生命活动至关重要的各种微量元素，但我们开采、加工、使用过程中只用了其中很少一部分，大多数以废弃物的形式出现，产品用完了又都返回自然中造成污染。这些生态因子数量的过多或过少都会发生问题，比如水多、水少、水浑、水脏就会发生水旱灾害和环境事故。

第二个子系统是以人类的物质能量代谢活动为主体的经济生态子系统。人类能主动地为自身生存和发展组织有目的的生产、流通、消费、还原和调控活动。人们将自然界的物质和能量变成人类所需要的产品，满足眼前和长远发展的需要，就形成了生产系统；生产规模大了，就会出现交换和流通，包括金融流通、商贸物质流通以及信息和人员流通，形成流通系统；接下来是消费系统，包括物质的消费，精神的享受，以及固定资产的耗费；再就是还原系统，城市和人类社会的物质总是不断地从有用的东西变成"没用"的东西，再还原到自然生态系统中进入生态循环，也包括我们生命的循环以及人的康复；最后是调控系统，调控有几种途径，包括政府的行政调控、市场的经济调控、自然调节以及人的行为调控。

社会的核心是人。人的观念、体制和文化构成复合生态系统的第三个子系统即社会生态子系统。第一是人的认知系统，包括哲学、科学、技术等；第二是体制，是由社会组织、法规、政策等形成的；第三是文化，是人在长期进化过程中形成的观念、伦理、信仰和文脉等。三足鼎立，构成社会生态子系统中的核心控制系统。

这三个子系统相互之间是相生相克，相辅相成的。研究、规划和管理人员的职责就是要了解每一个子系统内部以及三个子系统之间在时间、空间、数量、结构、秩序方面的生态耦合关系。其中时间关系包括地质演化、地理变迁、生物进化、文化传承、城市建设和经济发展等不同尺度；空间关系包括大的区域、流域、政域直至小街区；数量关系包括规模、速度、密度、容量、足迹、承载力等量化关系；结构关系包括人口结构、产业结构、景观结构、资源结构、社会结构等；还有很重要的序，每个子系统都有它自己的序，包括竞争序、共生序、自生序、再生序和进化序。

复合生态系统基本内涵就在于对资源进行高效循环的利用。对企业而言，通过复合生态系统可以使企业在生产中获益，如较强的经济效益，这些经济效益可以包括以下几个方面：将失去使用价值和经济价值的废弃物转变为具有价值的商品，企业可以从中获益；原材料、能源等的投入减少，削减了企业的生产成本，由此带来效益的提高；大幅减少废弃物排放的支付费用，以及治理企业所造成污染所需投入的大量物力、财力等各项支出。复合生态系统就是运用生态学规律来指导人类社会的经济活动，将清洁生产、资源综合利用、生态设计与可持续消费等融为一体，使经济系统和自然生态系统的物质和谐循环，实现社会、经济和环境的"三赢"。

2. 复合生态系统的本质及特征

在复合生态系统中，人类既是生产者，也是消费者，又是分解者，还是调控者。人类在复合生态系统中的特殊与主体地位使其组成架构发生了重大变化。这样复合生态系统的也可以阐述为以自然生态系统为基础，与社会经济系统相互融合，人类经济社会活动与环境包括生物相互作用的循环式复杂系统。这一系统由不同性质的子系统和要素组成，子系统之间和要素之间相互联系、相互制约，构成了统一而循环的有机体。并表现出以下本质及其特征。

（1）复合性。人类生产与生活等活动使自然生态系统不复单独存在，而是受到人类经济社会活动的扰动，由于资源环境系统与经济系统、社会系统融合在一起，生态系统基本上都演变为复合生态系统，生物与环境的关系转变为人与环境的关系，人类及其经济社会活动成为生态系统的主要因素。

（2）多重性。复合生态系统中人类担当四重角色，即人既是生产者、分解者、消费者，又是调控者，这就扩展了生态系统的传统组成概念，这是自然生态系统发展演变的结果，是人类在复合生态系统中的主体地位的体现，也是人类在复合生态系统中发挥主观能动性的体现，与生态系统的现实情况更加吻合。

（3）相关性。人类在复合生态系统中担当的四重角色互相联系，互相牵制。人作为生产者，依靠自身的体力与智能，通过社会的组织形式发挥能动作用不断地转换自然的物质、能量、信息来保障自身的生存与发展，通过培育动植物提高对太阳能量和环境有机物的利用，以生产出更多的有机物质来满足自身需要，同时又促进生物物种和群落的繁衍。通过组织工业生产有机和无机质满足人类日益增加的物质文化需求。而作为生产者，由于组织不当和不合理的开采资源，造成对复合生态系统良性循环的破坏。人作为消费者，处在生态系统食物链的金字塔尖，不断消费生产过程的物质能量，由于人类的消耗，大大加快复合生态系统物质、能量、信息流的运行速度，也是打破自然循环的主要因素。绿色消费可以促进资源环境良性循环，不可循环的消费则破坏系统的循环。

（4）可调控性。人作为分解者，通过培育更多的微生物、研制开发有效的"三废"降解、治理技术和采取社会经济行政法律等措施，分解废弃物，处置污染，以保障环境质量和促进生态系统良性循环。但是如果人类的分解能力满足不了生产生活废弃物的规模，则造成废弃物的堆积，使复合生态系统质量下降。人作为调控者，调控生产、消费、分解多个过程，调控物质、能量、信息流各个环节，使生产更有效、消费更理性、分解更及时。如对于动植物的残体和人类生产生活废弃物的分解还原，不仅依赖自然风化的水释、热解、冰融等自然力过程，而且需要微生物和人工分解技术措施，作为调控者的人类将废弃物未经分解之前或分解之后，以资源化形式再进入生产过程循环利用，大大加快了废弃物的分解速度，促进了复合生态系统的良性循环。

3.1.2　复合生态系统的特点与基本原则

复合生态系统相对于自然生态系统而言，其理论基础和发展演变应上溯到生态学和生态系统原理。从生态学到生态系统理论，从自然生态系统到复合生态系统都是人类经济社会发展和环境不断演进的结果，是生态系统发展和演变的历史必然，其演替过程无不具有人类经济社会活动与自然生态系统相互融合的时代特征。复合生态系统的发展为满足人类日益增长的物质文化需要提供了丰富的经济成果，但也伴随着日趋明显的资源环境问题。

将企业系统与生态系统进行一个简单类比，我们可以看出企业系统的进化是一个仿生过程。由于企业运行的各个环节都是有人参与其中，因此企业系统具有很强的自主性和适应能力。正是这种自主性和适应能力的存在，使企业系统实现了从传统企业系统到生态企业系统再到城市生态复合系统的逐步进化。

企业复合生态系统是在自然生态环境和社会环境背景的基础上形成的一个客观实体。一切企业生产都必须从自然环境中输入各种生物和非生物资源，从社会环境中输入劳力、资金和信息，经系统内部功能的驱动、运转，使物质、能量在循环和转换的过程中，实现价值和信息调控，最终在向社会环境输出产品的同时，向自然环境输出各种废弃物。如图3-2所示。

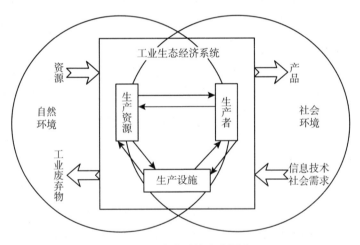

图3-2　企业系统生产要素

每个结构单元均由生产者、生产设施（机械、设备、厂房……）和生产资源（原料、燃料）三个要素所组成。要素的综合体与环境构成各层次（企业、行业、园区）的企业生态经济系统，要素间的联系是在特定的技术水平、信息传递的背景下形成的。要素联结后的综合功能是在输入各种资源的基础上，完成输出产品和废弃物的过程。因此，企业生产的经济效益，实质上就是该系统输入输出的转换效率。企业生产的环境效益也就是使排出的废弃物小于自然环境的自净能力，从而保护和维持一个有利工作和生活的良好生态环境。

复合生态系统是通过对自然资源进行加工制造物质资料的所有企业及其关联行业、部门的综合。从一般系统理论的角度分析，具应有综合性、整体性、开放性、区域与层次性等特点；而从社会—经济—自然复合生态系统的角度来认识企业生态系统，就不难发现企业系统还具有循环性、异质性、共生性、线性与非线性等。

（1）综合性。生态系统是由多个子系统组成，各子系统又是由各种要素错综复杂相互作用相互制约形成的，它不是由多个独立的子系统简单的叠加形成的综合系统，而是由各个子系统耦合而成的结构更复杂、层次更高、组合更紧密的复合系统，其综合性不仅体现在系统中各要素复杂的相互关系，而且体现在各子系统之间相互影响相互制衡的关系。

（2）整体性。生态系统是一个诸多子系统与要素相互联系、相互制约的整体。各子系统之间和要素存在紧密的相互联系，任何一个子系统的变化均将影响其他子系统的变化，要素之间的相关性极高，要素的变化将通过系统内的物质能量、信息流等方式相互影响。整体性既体现子系统间的协调，也表现在子系统间的竞争。子系统间既协同又竞争的关系使复合生态系统得以构成一个有机整体，子系统间相互适应，协同组合，系统整体性功能就强，反之则弱。

（3）开放性。生态系统是个耗散结构，是一个远离平衡的开放系统。不仅系统内部存在物质、能量、信息等的交流，作为一个整体与系统外也存在物质、能量和信息流等的交换。企业生态系统不是封闭系统，而是由人及其企业组织等构成的开放式人造系统。它的运行实质是物质转化和能量流动的过程。它从自然环境中取得原料与能源，通过自身的转化功能生产产品，排放废料以作用或制约自然环境。

（4）地域性与层次性。不同地区的生态系统具有不同的特征，其分布组合有明显的区域性，显现出明显的地区差异。地域性的形成不仅由于各地所处自然环境和自然资源的差异性，而且取决于各地经济和社会的差异性。复合生态系统的层次性在于其尺度的大小，复合生态系统以人类经济活动的尺度为划分依据。完全不受人类影响和干预，靠系统内生物与环境本身的自我调节能力维持系统的平衡与稳定的纯自然生态系统已极为少见，更多的是受人类经济社会活动影响或强烈干预的复合生态系统，如全球复合生态系统、大陆复合生态系统、海洋复合生态系统、城镇复合生态系统等。

（5）循环性。复合生态系统本质的特征应该是循环性。即在系统中物质能量形成闭合或非闭合的循环，实现物质和能量多梯次利用，以及信息的有效传递，建立物质能量输入减量化、废弃物再利用、资源再循环的生产生态链。包括物质循环利用，如水循环利用、垃圾循环利用、余热的再利用等。作为纯自然生态系统的循环，仅限于自然要素之间，一旦融合了社会经济系统，这种循环性突破了原有的自然范畴，循环成为复合生态系统良性发展的必需途径，调控复合生态系统主要是要实现在信息指导下的物质的循环利用，尤其要使废弃物进入再循环。

（6）异质性。非复合生态系统由相对同质的生境组成，如农田生态系统、森林生态系统、湖泊生态系统等，复合生态系统是由若干不同质的生态系统组成，相对异质性是区别复合与非复合生态系统的重要标志。因此景观是复合生态系统的空间表象，复合生态系统是景观的内涵。目前的景观均留下人类经济活动的烙印，实质是复合生态系统中人与自然关系的痕迹。景观表现出的多相季相、地相等特征和流态特征是自然和社会经济的循环特征。调节复合生态系统各子系统及各要素的关系，保护异质性，使系统具有多样性，有利于系统的自然和经济社会循环更好地融合。

（7）共生性。复合生态系统是一个人与自然相互依存与共生的复杂巨系统。该系统包括有自然、环境、资源、人、经济与社会等，从本质上讲，它们在系统中的关系是一种共生关系；共生现象不是系统的个别现象，而是普遍现象，社会进步与文明是建立在一定的经济基础上的，同时它又推动经济的发展。经济发展和社会进步既需要具有生态平衡的环境条件也需要有丰富的供给；反之，随着经济发展和社会进步，人们将拥有更新的技术方法和管理来维护生态平衡、合理开发利用宝贵的物质资源。

（8）线性与非线性。复合生态系统中虽然存在着线性关系，即子系统中要素之间存在线性关系，成正比例变化，如经济子系统中许多要素是互为消长的。但复合系统各要素主要是非线性关系，整个系统的整体功能是不能从其子系统的简单叠加而得到的。系统物质、能量、信息的输入与输出不可能是等量的，通常是输入大于输出，形成非线性的输入关系。

综合来看，企业复合生态系统实质是对复合生态系统中物质循环、能量转化等构成的"代谢网"的修复、改善或重建，是对生态系统中物质代谢和能量传递规律性认识的必然结果。传统工业的投入核算不包括环境成本即产品对生态资产的耗损，由此，物质代谢在经济子系统形成了的线性生命周期，与其他子系统脱钩，直接后果是过度开发和环境污染。而企业复合生态系统注意到了自然生命生态系统中本无废物的事实，遵循"整体、协调、循环、共生"的生态调控原则，在复合生态系统中模拟自然生命系统为物质流和能量流疏导或新建类似食物链网的"代谢网"，在该代谢网中不存在或少量存在传统意义上的废弃品，该网络的建立有赖于横向耦合、纵向闭合和区域整合的生态产业的设计和孵化。

3.1.3 资源型企业实施生态工程对复合生态系统的影响与作用

资源型企业是指主要以开发矿产资源为主，为社会提供矿产品以及初级产品的经济实体，具体包括煤炭开采和洗选业、石油和天然气开采业、金属矿采选业、非金属矿采选业、其他采矿业、石油加工及炼焦业、金属冶炼及压延加工业、化学原料及化学制品制造业等产业的企业。经济与社会的全面发展，尤其是工业化进程的推进离不开矿产资源的支撑，资源型企业在国民经济中具有重要地位，然而其在生产过程中却破坏了生态环境，造成了资源浪费。人类对生态环境的正反两大方面的影响无处不在，人类已成为自然—经济—社会复合生态系统的核心，如图 3－3 所示。

在资源环境的自然有机体与社会经济的社会有机体中，无机物质/有机物质与产品进行转化，质量不变，但可能会产生污染；自然能/生物能传递，能量守恒，但产生衰减；自然信息/遗传信息传递，信息守恒，但产生增值。自然有机体对社会有机体的重要性基于自然有机体的服务功能（生态系统服务功能），而服务功能则决定于社会有机体的价值偏好（人类社会的价值偏好）、价值选择以及社会伦理，生态资产、生态安全是这一偏好、选择的归纳阐述。生态赤字是生态资产减少在生态经济系统的表现，而生态危机则是生态安全在生态社会系统中的体现，两者从不同角度表述了生态的重要性。

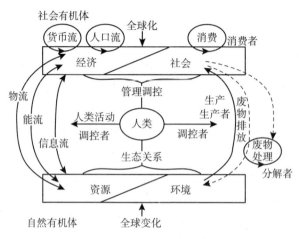

图3-3　自然—经济—社会复合生态系统

　　矿产资源是一种稀缺的、可耗竭的自然资源，是人类赖以生存和发展的重要物质基础，具有现时及潜在利用价值和经济价值。

　　矿产资源在某一时期 t 的存量 Q(t) 用公式表示为

$$Q(t) = Q(t-1) + E(t) - R(t)$$

　　其中，E(t) 为矿产资源勘探发现量，R(t) 为矿产资源开发利用量。矿产资源具有相对稀缺性，尤其是优质的矿产资源。随着开采的大力进行，这些稀缺的矿产资源的储量会逐渐减少，甚至最终走向枯竭。相较于其他资源，矿产资源具有明显的耗竭性，其再生需要一个相当漫长的时间周期，且在空间分布和形式上也存在着很多的不确定因素。

　　矿产资源的开发利用是一种经济活动，在传统经济模式下，常以牺牲资源和环境为代价，虽然能够促进经济在数量上大幅度增长，但随之而来的将是资源枯竭、环境恶化等诸多问题，在一定程度上影响了居民的生活质量。在这种经济模式中，资源的利用方式往往是粗放式和一次性的，经济活动中"两高一低"（即高开采、低利用、高排放）特征十分明显。而复合生态系统强调的是系统内部以相互关联方式进行物质和能量的交换，并最大程度地、合理持久地利用资源，从而促使形成"两低一高"（即低开采、高利用、低排放）的结果，这样一来就可以在高产出的同时把经济活动对自然环境的消极和不利影响降至最低。

按照不同的发展层次进行，有企业层面的小循环、产业园区层面的中循环，以及城市或区域层面的大循环，三者呈依次递进的关系。资源型企业复合生态系统是矿产资源生态系统在微观层面的表现形式，主要是将该企业生产过程中所产生的被废弃的物料进行适当处理，可以将其当作是生产的原料或者相应的替代物资，然后使之回到原先的生产流程中，或者厂内其他生产流程和环节之中，污染物的排放量大大地减少，实现了矿产资源的综合回收利用。

3.1.4 资源型企业与复合生态系统的耦合规律

生态系统是一个复杂性系统的概念，复杂系统是由多个子系统组成的多层多级系统，内外部关系错综复杂。复合生态系统认为系统内核是人类社会，包括组织机构与管理、思想文化、科技教育和政策法令，是复合生态系统的控制部分；中圈是人类活动的直接环境，包括自然地理的、人为的和生物的环境，它是人类活动的基质，也是复合生态系统基础，常有一定的边界和空间位置；外层是作为复合生态系统外部环境的"库"（包括提供复合生态系统的物质、能量和信息）、提供资金和人力的"源"、接纳该系统输出的"汇"，以及沉陷存储物质、能量和信息的"槽"。"库"无确定的边界和空间位置，仅代表"源""槽""汇"的影响范围，如图 3-4 所示。

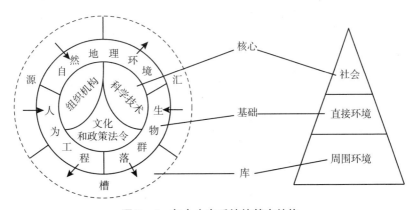

图 3-4 复合生态系统的基本结构

复合生态系统中的自然子系统由中国传统的五行元素水（上水的源、下水的汇、雨水的补、空气水的润）、火（煤、油、气、电、太阳能）、土（土壤、土地、景观）、木（植物、动物、微生物）、金（有色、黑色金属、建材、化工原料及其他地球化学循环元素）所构成。经济生态子系统是以人类物质能量代谢活动为主体的，包括生产、消费、还原、流通和调控五个部分。社会的核心是人，人的科技、体制和文化构成社会生态子系统。

这些子系统相互之间是相生相克，相辅相成的。城市研究、规划和管理人员的职责就是要了解每一个子系统内部以及不同子系统之间在时间、空间、数最、结构、秩序方面的生态耦合关系。其中：①时间关系包括地质演化、地理变迁、生物进化、文化传承、城市建设和经济发展等不同尺度；②空间关系包括大的区域、流域、政域、甚至小街区；③数量关系包括规模、速度、密度、容量、足迹、承载力等量化关系；④结构关系包括人口结构、产业结构、景观结构、资源结构、社会结构等；⑤序是很重要的，每个子系统都有它自己的序，包括竞争序、共生序、自生序、再生序和进化序。

资源型企业可持续发展的关键是辨识与综合三个子系统内部及其相互间在时、空、量、构和序五个层面的耦合关系。

（1）资源代谢在时间、空间尺度上的滞留和耗竭。环境污染的实质是资源浪费，它是资源在错误的时间、错误的空间上的错误利用。这里包括两种情况：一方面，企业每天都在输入大量的资源、物资，而变成产品的却只有一小部分，大部分却流失到水体、空气和土壤中造成了不同程度的污染，这种输入远远大于输出的现象即所谓生态滞留；另一方面，人们从自然生态系统如海洋、淡水、草原、农田、森林里面拿出大量的资源，但是用于修复和保护的投入却很少，生态系统持续供给的资源能力降低了，这种输入远远少于输出的现象即所谓生态耗竭。生态滞留与耗竭导致了物质代谢的失衡，由此产生了一系列发展中的环境问题。

（2）系统在结构功能关系上的破碎和板结。随着人口的膨胀、工业化无序扩展，使得流经区域的水系断流、地下水位下降、生境破碎、群落退化、城乡分割、风水断裂及功能分化，这又直接导致生态承载力下降、生态系统结构和功能退化、生态代谢过程失调，最终影响到社会的生态服务功能，包括气候、水文和生物多样性的变化。

（3）社会行为在局部和整体关系上的短见和反馈机制上的开环和时滞。社会上有一种观点认为，"先污染后治理，先规模后效益，先建设后规划"是发达国家资本积累初期不可避免的代价，也是当前中国经济发展的无奈之举。其实这种观点忽略了第三维——社会维，一些早期资本主义国家这种做法是以全球的资源掠夺、发展中国家人民利益的丧失为代价换来的。在全球环境不断恶劣下，人们又不得不追求可持续发展，即是社会—经济—环境目标、竞生—共生—自生机制以及硬件—软件—心件手段的三赢。

资源型企业复合生态系统作为一个开放的自组织系统有着自身的演化过程，这一过程是一个不断从低级到高级、从无序到有序逐渐演化的过程。按企业发展过程中企业生态系统与经济系统相互关系的特点，企业生态经济复合系统的发展可分为：①低级协调发展模式。企业生态经济复合系统生态功能较强而经济功能较弱，经济的发展虽然影响着生态环境的质量，但其影响甚微，企业生态系统的质量保持相对稳定状态。②不协调发展模式。企业在发展经济时并不考虑生态环境保护及其承载力的问题，而且此时企业的经济功能较强而生态功能十分脆弱，企业的经济生产力大大超过企业自然生态生产力。③强制（矛盾型）协调发展模式。各国政府逐渐采用一些行政手段、经济手段与法律手段对企业的生态经济行为进行干预与限制，借以改善企业的生态环境质量，但由于科学技术发展及管理落后等的局限，生态保护成本较高，企业从生态保护行为中得到的收益远大于其成本，企业的经济增长以生态环境的质量下降为代价，而生态环境质量的改善又以牺牲企业经济增长为代价。④高级有序协调发展模式。企业能自觉地有意识地将经济发展与生态保护统一起来，使企业生态经济处于良性循环运转之中，企业生态系统与经济系统相互促进、共同发展，处于高度和谐一致的协调状态，显然这也是一种理想的企业生态经济发展模式。

3.2 资源型企业生态工程的内容体系研究

西蒙兹（P. L. Simmonds）早在 1862 年就指出，在生产过程中的每个环节都可能会有废弃物，一个生产环节的废弃物应该尽量在另一个环节或其他生产过程中加以利用。Spooner（1918）也提出，一个产业的废弃产品可以变成有用的产品投入到另一个产业中，国家社会的财富就是源于资源的回收再利用。美国经济学家鲍尔丁（Boulding，1966）提出的"飞船经济"，他认为地球经济系统就如同一艘宇宙飞船，如果靠不断消耗自身有限的资源来维持它的正常运转，而不对资源加以循环利用，那么地球将最终走向毁灭。鲍尔丁指出在自然资源的投入、生产、消费和废弃物排放的整个过程中，将依赖资源消耗的传统经济转变为依靠生态资源循环来持续发展的新型经济。英国环境经济学家皮尔斯和图奈（Pearce & Turner，1990）在《自然资源和环境经济学》中指出废弃物的排放给环境造成的压力若大于环境的净化能力，可再生资源的开采速度若大于其再生速度，那么自然资源将难以保持其可持续性，故而应该遵循可持续发展原则循环利用自然资源，在此基础上发展经济，建立"资源—产品—再生资源"的闭环反馈式循环的新经济增长模式。

人类自然资源开发和利用的历史经历了四个基本阶段：第一阶段是远古以采集和狩猎为主的野生动植物资源利用时期；第二阶段是现代社会以工业化生产为主的土地资源开发与利用时期；第三阶段是现代社会以工业化生产为主的矿产资源开发与利用时期；第四阶段是20世纪末开始以服务业和旅游业为主的环境资源开发利用时期。自然生态—经济发展—社会人文等资源要素发生着强烈的耦合与循环，并以溢出的方式带动周边经济的发展，如图3-5所示。

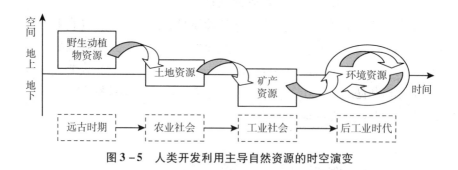

图3-5 人类开发利用主导自然资源的时空演变

3.2.1 资源型企业生态工程的概念、特征与本质

资源型企业生态工程所要倡导的是资源的有效利用，以及符合人性化的

设计，它强调企业的"经济效益"指标的最大化。生态工程强调的是"经济效益"与"生态效益"双重指标的协调，用这两个指标去审视与评价生产过程与工艺流程。资源型企业生态工程是以环境为基础的生产和消费模式，其目标是通过对自然资源的合理利用，形成共生、循环、持续、和谐的发展模式。

资源型企业生态工程的本质是通过研究工业企业内外多层次的生态关系，以及企业内外各要素之间生态链、营销链和效益链的耦合关系，对企业生产经营过程进行生态规划与设计，从而增强企业的生命力，提高其产品的竞争力。伴随着资源型企业生态工程的逐渐实施，以减量化（reduce）、再利用（reuse）、再循环（recycle）为核心的可持续发展原则得到了社会的公认，三者构成了一个有机联系的整体，如图 3 - 6 所示。

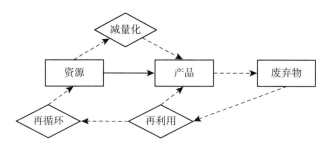

图 3 - 6　可持续发展的 3R 原则

针对资源节约这一目标，减量化是循环经济的首要环节，再使用是消费过程中的重要手段，而资源化作为一道最后的防线，三者之间有一个先后的顺序。对于资源型企业生态工程，减量化原则主要体现在矿产资源勘查开发的过程中，再使用原则主要指的是对矿产废弃物的再使用，而再循环主要体现在矿业产品上。其中，再利用和再循环两个原则的重要性在资源型企业方面十分明显，由于经济发展的需要，对矿产资源的需求必不可少，且这种需求的增长是绝对的，因此实行减量化原则，减少生产和消费过程中的矿产资源在短时期内是无法取得立竿见影效果或者发挥明显的作用，因而就不得不将重点放在矿产资源的高效利用和综合回收领域。

根据矿产资源的特殊性和本身的特点，一些学者对 3R 原则进行了扩展或修改，比较典型的是再发现（rediscover）、替代（replace）和复垦（reclaimation）原则。再发现是在对矿产资源进行开发利用时，强调运用一定的方法和手段增加其储量，或者通过各种方式发现新资源，为矿产资源的可持续性提供可靠保证；替代是指矿产资源和产品在利用过程中，应增加一些可再生资源，发挥其对矿产资源的替代作用，保证生产的进行；复垦涉及生态环境的问题，在整个矿产资源开发和综合利用的过程中，始终贯穿着诸如矿山、尾矿库等的绿化，并将其转化成为一些公园、博物馆、农田等。

另一方面，由于生态环境问题已受到了越来越多的关注，矿产资源开采活动对环境的污染主要包括固体废物污染、矿井水污染、矿山粉尘污染等方面。生态矿山（生态环境保护，environment protection），就是将矿山人文环境、生态环境、资源环境和技术经济环境相互联系起来，对采矿活动进行提升改造，重构矿山工业系统，以最小的能源投入和生态扰动获取最大的资源采集和经济效益，并在采矿活动结束后使矿山发展与生态环境融为一体。

资源型企业生态工程的目标主要是节约资源和防治环境恶化。按照复合生态系统的观点，节约资源的主要技术途径就是"替代"和"恢复"，而"无害处理""循环利用"技术则是防治环境恶化的根本出发点，企业生产、社会消费的可持续发展的途径在于"减量化"，如图 3-7 所示。

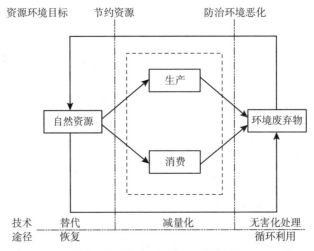

图 3-7　生态工程的目标与途径

1. 清洁生产

清洁生产，是指不断采取改进设计、使用清洁的能源和原料、采用先进的工艺技术与设备、改善管理、综合利用等措施，从源头削减污染，提高资源利用效率，减少或者避免生产使用过程中污染物的产生和排放，以减轻或者消除对人类健康和环境的危害。其理念是把末端控制变成源头和中间环节削减，减少污染物的产生。

清洁生产主要包括两方面，即生产过程的清洁以及生产产品的清洁。通过清洁生产技术的利用，可以使生产过程中产生少量的废弃物，甚至是不产生废弃物，并使生产和消费过程中污染的程度降至最低水平；同时还要使得生产出来的产品在使用时以及最终的报废都不会对环境产生消极的影响，即制作产品的绿色化、无害化、环境友好化。例如，在对低品位锰矿进行处理时所采用的氨盐焙烧法、微生物选矿技术、凝石制造技术等。

在生产过程中，尽可能地控制矿石的采掘量，对于一些已经没有利用价值的矿石尽可能采取回填的方式进行处理。例如，在煤炭开采过程中，冀中能源的"采煤不见煤、出煤不烧煤、用水不排水、排矸不提矸"的低碳运行生态矿山理念下，邢台东庞矿把煤矸石直接用机械设备回填到巷道里，前面开采，后面填充，这样不仅避免了地层变形，而且能置换出过去没有办法开采出的煤炭。这样不仅节省了大量的提矸用电费用，同时使煤炭回采工作面回收率平均达到93.7%，采区回收率达到98.85%。

2. 综合利用

矿产废弃物的综合利用能够延长矿产资源生产链，提高矿产品附加值。对于资源型企业而言，实施矿业生态工程的核心就是从源头上注意搞好矿产资源的综合利用，遵循生态学的原理，发展循环产业链。据不完全统计，我国矿山累计堆存尾矿50亿吨，并以每年排放3亿多吨的速度增长；我国矿产资源总回收率只有30%，其伴生资源综合利用率不到20%，比发达国家都要低20个百分点，开展综合利用的有矿山不足其总数的10%，比如西方国家再生铝产量占金属铝产量的30%，而我国仅占20.3%。另一方面，采矿废石、选矿尾矿排放量大，且所含有用组分和有用矿物较高，也相应形成我国矿山二次资源的巨大潜力。矿产废弃物的综合利用有三方面的内容，即废弃物的减量化、无害化和资源化。

　　冀中能源东庞矿依靠技术进步，实现了由单一的"资源—产品—废弃物"直线过程向"资源—产品—废弃物—再生资源"的反馈式循环过程转变。在煤炭开采方面，利用 5.0 米综采液压支架一次采全高工艺，实现了矿井集约化生产，2009 年、2010 年、2011 年矿山采区回采率分别达到 91.7%、90.6% 和 91.7%；对煤炭洗选过程中产生的煤泥和末矸，经管道、皮带输送至矸石热电厂用于发电，电厂产生的粉煤灰和炉渣用于制砖和井下注浆，使以前的废弃物变废为宝；实现了矿井水、生活污水全部无害化处理，处理后的中水用于电厂冷却和绿化美化环境等。增加了企业经济效益，实现了资源的综合、循环利用。

　　许多矿产资源都是具有共伴生的特点的，除主要有用组分外，还含具有重大价值的其他成分，它们的价值甚至超过了主要组分的。由于各种条件的限制，一些矿山尾砂中含有许多具有利用价值和潜力的组成成分，这既造成了资源的浪费又损害了环境。随着选矿技术、矿产资源综合利用技术的发展，对其进行重新利用无疑能带来许多的好处和利益。

　　3. 生态恢复

　　人们对在不同年代矿区废弃地进行调查发现，与其他一些遭人类干扰地的情况一样，植物也会入侵矿山废弃地，并进行着一个演替过程。然而这个按照自然的演替规律进行恢复的过程是非常缓慢的，也许要耗费数以百年计的时间。因此通过人工采取生态恢复措施来加快废弃地植被的生态恢复是废弃地治理的必然选择。为使人工植被恢复成功，就需要师法自然，在废弃地自然恢复中寻找生长良好的植物种及其组合，研究最佳植物配置，从而将这些植物及其组合适地、适树用于矿区植被恢复，以取得良好的生态和社会效益。

　　生态系统在一定的干扰阈值内具有自我恢复能力，所以在外力不同程度的干扰下，生态系统表现出可以自我修复、需要人工辅助修复和系统崩溃三种类型。动态补偿的根本出发点，是通过预先规划和多时点逐步治理，尽快恢复生态功能，尽可能减少资源开采造成的生态服务功能的损失。曲线 1 为传统的事后补偿方式下生态系统服务功能损失过程，曲线 2 为动态补偿情况下的生态服务功能损失过程，如图 3-8 所示。

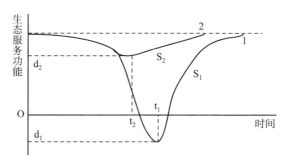

图 3 - 8　动态补偿的生态服务功能损失

生态恢复一般泛指改良和重建退化生态系统，恢复生态学潜力和有益于重新利用。生态恢复并不是意味着在所有场合下恢复原有的生态系统，这既没有必要，也没有可能，生态恢复的关键是恢复生态系统的功能，并使系统能够自我维持。矿山生态恢复就是矿山开采后土地治理和恢复，是为了建立与当地自然生态相和谐的人工生态系统，恢复矿区废弃地的生物学潜力，并且有利于矿区土地的重新利用。

3.2.2　资源型企业的生态结构与生态功能

产业生态学理论强调产业的生产方式可以模拟生物新陈代谢过程和生态系统物质流、能量流的运动规律，以自然生态系统中生产者、消费者、清道夫、分解者的角度来发展生产和经济，将生产和经济视为类似于自然生态系统的循环体系，即将一种产业废弃物作为另一种产业的原材料资源。在与自然生态系统和谐相处的基础上，资源型企业要尽量效仿自然生态系统的运行模式。

相对于传统的线性开发模式的无节制的资源开采和无限制的废弃物排放、不存在系统内的循环再利用，复合生态系统通过模仿自然生态系统，在系统内实现了资源的回收和利用，并进一步实现了材料、零部件、产品等的循环利用，如图 3 - 9 所示。通过对矿产资源进行综合勘察、综合评价、综合开发和综合利用，提高开采回采率和选矿回收率、降低采矿贫化率，以便将矿山生命期限拉长，而在对废弃物进行处理的这一过程中，加强对尾矿、废石等废弃物的综合利用，以及相关产业链之间的无缝连接，减少系统末端的废弃物排放，甚至实现系统零排放目标。

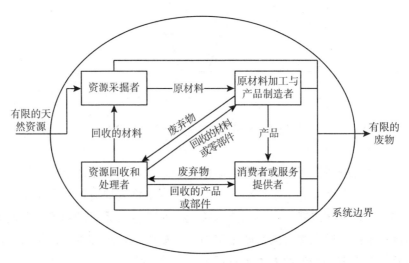

图 3-9　复合生态系统开发模式

1. 矿山生态层次

系统要素的综合体与环境构成各层次的生态经济系统，包括企业层面的小循环、产业园区层面的中循环、区域社会层面的大循环等。企业层面推行清洁生产，减少产品和服务中的物料和能源的使用量，实现污染物排放的最小化；产业层面按照工业生态学的原理，建立或形成企业间有共生关系的生态工业园区，使资源得到充分利用；社会层面通过废旧物资的再生利用，实现物质和能量的循环。矿山将各层面的社会资源进行有效的整合，建立互为首尾的产业链，提高矿产资源的利用效率，减少矿产资源开发利用所带来的负面影响。

（1）资源型企业内部循环。资源型企业或集团微观层次的循环即企业层面的小循环，就是将该企业生产过程中所产生的被废弃的物料进行适当处理，可以将其当作生产的原料或者相应的替代物资，然后使之回到原先的生产流程中，或者厂内其他生产流程和环节之中，污染物的排放量大大地减少，实现了矿产资源的综合回收利用。资源型企业在营造自身废物的消费者方面主要有两种方式：一是将整个产业链拉长，二是通过横向树枝状拓展。

（2）矿山生态园区。在一些矿产资源相对集中的区域，各种矿山企业聚集在一起，形成了区域性矿业群体，将区域内矿山企业纳入产业链之中，即形成产业园区层面的中循环。矿业产业内部不同矿产企业之间在原料、技术、工艺等方面存在着互补关系，各企业可以充分利用这种优势互补关系，发挥各自的专长和优势，不同企业具有不同的产品和副产品，它们可以进行交叉供应，从而对矿产资源最大程度的利用。通过矿山生态工业园区的设置，可以建立起采选、冶炼、加工、销售等为一体的主产业链，同时辅以相应配套装置的建设，如处理生产废弃物的装置、提取副产品的装置等。

（3）区域生态系统。矿产资源本身的特点决定了矿业所辐射的行业和领域具有广泛性，不仅有建材、运输、电力、环保、制造、冶金等工业企业，也涉及农牧业、环保业、旅游业及公共事业等部门。在企业小循环和园区中循环中，矿产资源可以通过矿业这一产业得到部分循环利用，但无法将采选冶过程中产生的代谢物完全消化吸收殆尽。大量的废弃物的消化和吸收需要通过发挥其他产业的作用才能完成，这样类似生物学中"食物链"的工业食物链才不会出现断裂的状况，在区域社会层面的大循环内形成产业生态链。

2. 矿山生态途径

采掘、选矿和冶炼等环节作为矿产资源利用循环的重要环节，不仅是处于输入端，而且又是排放废弃物最多的环节，矿产资源的综合利用也就成了矿山生态系统的基础。矿产资源涵盖的范围除了各种原生的矿产资源以外，还包含各种矿山二次资源和环境资源。

（1）矿产资源的综合利用。传统的生产模式只注重末端治理而忽视了源头控制，而复合生态系统强调整个系统的协调，坚持二者紧密结合。我国矿产资源的存在大多是以共伴生的形式，这也意味着如果对其进行综合利用，将有重要的经济价值。对于资源型企业而言，实施矿山复合生态的核心途径，就是从源头上注意搞好矿产资源的综合利用，即着手引进、推进和采用先进的生产技术、工艺和设备，实行科学的管理方法，推进矿产资源的清洁生产、资源循环利用和废物综合回收利用。

（2）二次资源的综合回收利用。矿产资源被逐渐地消耗，并有可能最终被使用殆尽，经济的快速发展与资源极度短缺的矛盾也日益凸显。随着经济的发展和科技水平的提高，工农业生产的材料来源将不仅仅限于矿山、森林等传统意义上的资源，各种废弃物也具有成为其来源的潜力和能力。矿山的各种二次资源就是其中的一种，具有十分广阔的前景，它包括各种固体、液体和气体废弃物，受到破坏的土地等等。

（3）静脉产业化。矿山复合生态系统的良好循环依赖于资源综合回收利用的产业化，通过静脉产业完善生态产业链。静脉矿业是将生产和消费过程中产生的废物转化为可重新利用的资源和产品，实现各类废物的再利用和资源化的产业，是一种对人类的社会环境和自然环境产生的矿业废物进行消除危害实现洁净生产的模式。静脉矿业作为矿业的辅助行业，包括两种方式：一种是由专门的企业进行，它们具有专业的技术和能力对矿产资源进行回收利用和资源化；另一种存在于矿业企业内部，是矿业企业自身建立起废物回收系统和部门。

3. 产业生态链布局

矿区资源包括土地资源、矿产资源、水资源等，其中矿产资源都是耗竭性资源，土地资源和水资源是可循环的资源。矿业本身只能使矿产资源得到部分循环利用，不可能将采选冶炼的代谢产物消化吸收。资源行业只有通过延长产业链来营造自身废物的消费者，因此，只有通过区域经济统筹规划，使矿业与农业、工业、环保业、旅游业相互耦合，组成经济网络，才能真正达到节省投入、降低成本、多方受益的目的。

以生态创新的生物技术、物理及工程技术为依托，将形成有机废弃物深加工产业。矿物微生物技术是一新兴的研究领域，涉及微生物学、化学、矿物工程学、湿法冶金学等多学科的内容。按照复合生态的理论，矿产资源开采和初级加工只是经济产业链和产品链的起点，作为矿产加工过程中所排放的副产品（如煤矸石、煤泥、矿井废水）以及开采破坏的土地都是可利用的资源，存在着潜在经济价值。通过系统之间产品或废物的相互交换，形成资源型工业生产链，使矿区内各种资源得到最佳配置、废物得到有效利用、环境污染降低到最低限度。

下面分析煤炭的生态发展模式。在这个模式中，煤炭和煤系共伴生资源的开采加工作为主导产业链，延伸出"煤矸石、煤泥—热电厂—热电""灰渣、矸石—建材厂—建材产品""煤矸石—充填复垦—土地资源""矿井排水—水处理站—供水"四条产业链，通过各条产业链的循环运行，不仅使煤炭生产过程中产生的各种废物资都得到了再利用，解决了单纯末端污染控制的被动性，而且通过资源和能源的梯级利用，有效地提高了企业的经济效益和环境效益。具体如图 3 - 10 所示。

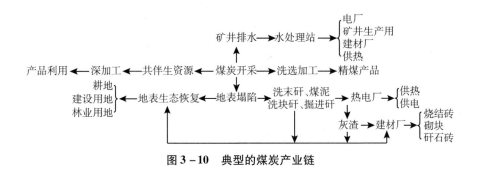

图 3 - 10 典型的煤炭产业链

（1）产业共生组合。根据矿山或矿井分布情况合理集中布置一定规模的热电厂、建材厂等各种废物综合利用企业，形成共享资源和互换副产品的产业共生组合。例如，煤矿枯竭后的油母页岩富矿为原料，建设页岩炼油加工厂；利用页岩供给发电厂作为燃料，发电后的灰渣生产高质量的矿渣水泥；其余页岩作为煤矿开采后的充填材料；矿井所蕴藏的丰富的煤层气资源，为城市提供清洁的能源。通过共享资源和互换副产品的产业共生组合，形成规模经济效应，提高矿区的整体效益。

（2）产业横向耦合。生态工业园作为循环经济的一个重要发展形态，正在成为许多国家工业园区改造的方向。例如，煤炭—电力园区能源、物料循环的主链条是，煤炭及洗选过程的中煤泥、矸石用于蒸汽制备回供煤矿及其他企业生产用能和供暖；园区中还可以吸收高耗能工业（铝、化工等），实现煤炭、电能、蒸汽等能源就近利用，降低输送损耗，低热值蒸汽和循环水余热可用于温室和鱼塘供暖，实现能源的梯级利用和充分利用。山东鲁北企业集团已建成了"磷铵—硫酸—水泥联产"等三条生态产业链，实现了资源的有效整合，使主要产品的成本降低 30% 以上；贵港国家生态工业示范园区建成闭合的生态工业链网络，甘蔗渣、废蜜糖等废弃物全部得到资源化利用；冀中能源的华北制药维 C 生产线落户东庞矿的规划实施等。

3.2.3 资源型企业的生态演替及趋势

生物多样性是一定范围内多种多样活动的有机体（动物、植物和微生物）有规律地结合在一起的总称，是人类赖以生存的生命支持系统。矿产资源开发必然会对生物多样性造成影响，而生物多样性管理过程就是一个避免影响、降低影响、修正影响和补充影响的过程。人们要求资源型企业采取更严格的措施来保护剩余的生物多样性，这也说明了生物多样性管理不仅是一项伦理和道德需要，而且具有商业价值资源型企业对生物多样性价值具有直接的依赖关系，如果不能充分避免或尽量减少采矿活动对生物多样性的影响，就可能会日益造成威胁和风险，影响着矿产业的声誉，甚至对企业运营产生实质性的影响。

生态系统或更明确的称为复合生态系统，是受社会、生态、自然三方面影响的生态系统，它除受自然的影响外，更主要的受社会、经济的影响，是在生态工程控制下的生态系统。这类生态系统的生物多样性是必需的，是在生态工程控制下的生物多样性，与自然生态系统有本质的区别，详见表3－1。

表3－1　　　　　　复合生态系统与自然生态系统对生物多样性的要求

	自然生态系统	复合生态系统
目的	维持生态动态平衡中保持的生物多样性	达到社会经济要求的目的，尽可能保持生物多样性
功能	维持此类生态系统	达到社会经济自然需要的效益
内容	生物间的相互竞争淘汰，存在最优种群	人为的选择或淘汰各类生物，有意识的选择

使土地资源的开发与复垦走上良性循环的轨道，已势在必行。恢复与重建的主要措施是生物措施，工程措施、耕作措施和管理措施等也是必要的。例如，在退化生态系统重建中，考虑各种群的生态位，选取最佳的植物组合（"乔、灌、草"结合），按照不同植物种群地上地下部分的分层布局，充分利用多层次空间生态位，使有限的光、气、热、水、肥等资源得到合理利用，同时又可产生为动物、初级生物生存和生活的适宜生态位，最大限度地减少资源浪费，增加生物产量，从而形成一个完整稳定的复合生态系统。生态演

替。生态演替理论是指导矿山废弃地土地复垦和生态恢复的基础理论，即引入到矿山植被恢复过程的先锋植物经过一系列演替阶段，最终达到顶级群落，其核心原理是整体性原理、结构稳定与功能协调原理、自生原理与循环再生原理。矿山废弃地生态恢复应当以生态学理论为基础，结合矿山边坡稳固技术、工程绿化技术、土壤改良技术恢复严重受损的生态环境，实现矿山废弃地的生态复垦与可持续利用。自然演替机制奠定了恢复生态学的理论基础，演替包括原生演替与次生演替、进展演替与逆行演替。原生演替发生在裸露岩石或沙丘表面上，由于过于贫瘠且没有土壤，大多数植物不能生存；次生演替一般发生天然植被外力除掉但有土壤的地方，这种情况下植被在较短时间内就能出现。生态演替可以看成是在没有外界压力的状态下，旧系统被新系统不断取代的一系列恢复阶段，直到达到一个稳定的状态；生态退化过程就可以看作是生态系统的逆向演替，所以在生态恢复工程实施中，需施以外力，从而促使生态系统按照人类理想的方向进行演替，呈现良性的发展势头。

3.2.4 资源型企业生态工程与清洁生产的区别与联系

关于清洁生产的 UNEP 定义是：清洁生产是一种新的创造性思想，该思想将整体预防的环境战略持续地应用于生产过程、产品和服务中，以增加生态效率和减少人类及环境的风险。对生产过程，要求节约原材料和能源，淘汰有毒材料，削减所有废物的数量和毒性；对产品，要求减少从原材料提炼到产品最终处置的全周期的不利影响；对服务，要求将环境因素纳入设计和所提供的服务中。

清洁生产、生态工程的共同点是提高环境保护对经济发展的指导作用，它们首先是对传统环保理念的冲击和突破：传统环保工作的主要内容是污染治理和达标排放，而清洁生产与生态工程突破这一界限，大大提升了环境保护的高度、深度和广度，提倡并实施将环境保护与生产技术、产品和服务的全生命周期紧密结合，将环境保护与经济增长模式统一协调，将环境保护与生活和消费模式同步考虑。其次是提升环境保护对经济发展的指导作用，将环境保护扩展到经济活动中的方方面面。清洁生产是在企业层次上将环境保护延伸到企业的一切有关领域；生态工程是在企业群落层次上将环境保护延伸到企业群落一切有关领域。也就是说，清洁生产与生态工程的主要区别在于对象和层次。清洁生产针对企业层次相关领域，生态工程针对企业群落的相关领域；清洁生产的基本精神是源削减，生态工程的前提和本质是清洁生产。

对于资源型企业来说，清洁生产不仅是企业生产资源 3R 的有效手段，更是企业实施生态工程的前提保障。当然，正如前面所提到的，资源型企业实施生态工程的方法也不仅仅限于此一种手段或途径。尤其是在 20 世纪后半期，末端治理的弊端如成本高、效果不明显、治标不治本且容易造成二次污染等日益凸显；同时清洁生产的局限性（偏重于局部工艺和技术而不是整个系统）也愈益明显；加上现实中环境保护活动的边际效益日益萎缩，并且其边际成本业已逐渐增加到人们无法承受的地步。种种现象和问题使人们认识到以分散式污染防治为特征的末端治理和清洁生产已经不能适应日益多样化、复杂化和区域化（全球化）的环境问题。在这种情况下，人们开始将视角转向经济发展活动本身，希望能从经济发展的自身规律中找到解决环境污染问题的根源。

3.2.5　资源型企业生态工程的目标及其途径

矿山生态环境破坏系统包括开挖、压占、坍塌、水土流失、尾矿等，其生态系统结构和功能发生了很大的位移，是一种典型的退化生态系统。生态恢复是指利用大自然的自我修复能力，在适当的人工措施辅助下，恢复生态系统原有的保持水土、调节小气候、维护生物多样性的生态功能和开发利用等经济功能。矿山生态恢复即矿山领域的生态恢复，几乎在所有情况下，开采活动都超过了生态系统的恢复力承受限值，依靠矿山废弃地自身演替的恢复需要耗时几百年甚至上千年。因此人工干预的矿山废弃地土地复垦和生态重建就成为十分必要的环境保护手段。生态恢复不但是自然的、技术的过程，更重要的也是经济过程，在生态恢复过程中不仅要修复和完善自然生态系统的结构和功能，还要建立起与生态结构相适应的经济结构，即生态系统结构功能与经济系统结构相互协调。矿区废弃地的生态恢复需要大量的经济投入，依照复合生态工程理论，生态恢复可通过改善生态环境、调整生态结构和经济结构，促使生态服务价值获得经济上的实现，以支撑和加快经济发展；反过来，经济的发展又会进一步推动生态恢复，从而形成生态与经济相互促进的良性循环，如图 3 - 11 所示。

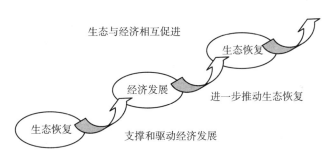

图 3 - 11　生态与经济相互促进过程

实现生态恢复的途径在于解除生态系统所承受的超负荷压力，按照生态系统自身演替规律，逐步调整和优化生态系统内部与外界的物质、能量和信息的流动过程、时空秩序，使生态系统的结构和功能尽快恢复到一定的乃至更高的水平。土地复垦是生态恢复的核心内容，即针对矿山开采活动、矿产加工生产，以及自然灾害损毁的土地，采取整治措施，使其达到可供利用状态的活动。

生态恢复是一个概括性的术语，包含生态恢复、生态修复和生态重建等。其中，生态恢复是通过人为改变退化主导因子或过程，配置和优化生态系统内外的物质、能量和信息流通及时间空间秩序，使其恢复到受损前的状态水平；生态修复不仅要解除生态系统所承受的超负荷压力，而且要适当进行人工的引导，遏制生态系统的进一步退化，恢复生态系统合理的结构、高效的功能和协调的关系；生态重建则是指在不可能或不需要再现生态系统原貌的情况下营造新的生态系统，其关键是恢复生态系统必要的结构和功能，使之实现自我维持。

1. 生态恢复工程理论

生态恢复理论体系基本上遵循传统生态学原理，演替理论是恢复生态学理论产生和发展的根基，是生态恢复的根本理论指导及项目实施的重要依据。伴随着生态恢复工程断开及实践活动的广泛应用，也产生了自身的理论，即自我设计理论和人为设计理论。自我设计理论认为只要有足够的时间，退化生态系统将会根据环境条件合理的组织并会最终改变其组分；人为设计理论把物种的生活史作为群落恢复的重要因子，认为退化生态系统可以通过工程方法和其他措施得以恢复。

生态系统结构特征复杂，没有一套能适用于各种恢复对象和类型的恢复方法，一般以森林、草地、矿山废弃地、土壤、湖泊和河流等的生态恢复为研究对象。通过能量、水分、营养的循环，促使生态位的加速变化来启动自我更新和自然演替，达到生态恢复的目的。

（1）基于实施过程的生态恢复。生态恢复是生态退化的逆演替过程，但不是一定要沿着原来的演替过程逆转回到最初的状态，而是要结合自然恢复，并借助人为手段，根据需要确定的恢复目标，重新建立起新的生态系统，这个生态系统可能和退化前的状态不一样，但功能上实现了预期的理想状态、维持平衡。生态恢复的一般过程为本地调查→分析诊断→目标制定→恢复规划→恢复技术组配→恢复实施→生态管理→综合利用→社会—经济—自然复合生态系统的形成。

（2）基于演替理论的生态恢复。在恢复过程中，人们研究并建立了生态系统随时间而表现的特征模型。在生态功能受损较小情况下，生态恢复消除干扰依靠自然演替，其生态恢复遵循艾伦（Allen）提出的跃迁模型（如图3-12a所示）；如果退化程度超过了控制因子的不可逆阈值，生态恢复则遵循惠森特（Whisenant）提出的跃迁模型（如图3-12b所示）。对于受重金属污染的生态系统的恢复，前主要有植物修复、固定化及稳定化、电动修复、玻璃化、填埋及焚化等方法。

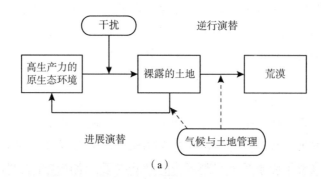

（a）

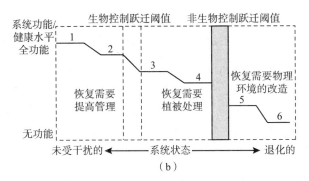

图 3 – 12　基于演替理论跃迁模型

矿山生态系统是相对未退化或退化前的生态系统而言的，对于超负荷受害的生态系统需要施以人工协助才能恢复，而针对不超负荷的生态系统在去除压力后可自然恢复。生态系统退化程度诊断在恢复生态学发展及生态恢复实践中是十分重要的，它是生态恢复实践的基础和前提。

2. 生态恢复途径

据统计，自 2012 年以来，我国有 78 个资源型枯竭城市及地区，其中以煤炭矿产为主的城市有 44 个，金属矿产及煤矿城市有 25 个，占城市总比例的 88.5%。目前全国矿业开发占用和损坏的土地面积约达 200 万公顷，按照 2013 年 3 月 1 日起正式实施的《土地复垦条例实施办法》的要求，除涉及历史遗留矿山外，到"十二五"末全国新设矿权的矿区的土地复垦率要达到 100%，这也意味着以土地复垦为主要方式的矿区生态恢复产业的市场潜力巨大。矿山生态恢复主要是通过排除干扰、加速生物组分的变化，从而加速生态演替过程，使退化的生态系统恢复到某种理想的状态。

矿山复合生态系统的生物多样性和效益大体可分三个阶段：第一阶段，生态系统破坏阶段（采矿阶段），此阶段可由采矿获得很高的经济效益，但减少了生物多样性；第二阶段，生态系统建设阶段，此阶段需大量投入（降低了采矿取得的高效益），进行环境保护、土地复垦、生态重建，逐步恢复生物多样性；第三阶段，生态系统趋向稳定阶段，生态重建的地已有较好的生物多样性和较好的社会、生态、经济效益，同时获得较好的采矿经济效益。

矿山废弃地退化严重，极端贫瘠、有害元素含量超标、物理性状恶劣，以此为基础进行生态系统的自然演替。矿山生态恢复过程一般由人工设计，采用人为措施，改善土壤、植被和水系条件，可使演替的时间大大缩短，矿山生态恢复的方法一般有稳定化处理和生物修复处理两种。矿山废弃地的生态恢复，不仅恢复自然环境，同时对社会经济和人文环境进行修复，满足矿山区域自然与社会的复合生态系统需求。造地、改土、水土保持工程是生态重建的基础，只有在此基础上才能有效地进行植被建设；植被恢复和重建是生态重建的关键，也是生物多样性存在和矿山复合生态系统发展的关键。

（1）土壤重构。矿山废弃地生态恢复的关键问题就是土壤基质的重构，只有土壤的团粒结构、酸碱度和持水保肥能力得到相应的修复，生物修复才能进行。土壤重构以工矿区破坏土地的土壤修复和重建为目的，综合利用工程措施及物理、化学、生物、生态措施，重新构造适宜的土壤剖面和理化性质。

（2）生物恢复。生物修复指利用植物、土壤动物和土壤微生物的生命活动及其代谢产物改变土壤物理结构、化学性质，并增强土壤肥力的过程，生物修复兼具降解、吸收或富集受污染土壤和水体中污染物质的能力。依据参与修复的类型，可划分为植物修复、土壤动物修复、微生物修复和菌根生物修复。

（3）废水控制与处理。矿山废水产生的污染包括重金属污染、酸碱污染、有机污染、油类污染和剧毒性氧化物污染，这些污染多能参与生态循环，并能随地表径流扩散，对区域水质造成严重破坏。必须采取各种措施控制废水排放，减少废水对区域环境的污染，比较典型的有高密度泥浆、膜处理法、混凝土法、生物膜法等。

生态恢复应与采矿活动同步进行，根据矿山不同开采时期的技术特点和自然环境等因素，及时做出相应的生态恢复方案，尽量避免或减少对环境的破坏，实现采矿与生态恢复的一体化。土地复垦以植被复原与生物多样性保护为目标，选用适宜的方案改良土壤，利用生物工程恢复生态格局，控制重金属的迁徙，利用煤炭垃圾或粉煤灰回填或促进植物生长，在生态复垦中更加强调景观美化、可持续发展、人与自然和谐等问题。

3.3 资源型企业实施生态工程的硬件、软件与心件分析

复合生态系统是一个典型的开放型动态系统，其外部特征表现为资源与

能量的输入、产品与能量的输出；内部特征表现为不断破坏自身旧的物质组分，不断组建新的物质组分，这两方面特征互为因果，表现为广义上的"新陈代谢"。资源型企业生态系统区别于传统工业系统的特点之一在于系统的有序复杂性，有序表现为资源能量的输出输入搭配合理，复杂表现为系统内各组分间的网状结构。由于这两个方面的特点，资源型企业生态工程的稳定性研究不仅包括传统企业中物流平衡研究，而且应该包括生态系统平衡研究、系统工程稳定性研究等方面的内容。

资源型企业复合生态系统追求经济效益、环境效益、社会效益统一的目标，欲达此目标必须硬件、软件、心件三者相互配合，缺一不可，三者之间表现出环环相扣的链合关系，如图 3 – 13 所示。以协调道理（自然规律）、事理（人类活动的合理规范与管理）、情理（人及社会行为的准则）三方面关系，调控社会—经济—自然复合生态系统的全生态过程，疏通物流、能流、信息流、资金流及人力流，以求达到富裕（经济资产和生态资产的积累和增加）、健康（人的身心和生态系统的健康）、文明（物质、精神和生态文明）三维复合生态繁荣，推动可持续发展。

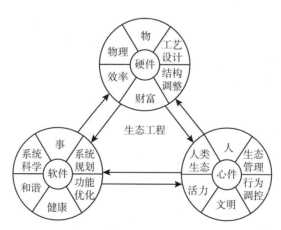

图 3 – 13　生态工程的硬件、软件与心件

3.3.1　资源型企业实施生态工程的硬件分析

硬件指的是技术、设备的改进与创新，工程设计优化等技术手段。我国

人均资源相对不足，且又处在资源消耗比较多的工业化中期阶段。伴随着工业化和城市化快速推进，城乡建设广泛开展，经济规模不断扩大，资源需求量与日俱增；由于增长方式粗放，经济结构不合理，资源消耗强度大，社会生产和生活的各个领域浪费严重。近年来，我国能源消费总量以年均9%以上的速度增长，能源消费结构中煤炭所占比重长过高，工业特别是重工业能耗比重居高不下，主要资源长期处于负担过重的状态，我国已有45种主要矿产资源出现不同程度的短缺。促进技术创新、开发新能源、调整产业结构、节能减排是解决我国长期能源供应、维持经济高速增长的基石。

（1）技术。科学技术进步是影响资源型企业实施生态工程的重要因素，比如组织清洁生产就不仅涉及新的技术、新的工艺与新的方法，还涉及新材料、新能源、新设备、新产品等。ISO环境管理标准体系就对企业的生产技术、工艺、原材料、产品性能、工艺流程、废弃物的循环利用等提出了要求，这对我国众多的中小企业提出了严峻的考验。重视生态技术创新，不仅是降低企业环境污染的主要途径，也是提高企业竞争力的关键。

（2）资金。资金投入是生态工程建设必备的物质基础，我国用于治理工业"三废"的投资逐年增长，2008年工业污染治理投资达到了542.6亿元，"十二五"期间国家将投资3.4万亿用于环境的治理与保护。为调整生态环境保护和建设相关各方之间利益关系，国家还制定了相应的生态补偿机制，针对主要区域实行"受益者付费和破坏者付费"的政策。企业发展节能工艺、绿色产业、循环经济等不仅需求相应的科学技术水平，更需要以雄厚资金作为支撑。

（3）结构。改革开放以来我国的经济发展迅速，经济增长较快，但第一、二、三产的结构却不合理，工业占大头，尤其是重工业占大头的经济结构，对自然生态环境、资源承载力产生的影响越来越大。南方工业发达于北方，中国沿海工业发达于中国内地；有些品种过剩，有些品种紧缺。有大量的小型厂家，造成重复建设，资源达不到最优配置，资源浪费严重，单位产量耗能大，生产成本高。

3.3.2 资源型企业实施生态工程的软件分析

软件指的是有关方针、政策、法律、条例的修订，体制改革，综合规划等社会保障，政策法规是推动企业生态工程的有效手段。在发展工业生态环境中政府起着决定性的作用，任何一级政府决策及活动中都应纳入对保护环境资源的考虑、对发展计划和政策进行环境影响评估、采取经济激励政策促进循环经济发展、建立绿色 GDP 指标体系、加强监测并推行污染排放报告制度等。

（1）规划。生态规划包括生态概念规划、生态工程规划和生态管理规划。生态概念规划包括自然和人文生态因子规划；空间、时间、数量、结构、序理的生态关系规划；生产、生活、流通、还原、调控的生态功能规划；物质代谢、能源聚散、水系统、交通运输、景观肌理、社会纹脉、管理体制、安全保障的生态网络规划。生态工程规划包括水、能源、景观、交通和建筑等的系统工程规划；生态资产管理；生态服务管理规划包括生态服务、生态代谢、生态体制、生态文明的管理。

（2）政策和法规。资源型企业作为一种社会经济组织，它不仅受到国家及区域市场环境、体制、政策的影响，还受到行业协会等中介的制约。尤其是市场及环保方面的政策是影响资源型企业是否实施生态工程的"指挥棒"。从计划经济向市场经济的根本转变，从粗放型发展模式向又好又快的发展模式的根本转变要求我国资源型企业实施生态工程。近几年来，我国区域发展的政策与地方法规考虑了环境保护的要求，也加大了环境治理与监管力度，但只有让资源型企业主动实施生态工程，才能从根本上实现复合生态系统。

（3）监督与管理。国家环境保护政策需要地方政府根据本地区的情况制定相关条例，以保证该政策在地方的实施，然而由于污染控制成本过高同时又缺乏相应的激励，某些地方政府出工不出力的监管导致了国家政策的失效；另一方面，面临既定的污染管理条例，某些企业因为自身利益而隐性抵抗会进一步加大环境污染治理的困难。生态工程的开展必须借助一些有效的管理方法，以便使企业更加有效地组织和计划环境活动，识别、评估环境的改进机会，比如可以尝试管理体制变化，采取环保部门垂直管理；加强对外资企业、中小企业的监督，避免成为它们的"污染天堂"等。

3.3.3 资源型企业实施生态工程的心件分析

所谓心件，就是指思想、意识及行为的诱导，能力建设等行为措施。资源型企业不能等经济水平到达一定高度后再以数倍的财力物力来重新治理环境，影响企业生态工程的因素包括人口规模、人口分布及人均资源占有量、人类文明、参与行为、管理调控方法等。环保意识的提高，不仅体现于企业的决策者，也体现于政府相关职能部门，还体现于企业员工及全民的参与。

（1）人力资本。类似于环境库兹涅茨曲线，人力资本和环境污染呈现倒"U"形曲线。在工业发展初期，由于教育水平处于较低阶段，教育水平污染排放强度呈正相关性；当教育水平达到一定阶段后，人们对环境的关注加强，企业开始重视污染控制。提升全民的受教育水平，加大环境保护的宣传力度，倡导以生态为导向的价值观、人生观、世界观，以及由此形成的生态文化对现代工业企业的影响是深远的。

（2）企业行为。资源型企业是否实施生态工程，不仅与自身的效益、规模、产品、技术、生产、设备、管理、资金有关，还与领导者战略眼光有关。影响企业实施生态工程的因素包括企业的效益与规模、企业行业背景、企业决策层战略意识、污染排放经济成本等。这就需要为企业完善一种鼓励资源优化利用的市场环境，从而使得企业的微观行为宏观目标相融，节能减排与经济增长相统一。

（3）公众参与。随着社会的进步，公众对企业的影响越来越大，公众可能有助于增强企业实现自己目标的能力，也可能妨碍这种能力。有不少污染严重的企业都是因公众的强烈不满及强烈诉求，而关停并转的。另一方面，社会公众也是企业生产经营活动的出发点和归宿，绿色需求拉动企业绿色营销、促进企业产品生态设计和清洁生产。虽然在短期内，公众压力还不会影响到企业产品的市场需求，但从长期来看这种影响却是必然的。

3.4 本章小结

自然资源（尤其是矿产资源）的开发利用具有明显的两面性，一方面给经济的快速发展提供了物质来源，另一方面也因污染环境而付出了沉重代价。传统清洁生产、绿色工业确实在一定程度上减缓资源的浪费、减轻了工业废弃物的排放，而以自然生态系统的新陈代谢、共生共存为基础的复合生态系统的提出，为从根本上解决经济、环境的矛盾提供了一条有效途径。马世骏、王如松认为人类社会是一类以人的行为为主导、自然环境为依托、资源流动为命脉、社会文化为经络的社会—经济—自然复合生态系统。在复合生态系统中，人类既是生产者，也是消费者，又是分解者，还是调控者，也就是说人为系统的主体，从而该系统不仅具有一般系统的基本特征，同时还具有循环性、异质性、共生性、线性与非线性等特征。以矿产开采、加工为基础的资源型企业，其实施生态工程的本质是通过研究企业内外生态关系，在清洁生产、综合利用、生态恢复等各个方向充分遵循循环、生态理论，努力实现产品、企业的生态位的多重共存与交替进化，并以硬件、软件、心件三者的相互配合，从而实现工业企业复合生态系统追求经济效益、环境效益、社会效益协调与统一的目标。

第 4 章

资源型企业实施生态工程的生态伦理基础

京津冀协同发展战略是在全球化、市场化、工业化、城镇化、信息化及我国社会经济又好又快发展背景下的国家级战略。大力推进京津冀协同发展，必须深化资源型企业改革，重点是改革生产经营模式、加强技术与管理创新、优化产品结构、提高企业生命力、促进产业转型与升级。这就要求资源型企业全面实施生态工程。我国古代生态伦理思想，是中华民族的智慧宝藏。挖掘古代生态思想与智慧，融入现代生活，融入到资源型企业伦理与文化建设中，这是培养资源型企业经营者的伦理基础。推进资源型企业实施生态工程，需要坚持可持续发展的思想，积极探索循环经济和低碳经济的新模式，加强企业公民信用建设，提高生态信用度，同时重视生态补偿政策与制度的完善，形成以良善价值观为导向的社会经济良性发展的新局面。

4.1　我国古代生态伦理思想

不论是西方，还是东方，自从人类从野蛮逐渐走向文明以来，人类所有文明的共同基础是以生态价值观为导向的文明——生态文明。我国从伏羲氏的古朴文明，到当今的现代文明，已有近八千年的历史。古代人类社会，尽管生产力水平低下、生产关系简单，物质生产活动较少，但古代人类的生产方式仍对自然界产生了重要影响，形成了宝贵的生态思想。传承伏羲思想与智慧有炎帝、黄帝、尧舜禹，以及夏商周等。到春秋时期战国时期，虽然呈现出百家争鸣的局面，但中华文化的任督二脉则是儒家和道家。鄙人经过反复揣摩认为：道家文化偏阳，大概对应少阳，儒家文化偏阴，大概对应少阴。道家对应春季，儒家对应秋季；道家对应长江，儒家对应黄河；道居乾位，儒居坤位。儒家、道家、诸子百家，以及传入中国的佛教，都是中华文化的重要组成部分。习近平总书记指出："中华优秀传统文化是中华民族的精神命脉，是涵养社会主义核心价值观的重要源泉，也是我们在世界文化激荡中站稳脚跟的坚实基础。"因此，深入挖掘中华优秀传统文化中的生态伦理思想，不仅是京津冀协同发展的伦理基础，也是资源型企业实施生态工程，促进社会经济转型与升级，全面推进生态文明建设，朝着社会经济新常态发展的伦理基础。

4.1.1 天人合一的生态思想

中国古代是传统的农业社会，"民以食为天""靠老天爷吃饭"的思想根植于人民心中，农业劳动要应时序而适时劳作，这种生产方式促进了天人合一思想的形成。"天人合一"也是"天地人合一"之简称。"天人合一"既是儒家也是道家的重要思想，是古代生态伦理思想的出发点。道家提倡"天人合一"，强调"以道为根"；儒家的"天人合一"，则强调"以人为本"。《易经·系辞下传》曰："易之为书也，广大悉备，有天道焉，有人道焉，有地道焉。兼三才而两之，故六。六者非它也，三才之道也。"所谓"三才"就是"天地人"，古人所追求的"天地人合一"就是人与天地自然和谐的一种境界与思想。《周易·乾卦》曰："夫大人者，与天地合其德，与日月合其明，与四时合其序，与鬼神合其吉凶，先天而弗违，后天而奉天时，天且弗违，而况于人乎？况于神乎？"这里所谓的"大人"是指洞晓天地之道而又能顺应自然规律的圣哲贤明之人。强调了人们不能违背天地自然之道，而必须尊重自然，顺天应时，按照客观规律办事，以实现天地人之间的共生与和谐。人们必须知晓"天地变化，圣人效之"的道理，遵循"与天地相似，故不违"的规则。人们在遵循自然规律的前提下积极进取有所作为，以达到"天行健，君子以自强不息；地势坤，君子以厚德载物"的人生境界。《易经·说卦传》曰："昔者圣人之作易也，将以顺性命之理。是以，立天之道，曰阴曰阳；立地之道，曰柔曰刚；立人之道，曰仁曰义。"《易经》以天地人之道作为自然法则，强调了天道在于阴阳的对立统一，地道在于刚柔的对立统一，人道在于仁义的对立统一，并以此为基础建立了有条不紊的伦理体系。

孔子曰："天何言哉？四时兴焉，万物生焉，天何言哉？"（《论语·阳货》）。孔子将上天与一年四季的时序有机联系起来了，世间万物皆由"天"所生，这里的"天"是指自然界。孔子强调，上天不仅有好生之德，而且在默默无闻中自然而然地运行，人要学习天地之道，弘扬良善之德性。孟子曰："诚身有道，不明乎善，不诚其身矣。是故诚者，天之道也；思诚者，人之道也。"孟子是用"诚"这一概念深刻阐释了天人之间的关系，明确了"诚乃天之道""思诚乃人之道"之哲理。也就是说，人要从"诚"这一天道中体悟"诚"、守住"诚"、顺应"诚"，使"诚"成为人之美德。荀子曰："天行有常，不为尧存，不为桀亡"（《荀子·天论》）。他认为，自然界的规律不受人类主观意志的支配。董仲舒认为天、地、人三者是"合而为一"的，并提出了"天人感应"这一著名学说。他在《春秋繁露》一书中说道："事物各顺于名，名各顺于天。天人之际，合而为一。"又曰："何为本？曰：天、地、人，万物之本也。天生之，地养之，人成之。胜食三者相为手足，合以成体，不可一无也。"董仲舒把天、地、人视为情同手足不可分割的整体，三者共同作用，共同构成万物之本。宋明儒学不仅继承了古代儒家"天人合一"的思想，还提出了"天地人本为一体"的学说。程颐曰："天人本无二，何必言合？"程颢曰："仁者以天地万物为一体"（《河南程氏遗书》卷二）。王阳明认为："风、雨、露、雷、日、月、星、辰、禽、兽、草、木、山、川、土、石，与人原只一体。"我国古人在推崇"天人合一"的同时，承认自然界的运行规律，强调人要遵循规律。

4.1.2　尊重生命与万物平等的生态思想

我国古代先圣先贤对"尊重生命""仁民爱物""万物平等"具有较普遍的认同。《笺》曰："命，犹道也。"《疏》曰："命者，人所禀受。"又曰："命虽受之天地，短长有本，顺理则寿考，逆理则夭折，是以有动作礼义威仪之法则，以定此命，言有法，则命之长短得定，无法，则夭折无恒也。"

"命"是一种具有传承功能的载体。动物、植物，甚至矿物皆由命也。儒家思想的核心是"仁"，孔子一生都倡导"仁者爱人"，并推己及人，由人及物。"仁"之思想是以尊重生命、爱护生命、维护生命为基础的。我国古圣先贤对待天地万物之生命保持了仁爱、友善、保护的态度，这正是尊重生命的体现。《礼记》子曰："伐一木，杀一兽，不以其时，非孝也"（《礼记·祭义》）。曾子也曾引用孔子之语："树木以时伐焉，禽兽以时杀焉。"孔子倡导"国君春田不围泽，大夫不掩群，士不取麛卵。"儒家始终把保护自然作为一种道德行为来提倡。《论语·述而》子曰："钓而不网，戈不射宿。"这表明了孔子对万物所持的同情心与怜悯心。孟子曰："君子之于禽兽也，见其生，不忍见其死；闻其声，不忍食其肉。是以君子远庖厨也"（《孟子·梁惠王上》）。孟子还对仁爱思想做了进一步拓展，指出"恻隐之心，人皆有之。"并上升到"恻隐之心，仁之端也"的人之本善哲理。他认为"恻隐之心"是人之本性，也是良善之根，天生俱来，人人皆有，并由此出发，召唤人们理解、关心和保护动物。荀子曰："夫义者，内接于人而外接于万物者也"（《荀子·强国》）。荀子不仅继承了孔孟思想，还把人际道德与生态道德进行了统一。董仲舒将道德关心从人的领域拓展到自然界，他强调"质于爱民，以下至鸟兽昆虫莫不爱。不爱，奚足矣谓仁?"（《春秋繁露·仁义》）。宋明儒学也强调了对自然界生命的普遍关怀，他们对于万物充满了仁爱，因为人的生命离不开自然界，与万物也是息息相关的。朱熹曰："仁者，天下之公，善之本也。仁者，天下之正理，失正理则无序而不和。"王阳明提出了"一体之仁"，并实现了"亲亲""仁民""爱物"的内在统一。清代思想家戴震认为"生生之德"就是"仁"。他说："仁者，生生之德也……所以生生者，一人遂其生，推之而与天下共遂其生，仁也。"这种"仁"之思想充分体现了天下万物共生的思想。儒家伦理从爱人到爱物，将天不违人，人不违天的主张拓展为人与自然和谐共处，我国的儒家、道家与佛教相互融合渗透，把人看作自然界的一部分，将儒道"万物平等"与佛教的"众生平等"相互融合，发展为人与自然共生共存的思想与智慧，并将人们对自然环境的珍惜，上升到尊重、仁爱一切生命，主张万物平等的道德层次。

4.1.3　天道生生与循环节用的生态思想

"天道生生"是与"天人合一"相提并重的重要思想。"天道"强调了自然界"生生不息"的运动过程，这是客观规律；"生生"指产生、出生，自然界的万物皆是"生生"的结果。古圣先贤，自然界的一切事物的产生与发展都遵循一定的客观规律，自然界的一切生物是生生不息的。《周易》的基本思想主要体现在"生生之谓易"与"天地之大德曰生"等方面（《周易·系辞上》）。其意思是说，一是自然界之万物是生而又生，是生生不息的，这就是"易"，即"日新之谓盛德，生生之谓易"。二是天地之道在于生，在于生命之运动，即"圣人之情见乎辞，天地之大德曰生"。荀子曰："天地者，生生之本也。"荀子认为，不合时宜地过早宰杀动物是不符合礼的。宋代程颢将"天理"作为其哲学的最高范畴。他认为"天只以生为道"，天理就是"生"，"生"乃为宇宙之本体。程颢提出，天地万物是在天道之下产生的，遵循生生不息之天理，人仅仅是天地万物之一。这里的"生"有"运动"的含义，自然界之万物皆因运动而不断地产生；也可以把"生"理解为"循环"，天地万物都在运动中循环，在循环中进化、发展。这是宇宙的本体，也是基本规律。人就是生生不息的循环与运行中的一个成员。宋代及以后的儒家学者不仅把"仁"与整个宇宙的本质与原则有机联系起来了，而且把"仁"直接解释为"生"，认为"仁"是一种生命精神与生长之道。朱熹在《仁说》中说："天地以生物为心者也。而人物之生，又各得夫天地之心以为心者也。故语心之德，虽其总摄贯通，无所不备，然一言以蔽之，则曰仁而已矣。"也就是说，天地之心就是要使万物生长，天地赋予了任何生物以生的本能，从而生生不息，而"生"的本质就是"仁"。儒家倡导"仁者，爱人之及物也"。"仁"本意是爱人，但五谷禽兽之类，皆可以养人，故由"仁人"到"爱物"，皆天之仁道也。荀子主张"制天命而用之"，充分发挥人的创造精神，努力、勤劳、孜孜不倦。荀子认为："天有其时、地有其财，人有其治，夫是之谓能参。"他强调，在天地人和谐的前提下，人们可以利用自然、顺其自然地创造、获取物质财富。荀子还主张"节用御欲"，通过克制欲望实现节用。《齐民要术》所倡导的"顺天时，量地利，则用力少而成功多；任情返道，劳而无获"等思想就充分体现了古人合理开发、可持续利用自然资源与人力资源之智慧。刘禹锡的"天人交相胜""人诚实务胜天"的思想，并不是人能战胜天，而是强调人对自然的能动性与可控性。我国古人对待自然界的态度强调了"爱人，爱万物""克己欲，节物用"等永续利用自然资源的思想。我国古人所提倡的"天地人万物是一个有序的整体"的思想与当今复合生态系统的基本原理是极为相似的。

4.2 可持续发展与生态环境伦理

4.2.1 可持续发展的理念

"可持续发展"（sustainable development）亦称"持续发展"。20 世纪 60 年代末，人类开始关注环境问题，1972 年 6 月 5 日，联合国召开了"人类环境会议"，提出了"人类环境"的概念，并通过了人类环境宣言。1972 年罗马俱乐部发表的《增长的极限》明确指出，如果目前的人口和经济快速增长的模式继续下去，由于地球上可利用的天然资源有限，或者受到生态系统自净能力的制约，世界将会面临崩溃。1973 年在环境规划署（UNEP）成立大会上提出了可持续发展的问题。1980 年 3 月，联合国首次使用了可持续发展概念，会议指出："必须研究自然的、社会的、生态的、经济的，以及自然资源过程中的基本关系，确保全球的可持续发展。"1983 年，世界环境发展委员会（WCED）成立，并任命挪威前首相布伦特兰（Brundtland）为世界环境发展委员会主席。同时，委派以布伦特兰为首的环境发展委员会和环境规划署合作编制《环境前景》文化。1987 年，世界环境与发展委员会和布伦特兰夫人向第 42 届联大环境与发展会议提交了著名的《我们共同的未来》(*Our Common Future*) 报告。该报告多次强调"可持续发展"这一关键性概念，同时提出和阐释了"可持续发展"战略。该报告中将可持续发展定义为："可持续发展是既满足当代人的需要，又不对后代人满足其自身需要的能力构成危害的发展。"该定义在 1989 年 5 月举行的第 15 届联合国环境规划署理事会所通过的《关于可持续发展的声明》中得到认可，并于 1992 年在里约热内卢联合国环境与发展大会上形成共识，100 多个国家的首脑共同签署了《里约宣言》。也可以说，可持续发展是指经济、社会、资源和环境保护协调发展，可持续发展主要包括子孙后代的需要、国家主权、国际公平、自然资源、生态抗压力、环保与发展相结合等。自 20 世纪 90 年代以来，我国也非常重视可持续发展，并积极探索可持续发展的新模式。1994 年 3 月，我国政府批准并发表了《中国 21 世纪议程——中国 21 世纪人口、环境与发展》白皮书，从中国的国情出发提出了中国可持续发展的总体战略与行动方案。1996 年 3 月，在《中华人民共和国国民经济"九五"计划和 2010 年远景目标纲要》中可持续发展战略被提到更加突出的地位。2003 年，《中国 21 世纪初可持续发展行动纲要》提出了实现可持续发展目标的保障措施。2003 年，党的十六届三中全会上提出了"以人为本，全面、协调、可持续发展"的科学发展观，并指出："要加快转变经济增长方式，将循环经济的发展理念贯穿到区域经济发展、城乡建设和产品生产中，使资源得到最有效的利用。"2007 年，党的十七大报告特别强调："科学发展观，第一要义是发展，核心是以人为本，基本要求是全面协调可持续，根本方法是统筹兼顾。"并提出了建设资源节约型、环境友好型社会的目标。2011 年，《我国国民经济和社会发展十二五规划纲要》指出："要面对日趋强化的资源环境约束，必须增强危机意识，树立绿色、低碳发展理念，以节能减排为重点，健全激励与约束机制，加快构建资源节约、环境友好的生产方式和消费模式，增强可持续发展能力，提高生态文明水平。"2012 年，党的十八大提出："我们一定要更加自觉地珍爱自然，更加积极地保护生态，努力走向社会主义生态文明新时代。"党的十八大以来，突出了生态文明建设的战略地位与功能。

我们认为，可持续包括永续、持久含义。持续也是自然界的基本规律，如地球围绕太阳运转、月亮围绕地球运转、企业围绕市场运转、父母围着孩子转。持续小到一个生命个体、家庭、企业，大到一个国家、地球、宇宙等。可持续是指在一个复杂系统中，生命个体或系统整体得以存在与延续的过程。良性发展基于可持续发展，是对可持续发展观的超越。可持续发展是一种注重长远发展的经济增长与社会进步的发展模式，也是科学发展观的基本要求之一。换句话说，可持续发展也是指经济、社会、资源和环境保护协调发展，它们是一个密不可分的系统，既要达到发展经济的目的，又要保护好人类赖以生存的大气、淡水、海洋、土地和森林等自然资源和环境，使子孙后代能够永续发展。可持续发展包括经济、生态与社会的可持续发展，其中生态可持续是基础或前提，经济可持续是条件，社会可持续是目的。如果人类赖以生存的生态环境不可持续了，经济与社会的可持续也就成了无根之木，无源之水。反之，经济的可持续又为改善生态环境，实现生态与社会的可持续提供了物质条件。工业企业实施生态工程工业生态工程是在于促进企业自身良性发展的基础上，实现企业与区域环境的良性发展，从而促进工业可持续发展。工业企业生态工程也是建设生态工业的微观措施。要推进可持续发展，需要以下要点：①可持续发展的内涵即包括社会发展和保持、建设良好的生态环境。其中生态可持续是基础，经济可持续是条件，社会可持续是目的。②可持续发展的核心是发展，但要求在严格控制人口、提高人口素质和保护环境、资源永续利用的前提下进行经济和社会的发展。发展是可持续发展的前提；人是可持续发展的中心体；可持续长久的发展才是真正的发展。可持续发展所要解决的核心问题有：人口问题、资源问题、环境问题与发展问题，简称 PRED 问题。③可持续发展的核心思想是：人类应协调人口、资源、环境和发展之间的相互关系，在不损害他人和后代利益的前提下追求发展。在可持续发展中，人口是关键，资源是基础，环境是条件。④可持续发展的目的是保证世界上所有的国家、地区、个人拥有平等的发展机会，保证我们的子孙后代同样拥有发展的条件和机会。它以提高生活质量为目标，同社会进步相适应。生活质量包括自然和社会两个方面的生存及生活质量。⑤可持续发展是以自然资源的永续性为前提的。资源永续性主要是指可再生资源，特别是生物资源的永续性，也就是说可再生资源的耗竭速率必须低于资源的再生速率。⑥自然生态环境是人类生存和社会经济发展的物质基础，必须协调自然环境、区域环境，维护生命支持系统。可持续发展要求人与自然和谐相处，充分认识人自身对自然、社会和子孙后代的应负的责任，并建立与之相应的道德水准。

在此，特别强调的是，可持续发展对使用自然资源、切实保护生态环境提出的新的要求。我国要实现可持续发展，就必须确保自然资源开发利用的可持续性和环境承载力的可持续性。具体地说：①满足全体人民的基本需要

（粮食、衣服、住房、就业等）和给全体人民机会，以满足他们要求较好生活的愿望。②人口发展要与生态系统变化着的生产潜力相协调。③像森林和鱼类这样的可再生资源，其利用率必须在再生和自然增长的限度内，使其不会耗竭。④像矿物燃料和矿物这样不可再生资源，其消耗的速率应考虑资源的有限性，以确保在得到可接受的替代物之前，资源不会枯竭。⑤不应当危害支持地球生命的自然系统，如大气、水、土壤和生物，要把对大气质量、水和其他自然因素的不利影响减少到最小程度。⑥物种的丧失会大大地限制后代人的选择机会，所以可持续发展要求保护好物种。

4.2.2　以生态为中心的环境伦理

生态伦理（ecological ethics, eco-ethics）是关于人与自然关系的伦理。它是人类处理自身及其周围的动物、植物与矿物，以及人与自然环境的关系过程中所形成的一系列道德规范的统称。它所确定的范畴则是人对自然界，以及人对所有自然存在物的道德义务、道德权利和道德关怀。生态伦理旨在从伦理学的角度为实现全球的环境保护提供理论依据和道德动机，同时也为一系列的规制与政策制定提供支持（Yang, 2006）。概括地说，生态伦理的发展经历了"人类中心主义"（anthropocentrism）、"生命中心伦理"（biocentric ethics）和"生态中心伦理"（ecocentric ethics）等不同的阶段。详见表4-1。

表4-1　　　　　　　　　　生态伦理学说简表

伦理名称	伦理对象	提倡者	所主张理由或学说
人类中心主义	人类	Protagoras	人是尺度理论（485 B. C. ~420 B. C.）
生命中心主义	会感受痛苦的动物	Jeremy Benthem	认为动物会感受痛苦（1789）
	有感知的动物	Peter Singer	动物解放思想（1973）
	哺乳类动物	Tom Regan	动物的权利（1983）
	植物	Christopher Stone	植物的地位（1972, 1974）
	所有生物	Albert Schweitzer	尊重生命（1915）
	所有生物	Paul Taylor	尊重自然（1986）

续表

伦理名称	伦理对象	提倡者	所主张理由或学说
生态中心主义	生态系（包括无生命物质）	Aldo Leopold	大地伦理学说（1949）
	地球（态圈）	Arne Naess	深层生态主义（1973, 1985, 1986）
	地球（态圈）	J. E. Lovelock	盖娅（GAIA）学说（1969, 1979）

资料来源：王从恕，2001。

生态伦理的第一阶段是人类中心主义，它有着悠久的历史。早在两千多年前，希腊哲学家普罗塔哥拉斯（Protagoras）就提出"人是万物的尺度"这一价值准则。它包含了以人的价值尺度来判定万事万物的思想。中世纪宗教神学把人类中心的思想建立在"地球中心说"（托密斯）的基础上，认为：上帝授权人类以宇宙的中心自居，特许人类可以利用、征服和统治自然的特权。文艺复兴以后，随着科学主义和理性主义的高扬，人的地位也日益高扬，人的中心与作用更加巩固。法国哲学家笛卡尔主张要"借助实践使自己成为自然界的主人和统治者"。英国哲学家培根和洛克强调通过实践实现人类统治自然的需要。培根提出了"知识就是力量"的名言，洛克提出"对自然的否定就是通往幸福之路"的思想。德国哲学家康德提出"人是目的"这一著名命题，他指出："人是自然界的最高立法者。"他认为，只有人才是目的，人的目的是绝对的价值，而且人为自然立法。人统治自然，以人为中心的思想是人与自然关系的一个重要里程碑。人类中心主义的观念主要有：①人是自然的主人和所有者；②人类是一切价值的来源，大自然是人类可利用、征服的工具；③人类具有优越特性，超越自然万物；④人类与其他生物无必然的伦理关系。

生态伦理的第二阶段是生命中心主义，该理论批判了把人与自然割裂的人类中心主义的弊端，倡导尊重生命个体，认为每个生命个体都有其存在的理由和价值，反对人类的主宰地位，认为人类反自然的行为必然导致对人类自身的报复。正像恩格斯所指出的，自然界对于人类的每一个胜利都进行了报复，从而使人类成为战胜自然的悲剧英雄。英国著名经济学家杰里米·边沁极力主张把道德范围从人类扩大到动物范畴，并提出了著名的"动物痛苦"学说。他认为，感受苦乐的能力是获得平等权利的根本特征，动物也有感受苦乐的能力，并积极倡导世人关爱所有动物。德国著名的哲学家、医学家、神学家施韦泽（Schweitzer, 1923）则主张把伦理的范围扩展到一切动物和植物。施韦泽指出，对一切生命负责的根本出发点是对自己负责，如果没有对所有生命的尊重，人类对自己的尊重也就得不到保障。敬畏一切生命是施韦泽生命伦理学的基石。施韦泽把伦理的范围扩展到一切动物和植物，认为不仅对人的生命，而且对一切生物和动物的生命，都必须保持敬畏的态度。即便是昆虫和植物都应该备受人类的敬畏和尊重。他指出："善是保持生命、促进生命，使可发展的生命实现其最高的价值，恶则是毁灭生命、伤害生命，压制生命的发展。这是必然的、普遍的、绝对的伦理原则。"他在《文明的哲学：文化与伦理学》（1923）一书中指出："文化的本质是双重的。文化包括智慧对自然力的统治，以及智慧对人类信念和亿元的统治。"彼得·辛格（Peter Albert David Singer）是澳大利亚和美国著名伦理学家，现任教于澳大利亚莫纳什大学哲学系，曾任国际伦理学学会主席，是世界动物保护运动的倡导者。1975年，辛格在其代表著作《动物的解放：我们对待动物的新伦理学》一书中，从功利主义伦理学出发指出，应当把"平等地关心所有当事人的利益"这一伦理原则扩展并应用到动物身上。他将人类应当如何对待动物的问题作为一个伦理问题来探讨，告诉读者人类与动物和睦相处才能拯救不堪重负的地球。辛格的学说称为"动物解放"学说。辛格认为，动物也感受痛苦和愉快。因此，人类应该给予它们道德的考量以及给予它们生存的权利。汤姆·罗根（Tom Regan）提出了"动物权"学说。罗根认为，任何个体本身都有价值，而且独立于其他个体对他的需求和使用。保罗·泰勒（Paul Taylor）提出了"尊敬自然"的学说。泰勒认为，所有生物都具有自身的善和天赋价值（inherent worth），值得具有道德能力的道德者尊重。

生态伦理的第三阶段是生态中心主义。生态中心主义伦理基于自然世界具有内在价值的哲学为前提，其主张是整体主义的伦理，也就是对整体生态系给予伦理的考虑，包括生物、非生物、生态系和生态系过程。主要特性包括：①重视生态系整体价值；②只有在生态系整体中，才能决定个体的角色和地位；③整体生态系的平衡和稳定比个体的生命生存还重要。生态中心伦理包含了"大地伦理"和"深层生态主义"。1864年，美国学者马什（G. P. Marsh）在《人与自然：或被人类行为改编了的自然地理》一书中就提出了"人地协调论"。20世纪初，巴罗斯提出了"人类生态学"，认为人类与地球的关系便是人类生态关系。1949 年，美国伦理学家奥尔多·利奥波德（Aldo Leopold）在论著《沙乡年鉴》中用艺术性的语言描绘了一幅荒弃农场在一年十二个月中的不同景象，深刻地揭示了一系列的土地环境保护问题，明确提出了"土地道德"观点。本书被誉为"环境主义运动的一本圣经"（亦称为"绿色圣经"）。利奥波德提出了"大地共同体"的概念，并创建了"大地伦理学"。挪威学者 A. 奈斯（A. Naess）提出了"深层生态主义"学说。1973 年他在《浅层与深层：远距离生态运动》论文中就使用的"深层生态"的用语。他否定人类自恃超越自然的态度，认为我们应该要保护所有的物种，包括：动物、植物和生态系。我们应该承认它们本身即具有内在价值，而非只有工具性的价值。深层生态学包含了两个最高伦理规范："自我实现"和"生命中心平等"。前者就是透过与自然界的互动，以实现自我实现的过程；后者是指所有的有机体都是平等的成员，共同存在于互相关联的整体中，且拥有平等的内在价值（Naess，1973，1985）。1986 年，美国科罗拉多大学教授，著名的哲学家、环境伦理学家、被后人誉为"环境伦理学之父"的霍尔姆斯·罗尔斯顿三世（Holmes Rolston Ⅲ）在《哲学走向荒野》一书中提出现代哲学必须从过去只关注人的价值转向关注自然界的价值。罗尔斯顿认为，价值是一个金字塔形的结构，相对于人而言的价值处于金字塔的顶端，自然物本身的价值如动物、植物、无机物的价值处于底端，底端是顶端的基础，顶端是在底端的基础上发展而成的，自然界是一个完整的、不可分割的整体，也是一个生命共同体，自然界这一生命共同体是价值之源。从这个意义上来看，人是生命共同体中的普通一员，对共同体负有不可推卸的道德责任。罗尔斯顿在其后来出版的论著《自然界的价值》和《环境伦理学》中对传统生态伦理理论提出了挑战。这对更新生态伦理意识，重视生物多样性价值，辩证地认识人与自然的关系，树立以生态为中心的大伦理观具有重要而深远的意义。

随着生态伦理问题日益受到重视，资源型企业在生产经营及发展行为中需要考虑生态伦理因素。生态日益成为资源型企业利益相关者关注的热点与焦点，而资源型企业也面临着越来越大的压力。首先，压力来自于员工。越来越多的资源型企业（如矿山企业、钢铁企业、石化企业等）领导层已经意识到，他们需要改善企业的环境业绩和生态声誉，以维持招聘管理人员和技术人员的能力。一个负有生态伦理责任的资源型企业不仅会提升自己的形象，也会使员工以良好的生态形象与生活工作环境而感到自豪，从而更忠诚于企业。良好的企业生态形象还有助于吸引更多高品质、高素质的人才加盟。其次，是来自消费者的压力。据报道，欧美消费者的购买动机40%出于对环境的关心，然后才是产品的功能和价格。76%的荷兰人和82%的德国人在购物时会选择"绿色产品"。在全球范围内的消费者都认识到了环境恶化问题，并希望能扭转这种趋势，也愿意为此付出更多的代价。就我国的消费者，也以绿色消费为导向，关注商品的安全与环保等问题。最后，压力来自于政府。政府代表了公众的利益是公众环保要求的主要实施者。通过立法和执法，政府强制惩罚企业环境污染和过度利用资源的行为，使未达到环保要求的企业经营成本逐渐提高、招致刑事处罚，甚至停业。目前，我国修改并实施的《环境保护法》被称为史上最严厉的环保法。此外，还有来自媒体的压力。各类媒体，尤其是互联网，不仅是资源型企业发布广告传播形象的主要媒体，而且在资源型企业建立良善信誉、树立良好形象方面起着重要的作用。为了避免媒体对企业的负面报道而影响企业形象，资源型企业，尤其是大型资源型企业必须树立以生态为中心的生态伦理观念，不折不扣地承担老百姓的生态责任，从而树立良好的企业生态形象。

4.3 循环经济与低碳经济

4.3.1 循环经济及其伦理

20世纪60年代，以美国经济学家鲍尔丁提出的"宇宙飞船理论"为标志，循环经济在世界各地迅速发展起来。所谓循环经济（recycling economy），就是以资源的高效利用为目标，以"3R"（reduce，减量化；reuse，再利用；recycle；再循环）为原则，以物质闭路循环和能量梯次为特征，按照自然生态物质和能量流动方式运行的经济模式，它要求人们在社会经济中自觉遵守和应用生态规律，通过资源的高效循环利用，降低污染排放，实现经济和环境双赢。循环经济把清洁生产和废物利用结合起来，不仅要求企业提供产品本身，还要求实现产品的全生命周期循环利用最大化。循环经济包括企业、产业园区、城市和区域等层次，这些层次由小到大依次递进，本研究对象是资源型企业生态工程，属于微观层次。与传统经济相比，循环经济的不同之处在于：传统经济是一种"资源—产品—污染排放"单向流动的线性经济，其特征是高开采、低利用、高排放。在这种经济中，人们高强度把地球资源和物质提取出来，又把污染和废物大量地排放到水系、空气和土壤中，对资源的利用是粗放和一次性的，带来了环境急剧恶化、资源日益短缺、发展难以为继等严重后果。与之不同，循环经济倡导的是一种与环境和谐的发展模式，以"3R"为原则，要求把经济活动组成一个"资源—产品—再生资源"规律的反馈式流程，其特征是低开采、高利用、低排放。从本质上讲，循环经济就是生态经济。循环经济也是一种绿色经济、环境保护型经济、点绿成金的经济，它要求把经济活动组成"资源利用—绿色产品—资源再生"的闭环式物质流动，所有的物质和能源在经济循环中都能得到有效利用。循环经济的理论基础应当为生态经济理论。生态经济学是以生态学原理为基础，以经济学理论为指导，以人类经济活动为中心，运用系统工程方法，从最广泛的范围研究生态和经济的结合，从整体上研究生态系统和生产力系统的相互影响、制约和相互作用，揭示自然和社会之间的本质联系和规律，改变生产和消费方式，高效合理利用一切可用资源。简言之，生态经济就是一种尊重生态原理和经济规律的经济。它强调的是要把经济系统与生态系统的多种组成要素联系起来进行综合考虑，要求经济社会与生态发展全面协调，达到生态经济的最优目标。但是，循环经济又不完全等同于生态经济。两者的区别主要在于：生态经济强调的核心是经济与生态的协调，注重经济和生态系统的有机结合；循环经济则侧重于整个社会物质循环应用，强调物质循环和生态效率、主张生产、流通、消费、回收全过程的资源节约。确切地说，生态经济原理体现循环经济的要求，构成循环经济的理论基础。循环经济是对传统经济的反思、升华和创新，是一种更高级、更全面、更科学的经济运行形态。这种新型经济发展模式，引导我们重新审视经济、社会、环境三者之间的关系，通过将经济活动、生态智慧和伦理关怀和谐的合为一体，形成一种新经济生态伦理观。具体地说，主要表现为以下几点：①循环经济伦理观是新的系统伦理观。在循环经济系统是由人、自然资源和科学技术等要素构成的大系统。循环经济伦理观要求人类在考虑生产、流通和消费道德时不能将自己置身事外，要将自己作为这个大系统的一部分来研究符合客观规律的经济原则。要从社会—经济—自然复合生态系统出发，对物质转化的全过程采取战略性、综合性措施，降低经济活动对资源环境的过度使用及对人类所造成的负面影响，使人类经济社会的循环与自然循环更好融合，实现区域物质流、能量流、资金流的系统优化配置，要把生态系统建设作为可持续发展的基础，追求经济、社会、环境和人类自身和谐发展的内在伦理和道德精神，是一种新的系统伦理观。②循环经济伦理观是新的经济伦理观。循环经济就是用生态学和生态经济学规律来指导生产活动。经济活动要在生态可以承受范围之内进行，超过资源承载能力的循环是恶性循环，会造成生态系统退化。只有在资源承载能力范围之内的良性循环，才能使生态系统平衡发展。循环经济使用先进生产技术、替代技术、减量技术和共生链接技术以及废旧资源利用技术、"零排放"技术等支撑的新兴经济，不是传统的低水平物质循环利用方式下的经济，要求在建立循环经济的支撑技术体系上下功夫。③循环经济伦理观体现新的价值观。循环经济倡导与自然和谐发展的经济方式，在考虑自然环境时，不仅仅将其视为可利用的资源，而且是作为人类赖以生存的基础，是需要维持良性循环的生态系统。循环经济伦理观将生态环境看作公共财富资源的一种崭新模式，追求全社会整体幸福福利最大化。在考虑科学技术时，不仅考虑其对自然的开发能力，而且考虑到它对生态系统的维系和修复能力，使之成为符合既能满足人类需求又能保护生态环境的技术；在考虑自身的发展时，不仅考虑人对自然的改造能力，而且更注重人与自然和谐相处的能力以及子孙后代的资源环境权益，促进人的持续健康全面发展。④循环经济伦理观是新的生产伦理观。循环经济伦理观就是要求企业用清洁生产、环保要求从事生产。充分考虑自然生态系统的承载能力，尽可能节约、循环使用自然资源、不断提高自然资源的利用效率。从生产到流通到销售全过程中充分利用资源，使得每个企业在生产过程中少投入、少排放、高利用，达到废弃物最小化、再利用、无害化要求。上游企业的废物成为下游企业的原料，实现区域或企业群资源的最有效利用，创造良性的社会财富。运用生态链条理论方法将工业与农业、生产与消费、行业与行业有机结合起来，实现持续生产和适度消费，逐步构建循环节约型社会。⑤循环经济伦理观是新的消费伦理观。循环经济提倡绿色消费，也就是物质的适度消费、层次消费，这是一种与自然生态相平衡的、节约型的低消耗物质资料、产品、服务和注重环保的消费模式，它主张摒弃以往过度消费的错误做法，形成一种可持续的健康消费习惯，在消费时就应考虑到废弃物的资源化，建立循环生产和消费的观念，这是一种建立在较高的环境道德意识基础上的伦理观。

资源型企业是从事不可再生的自然资源开发和初加工企业，由于行业特殊性，资源型企业在生产经营及发展过程中往往存在比较突出的资源和环境问题，更需要坚定不移走循环经济之路，在资源开采和生产过程中，探寻如何最大限度降低对资源的消耗，提高资源的利用率和废弃物、副产品重复使用效率，实现资源的循环再生的有效方法和路径。资源型企业生态工程是促进循环经济的重要途径之一。企业作为发展循环经济的基本单元，是实施循环经济的主体，也是体现循环经济效益最直接的个体，中循环和大循环都是建立在发展生态企业这一微观循环基础之上的。只有企业积极参与其中，系统设计并实施企业生态工程，促进企业之间的循环和共生，才能更好推动中观和宏观层面的循环。这要求资源型企业从符合生态系统的角度，重新认识企业与经济、社会、自然的关系，按照符合生态系统的原理和原则，设计企业的观念、目标、任务、生产模式和管理体制。企业实施生态工程，不仅要遵循市场经济规律，还要遵循自然生态规则，通过战略调整、技术革新、生产方式转变等，实现经济、生态、社会效益的协调发展。

4.3.2 低碳经济及其伦理

2003 年，英国政府在其发布的《我们能源的未来——创建低碳经济》白皮书中提出，英国的能源目标是在 2015 年，实现二氧化碳的排放量在 1990 年基础上缩减 60%，将英国建设成为低碳国家，低碳经济由此而生。综合以往学者和组织的观点，我们认为，所谓低碳经济，是指通过低碳技术创新和经济制度变迁，改变人类以碳基能源消费为主的结构，高效率利用化石能源，发展以可再生能源为主的能源结构，减少二氧化碳等温室气体排放，实现人类经济社会可持续发展的一种新型生产方式。它的内涵可以界定为低碳生产方式，即低碳产业经济。低碳经济包括低碳农业、低碳工业和低碳服务业，其中以低碳工业为主。低碳能源产业是低碳工业和整个低碳经济的基础，带动全社会生产方式的转变。低碳经济涵盖的范围比较广泛，包括低碳生产、低碳消费、低碳生活和低碳社会。广义的低碳经济是低碳生产和低碳生活方式的理念体现。一切符合资源节约型、环境友好型的社会建设，符合可持续发展、节能减排理念的生产和生活方式，均属于低碳经济的广义范畴。低碳经济的提出，不仅是对经济领域范围内生产和生活方式的颠覆性革命，也引导人类对以往对自然环境掠夺式、破坏式的发展方式重新思考，对大自然"只知索取，不知回报"的道德价值观重新审视。低碳经济对传统经济发展方式的改变是多方面的，从生产方式、生活方式、管理方式以及其中包含的纵横交错的复杂关系，低碳经济主张一种以低能源消耗、低环境污染、低温室气体排放为基础的全新经济发展思想和发展范式，是人类在精神意识和行动方式上和平解决与自然环境协调发展关系史上一次新的升华，是一种新经济环境伦理意识。

从伦理角度来讲，以往高污染、高排放为特征的经济方式是工业文明，而低污染、低排放的低碳经济实质上是生态文明，发展的目的是实现社会效益、经济效益和环境效益的和谐统一发展，它旨在唤起人类的生态伦理理念，引导人类对经济关注的同时注重对环境道德的关注，提高人类低碳意识，引导并实施低碳生产和生活方式，它意味着人类思维方式从征服主义向生态文明、生产方式从工业生产到绿色生产、生活方式从消费主义到绿色消费、价值目标从利己主义向环保正义的深刻转变。具体来说，低碳经济具有以下四个层面的伦理意蕴及内涵：①低碳经济蕴含的生态伦理。低碳经济的发展体现了人类对自然资源的认识和回归即生态伦理价值。低碳经济的低能耗、低物耗、低排放、低污染的原则，体现了人与自然可持续发展原则、代际公平理念和生态伦理的人与自然的和谐共存思想。随着生态危机和环境问题凸显，低碳经济顺应时代需要应运而生，它要求人类约束自己对资源的浪费和对环境的破坏行为，遵循可持续发展理念，保护环境，节约资源，合理索取，加强自身生态伦理建设，改善生态环境，这正是生态伦理观念的体现。低碳经济蕴含的生态伦理建设的终极目标就是关注生态利益和保护生态环境，通过发展低碳经济来避免资源和生态危机，促进生产力和社会的全面协调发展，实现环境从无价值到有价值的根本转变，使得人类既能享受物质之丰富，又能欣赏自然之美好。②低碳经济蕴含的生产伦理。低碳经济所提倡的经济发展模式，是生产伦理的基本理念，也是实现生产伦理的重要途径。生产伦理作为人类在实践生产活动中的伦理精神或伦理气质，是人类从伦理道德角度对生产活动和生活方式的根本看法。它从伦理视角批判现代化生产存在的消极因素，对现代化生产提出伦理制约，改变传统的经济观、生产观和消费观，为现代化生产提供可持续的自然机制和合理的伦理支持，其实质内涵就是以人为本。以人为本的可持续发展生产道德观念就是以要求人们从片面追求经济增长的单一目标转向实现以人为本的全面、持续的发展为目标，实现人与自然的、人与社会的和谐共存，从人的根本利益出发谋发展、促发展。低碳经济正是体现人类在生产领域的价值追求和伦理定位，它和以人为本的科学发展观所贯彻的发展目标高度一致，即把"以人为本"作为发展的最高价值取向，"尊重人、理解人、关心人"，不断满足人的全面需求，促进人的全面发展，其实质就是要寻求自然、经济、社会之间关系的总体和谐、可持续的发展，不断满足人类的物质文化需要，切实保障人民群众的经济、政治和文化权益，让发展成果惠及全民。秉承此价值趋向，低碳经济这种经济模式的发展是十分必需的，它能够改变在生产领域内由于人们的认识落后造成的资源浪费、能源损耗、生产方式落后、产业层次低、经济结构落后的格局，不仅真正使人类从思想的根源树立起发展低碳经济的生产伦理的价值取向，而且能够加快落后生产力的淘汰，推动产业结构优化的升级，从根本上转变发展方式和理念，体现人们的需求和以人为本的可持续发展理念。③低碳经济蕴含的消费伦理。消费伦理是指人们在消费水平、消费方式等问题上产生的道德规范、道德观念以及对社会消费行为的价值判断和道德评价。低碳消费即依靠节约的生活方式来实现保护生态、节能减排的目标，如尽量减少耗用能量、节约使用消耗大的产品从而降低碳排放。低碳消费提倡消费者（法人或自然人）在生产、生活过程中购买和使用绿色环保的产品，与人类以往的消费方式不同，它主张消费者应该改变对物质消费的过度化观念，不仅要通过消费物质维护自身的存在和发展，而且还要承担对自然的道德责任，选择有利于人与自然和谐发展的消费方式，避免炫耀性消费、一次性浪费、快捷消费等不良消费行为习惯，注重物质消费与资源环境的和谐共生，强调不过度消耗资源污染环境，提高资源的利用效率，增进社会整体消费效用，实现人类的消费活动与自然环境的和谐统一。低碳经济强调低碳消费，在发展低碳经济过程中，首先，低碳消费是低碳经济实现的重要前提。人类的消费行为会随着观念的改变而变化，通过营造绿色、环保、低碳、节能的消费伦理观，改变不良消费方式，崇尚低碳消费，进而促进低碳经济的发展。其次，低碳消费结构是低碳经济发展的强大动力。低碳消费结构是指低碳消费品在社会消费品中比例，其根源就是社会消费的重点从传统的高耗能、高污染的产业转向绿色环保型产业，消费者偏好发生变化，低碳低能耗产品的消费数量不断增加，进而引导传统产业结构实现转型升级，促使经济结构向资源节约型、环境友好型方向转变，进一步加快和推进低碳经济发展。④低碳经济蕴含的管理伦理。管理伦理是管理学和伦理学相互结合的产物，管理伦理要求企业在追求经济利益最大化的同时，应该考虑企业利益和社会效益的协调与统一，体现在节约资源、保护环境、尊重员工的利益等，不仅具有社会价值、生态价值、道德价值，而且具有经济价值。管理伦理要求企业正确处理与利益相关者的关系，就企业与生态环境的关系来说，企业应该维护生态环境，注重可持续发展，而可持续发展实现的途径就是发展低碳经济。管理伦理要求企业在解决环境问题上发挥更加积极主动的作用，坚持科学发展观和以人文本的管理伦理观，顺应低碳经济的发展趋势，围绕经济效益、社会效益和生态效益协调增长的目标，切实加强对低碳经济的引导，把低碳经济摆上重要议程，分析新形势，直面新挑战，政府和管理者应注重从本地区实际出发，制定规划，研究措施，出台鼓励低碳产业发展的优惠政策，助推低碳经济发展。市场经济条件下发展低碳经济蕴含的管理伦理精神，是要求从事物质生产的企业处理好人与自然、人与社会、人与人的关系，积极保护生态环境，兼顾当前利益和长远利益、局部利益和全局利益的平衡和统一，把生产效益和社会效益统一起来。

4.4　资源型企业社会公民理论与生态信用管理

4.4.1　资源型企业社会公民理论

"企业公民"（corporate citizenship，CC）作为一个新概念，其实是在企业社会责任、可持续发展等理念的基础上发展起来的，当企业发展被重新注入道德和伦理，由此引发了社会各界对企业公民这一问题的探索和审视。1979 年美国强生公司在"我们的信条"中首次提出了企业公民的概念；1989 年，美国学者艾珀斯坦发表文章《企业伦理、企业好公民和企业社会政策过程：美国的观点》，标志着企业公民正式进入学术界视野。自此，开始涌现出大量关于企业公民概念及内涵、行为规范以及评价标准等优秀研究成果：①企业公民的概念尚未形成统一说法，总体看来，早期的企业公民概念侧重于公司的公益和慈善，在 20 世纪 90 年代后期，其概念才开始趋同。结合相关研究成果，我们认为，所谓企业公民就是指把企业作为人格化的个体，它可以在符合道德和法律规范的前提下享有经营和获利的权利，同时也要承担起满足其利益相关者和环境效益的义务。其实质就是企业拥有国家公民身份，这其实是一种全新的企业与社会、政府之间建立的契约关系，它根植于企业商业道德和社会责任基础之上，将社会的基本价值融入企业的日常经营管理过程当中，企业是整个社会的一分子，企业的主要利润来源于社会，企业在充分享受社会所带来福利的同时，也要以符合伦理和道德的方式回报社会、为社会做贡献，这也体现了企业公民权利与义务的统一。企业公民是企业自身发展理念的一种转变，它与环境保护、可持续发展等一系列的社会运动紧密联系、相互促进。并且，随着经济全球化进程，成为推动社会进步，促进人类发展的重要力量。②在企业公民行为规范方面，20 世纪 90 年代中后期，扎待克（Zadek et al，1997）建立了"企业公民基本原理三角模型"分析了影响企业公民绩效的主要因素包括来自外部环境的压力、企业价值观及道德文化、管理人员参与意愿等等。进入 21 世纪之后，企业公民理论继续深化和完善。比较有代表性的成果有：马滕（Matten，2003）等提出企业公民的三种不同表现形式：一种是热衷慈善和公益事业的企业，一种是遵纪守法、创造价值的企业，一种是对合作伙伴、周围环境负责的企业。沃多克（Waddock，2004）指出，企业公民理论是在企业社会责任和利益相关者理论相融合的基础上发展而来的。莫维斯（Mirvis，2006）将企业公民的成长历程分为初级阶段、参与阶段、创新阶段、结合阶段和转变阶段五个阶段，并描述了阶段特征，详见图 4 - 1 所示。

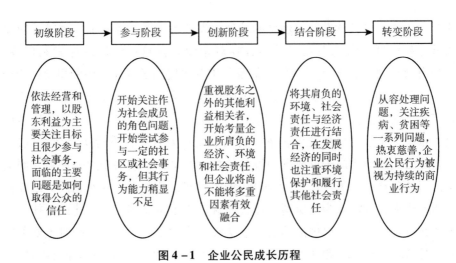

图4-1 企业公民成长历程

资料来源：霍季春，2008。

在衡量企业公民标准方面，得到广泛认可的观点就是于2003年世界经济论坛提出的4项指标，分别是公司治理和道德价值、员工责任、环境责任、发展贡献。具体内容如图4-2所示。

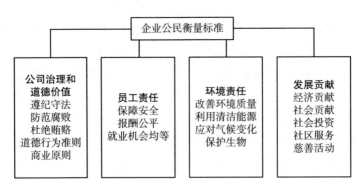

图4-2 企业公民衡量标准

资料来源：世界经济论坛，2003。

企业公民理论把企业看成社会的一部分，认为企业相当于社会中的公民，不仅拥有社会公民的权利，而且拥有社会公民的义务，要履行对社会的责任。社会给予企业生存的权利，企业应当承担受托管理社会资源的责任，合理利用资源，并有责任为社会赋予其这项权利而承担相应的责任，为社会的健康发展和公众福利做出更多的贡献。企业公民凸显了企业作为市场经济的主体地位，与市场经济法制、公平的内在逻辑要求相契合，其在经济、政治、文化、社会、环境建设方面的权利和义务相统一的本质要求，代表了企业从单纯追求经济利益向追求经济利益与社会贡献相结合的发展趋势，是企业融入社会系统的必然选择，更是对企业本质与内涵的充实与完满。

资源型企业多是从事不可再生的自然资源开发和初加工的企业，企业类型的特殊性决定了资源型企业需要承担社会责任。一是自然资源依赖性大，资源型企业生产的原材料及其产品都严重依赖不可再生的、储量有限的自然资源；二是资源型企业外部不经济，比较技术和服务型企业而言，对自然和生态环境的破坏尤为严重。结合社会公民理论，要求资源型企业必须改变传统的发展模式，向资源节约型、环境友好型企业转变，以实现可持续发展，建立起新的企业与生态环境、企业与社会、企业与企业之间和谐共处的关系。同时，资源型企业应该努力克服企业社会责任感不强、与公众期待差距较大的被动局面，加强自身主体意识，主动履行社会责任，不断加强自身反省和明确定位，不断提高资源利用率、注重环境保护、切实保障安全生产、积极参加社会公益事业、不断提高产品质量和服务水平，创造具有生命力的企业文化和品牌价值，为构建资源节约型、环境友好型社会及和谐社会做出贡献。

4.4.2 资源型企业生态信用

信用既是当事人之间建立起来的以诚实守信为基础的践约能力，也是当事人对规则和约定的自觉遵守而获得的信任。生态信用，也可以称为环境信用，是指一定区域范围内政府组织、企业法人、非政府组织、自然人基于法律规定和契约约定而产生的利于其共同所处的自然生态环境等得到科学规划、有效保护、生态修复、和谐共生等生态利益交换关系。对于企业而言，企业生态信用就是企业在遵循人与自然和谐发展的客观规律以及相关环保法规基础上，履行其在促进人与自然和谐共生、良性循环、全面发展的法定或约定的义务，最终取得社会信任的过程。生态信用是随着社会对人与自然关系的重新审视和重新思考，对生态环境保护理念的提高和重视而产生的一种新的认可企业的标准，成为判断企业是否对生态环境负责任的重要依据。随着环境污染问题发生次数不断增多、领域不断扩大，企业的生态信用越来越受到社会的重视。生态信用在市场经济条件下同样是一种资源，这种资源能够被充分利用，直接影响了与其相关的其他资源的配置，从而影响到市场经济的运行效率，从而影响市场经济与生态环境的和谐发展。例如通过企业生态信用体系对失信企业进行惩罚，杜绝其通过过度开采、超标排放等不正当的生产方式获取与同行业者的成本优势，维护公平的市场竞争环境。环境信用评价就是通过将企业生态环境保护行为等级公开，通过公众和媒体的压力，消费者产品选择压力、投资者资金压力等来促使企业实施环境保护行为。在国外，1989 年，美国 CERES 投资集团发表并启动了对地球环境负责的伯尔第斯原则。2003 年，国际主要商业银行发起"赤道原则"。"伯尔第斯原则"和"赤道原则"成为国际投资业和银行业提供投资和金融服务的操作指南。环境评价开始进入各国政府和金融机构的视野。伦德格伦（Lundgreu，2006）在阐述银行基本业务和功能的基础上，分析商业银行对生态信用评价的依赖性。在我国，2005 年 11 月，由原国家环保总局出台了《关于加快推进企业环境行为评价工作的意见》。自此，企业环境信用评价开始在全国展开。2013 年 12 月，环保部、发改委、人民银行、银监会等四部委联合颁布了《企业环境信用评价办法（试行）》（以下简称《办法》）。该《办法》中，将资源型企业纳入环境信用评价范围，把企业的环境信用分为环保诚信企业、环保良好企业、环保警示企业、环保不良企业四个等级，依次以绿牌、蓝牌、黄牌、红牌表示，并向社会公开，供公众监督和有关部门、机构及组织应用的环境管理手段。该《办法》同时提出企业环境信用评价的四大类（污染防治类、生态保护类、环境管理类、社会监督类）共计 21 项评价指标。2014 年 6 月，国务院下发《社会信用体系建设规划纲要（2014～2020 年)》，提出将环境保护和能源节约领域信用建设作为全面推进社会诚信建设的一项重要内容。

生态信用作为激励和约束资源型企业环境行为的综合性环境政策措施。它一方面有利于提高企业环境自律意识和环保社会责任意识，促进企业从漠视污染、消极治理、被动应付，向重视环保、清洁生产、主动减排转变；另一方面还有利于完善公众参与、社会监督机制，督促企业持续加强和改进环境管理。通过建立企业生态信用评价体系，对环境保护不力企业进行监管，建立生态信用档案,并通过信息共享公开,使得政府各有关职能部门能够形成对企业的集体监督从而能够切实提高资源型企业积极采取环境保护行动的积极性。与此同时,相关政府部门可以根据企业环境信用状况进行监管,进一步降低潜在环境风险和突发性环境事件发生的概率。资源型企业首先应该正确看待生态信用评价体系,积极参与环境信用评价体系的建设,认真学习国家有关生态信用方面的法律法规和评价标准,深刻理解环境信用对于企业改善经营管理水平,加强环境保护工作的促进作用。生态信用评价体系是一套奖罚分明的体系,生态信用等级高的资源型企业不仅能够获得良好的企业形象和信誉,同时能获得政府环境政策方面的支持以及金融机构贷款资金方面的倾斜,这对企业发展是至关重要的。资源型企业只有提升自身生态信用,才能获得由此带来的优惠政策和资金扶持,而提升生态信用等级的前提是充分理解国家有关的法律法规,明晰关于信用评级方面的标准和指标,依照指标和标准对企业生产管理活动进行改良升级,如使用清洁的原材料和能源,研究和使用绿色技术,提供绿色产品和服务等。

4.4.3 资源型企业生态信用与生态补偿

对于生态补偿(natural ecological compensation),学术界目前尚未形成统一的概念。人们开始对生态补偿的研究始于 20 世纪 50 年代,主要侧重从对自然环境损坏和修复的角度,1991 年,《环境科学大辞典》将自然生态补偿定义为"生物有机体、种群、群落或生态系统受到干扰时,所表现出来的缓和干扰、调节自身状态使生存得以维持的能力,可以看作生态负荷的还原能力;或是自然生态系统对由于社会、经济活动造成的生态环境破坏所起的缓冲和补偿作用"。卡普鲁斯(Cuperus,1996)把生态补偿看作是生态修复的一种方法;艾伦(Allen,1996)等则从替代角度指出人为因素对环境恢复的作用,补偿的目的是可以提高环境破坏区的环境质量。在国际上,与生态补偿概念比较接近的相关专业术语主要有两种,有狭义和广义的区别。狭义的一种理解是生态服务功能付费(payment for ecolo-gical servicer payment for environment service,PES),即生态(环境)功能受益者对生态服务功能提供者付费的行为,以生态系统的服务功能为基础,用市场手段替代环境保护管制手段，具有现实性、自愿性、条件性和公平性，这是多数发达国家和跨国组织生态补偿的范围；另一种理解是在生态（环境）功能付费的基础上，增加生态破坏恢复的内容，即"污染者付费"（polluter pays principle，PPP）和"受益者补偿"（beneficiary pays principle，BPP），这是生态补偿政策的核心。广义的生态补偿是一种有益于自然环境保护的经济手段，不仅包含对生态环境成本内部化的手段，也包括了各区域生态环境协调发展政策。庄国泰（1995）提出生态补偿主要有两种形式：一种是对环境破坏者收费，一种是对保护环境者补偿，两者都是通过经济手段达到环境保护的目的。同时也有学者从制度安排和公共政策领域理解生态补偿，提出生态补偿是一种以保护自然与生态环境效益为目标，运用财政、税收、市场等手段解决生态效益外部化问题，协调环境保护者、受益者和破坏者经济利益关系保持社会发展公平性的制度安排。在我国，生态补偿方式主要有政府方式和市场方式两种类型。政府提供生态补偿的方式主要有财政转移性支付和专项资金等政策手段。生态补偿的市场化交易方式具体包括税收、一对一的市场交易、生态配额交易、生态标志和协商交易等多种形式。

在我国，很多生态资源被随意无偿占有和消耗，自然资源的经济效益未得到充分体现，很多资源型企业为了自身利益最大化，不惜采用高消耗、高污染等破坏环境的粗放生产方式，其自身却并没有付出相应成本，成为环境破坏的主要责任者。生态补偿机制成为约束企业粗放式发展、减少其生态环境破坏行为的重要经济手段和政策措施。当然，加强资源型企业生态信用建设与生态补偿有异曲同工之效，生态补偿机制可从企业生态信用中体现出来，反过来促进生态信用的实施：①企业生态信用本身蕴含生态补偿理念。生态信用建设要求企业遵守国家有关环保的法律法规和约定的情况，以及为了社会整体福利的提高，规范其在生产经营过程中的环境行为，努力降低生产过程对环境的负面影响程度的倾向。生态信用本质是建立企业环境保护"守信激励、失信惩戒"机制，市场经济条件下这种环境保护的手段可以通过行为激励，也可以通过资金配置。行为激励是借助于市场机制的作用，通过经济调节手段将外部环境成本内在化，改变企业的生产行为和消费者的生活模式，减少环境破坏行为的发生，如实施绿色采购，将企业的生态信用等级与政府采购挂钩，生态信用等级高企业的产品具有优先采购权，提高对生态信用等级良好企业的重视程度，加大对其产品服务的政府推广和使用力度，进而引导其他企业重视和提升自身生态信用。而资金配置则是依据政府的法律法规征收环保费用，再重新分配用于环境保护和恢复工作，如征收排污费以及资源费、绿色补贴（对于生态信用度高的企业给予一定的财政补贴，即绿色补贴，鼓励其改善生产技术水平，降低能耗和废弃物排放，引导企业增加环保投入，提升自身生态信用）、绿色税收（与生态信用度低的企业相比，生态信用度较高的企业因节能环保付出了附加成本，导致产品价格提高，在市场竞争中失去价格优势，导致不公平。将企业生态信用作为国家税收的参考，对等级高的企业实行税收减免，对等级低的企业实行高税率，将纳税人的外部环境成本内在化来实现公平）等。两者相互补充，而生态补偿机制正是这种互补关系的具体表现形式。如企业开采资源过程中需要缴纳的资源税或排污收费等支出即被用于生态补偿；企业因"生态失信"造成的生产、销售、融资等行为无法顺利进行而造成的损失也是生态补偿的重要形式；政府的财政补贴等转移性支付，同样体现了生态补偿。生态补偿理念可以从生态信用中体现出来，它使生态信用更加具有可操作性。②生态补偿机制能够推进企业生态信用建设。企业作为市场经济的主体，其经济活动从根本上受利益驱动。经济利益对企业环保投资的驱动是最直接、最有效的。生态补偿机制，即通过征收生态补偿费使损害环境的企业行为受到惩治，通过生态补贴使保护环境的企业行为得到补偿，从而促使资源型企业自觉加强生态保护意识，把环境保护看作企业应有的经济行为，而非国家强制的政府行为或以道德标准衡量的道德行为，实现清洁生产，促进企业与自然环境和谐发展，进而提升企业生态信用。一方面，企业将自身治污成本转嫁给社会，带来负的外部经济，生态补偿机制作为一种将外部成本内在化的利益调整机制，将环境污染的外部成本内在化，由资源型企业自己承担并消化，企业须对自身资源耗费或环境破坏行为进行补偿，承担生态责任，采取补偿措施。例如，通过向企业征收排污费，直接增加其运营成本，这就督促企业应该从可持续发展角度出发规范自身行为，重视绿色环保，增加污染治理的力度；同时有效利用企业追求自身利益最大化的特征，为积极采取清洁生产和污染控制措施，研发治污新技术的企业提供优惠税收和信贷扶持，就能激发企业在平衡各种成本收益的基础上，做出利于生态环境保护的决策，减少排污提高效率，最终使得整体经济达到环境资源的有效配置。这不仅能够促使资源型企业在自觉承担生态责任的基础上实施生产全过程的环境和生态管理，在环境管理中寻找新的利润来源，改变企业无偿利用生态资源的陋习，还能迫使其自觉地采取措施，合理地利用有限的生态资源，从漠视污染、消极治理、被动应付，向重视环保、清洁生产、主动减排转变，自发履行保护环境、修复生态的社会责任，实现企业可持续发展。另一方面，从可持续发展的理念出发，实施生态补偿机制成为资源型企业实现可持续发展的重要方式。科学界定企业生态补偿范围、合理构建生态补偿标准是推进生态补偿机制的关键问题，而生态信用作为体现企业承担生态责任和生态义务的代表性指标，可以直接反映出企业对环境的损害程度，成为衡量资源型企业生态补偿成本、制定生态补偿标准的重要依据，将生态信用纳入企业生态补偿衡量标准，既能进一步完善生态补偿标准科学性和规范性，做到公平公正，又能进一步加强企业环境管理的内生动力，促进企业提升生态信用。

4.5 本章小结

本章对资源型企业实施生态工程的生态伦理基础进行了综述，资源型企业生态工程作为多学科交叉研究领域，所涉及的理论非常广泛，其中蕴含了丰富的生态伦理思想，为了较为全面的把握其研究进展，本章较为系统的梳理了我国古代的生态伦理思想、可持续发展与生态环境伦理、循环经济与低碳经济以及伦理、社会公民及生态信用等相关思想和理论，以期为资源型企业实施生态工程的研究构建理论基石。中国古代传统文化中蕴含着"天人合一""尊重生命与万物平等""天道生生与循环节用"等宝贵的生态思想精华与智慧，不仅为当代的生态伦理发展提供重要的思想源泉，也为现代资源型企业生态工程实施提供有益借鉴，是培养新型企业经营者的伦理基础。推进资源型企业实施生态工程，需要坚持可持续发展的思想，走循环经济和低碳经济之路，履行社会公民责任，提高企业生态信用，同时重视生态补偿政策与制度的完善，建立起新的企业与生态环境、企业与社会、企业与企业之间和谐共处的关系。

第 5 章

资源型企业社会责任体系与评价研究

资源型企业社会责任是实现企业经济、社会、生态三大效益的协调与统一，从而实现企业与区域生态的耦合，建立持续、和谐的共生关系，促进可持续发展。如何确立资源型企业社会责任的实现程度与效果呢？这需要利用系统理论与方法对其进行科学的评价。对资源型企业社会责任进行评价具有非常重要的现实意义，它是鼓励先进、鞭策落后的重要依据，也是衡量资源型企业履行社会责任的重要考核依据。

5.1 资源型企业社会责任相关理论

5.1.1 资源型企业社会责任及其层级

英国学者欧利弗·谢尔曼在 1924 年提出了企业社会责任概念（corporate social responsibility，CSR）。他认为企业在经营过程中除了满足自身经济利益之外，还应该有利于增进社区服务利益，并且给社区服务带来的效益远比追求盈利重要，企业社会责任包含伦理和道德因素，然而社会责任这一概念在此后的几十年中并未得到学者和商界的重视。一直到 20 世纪 50 年代，很多国家的学者、企业家特别是美国才开始对社会责任展开讨论和研究。鲍恩于1953 年正式发表《商人的社会责任》，也标志着社会责任思想的形成。然而对于企业社会责任的内涵和概念，至今也并未形成一个统一的认识。弗里德曼认为，企业的社会责任就是增加利润，企业须对股东负责。如果企业为了慈善或者社会公益，降低了企业利润，减少了员工收入，或者是为了弥补公益支出而提高产品价格并侵害消费者的权益，那就会导致企业整体遭受损失。著名管理学家史蒂芬·罗宾斯提出企业除解决自身经营事务之外，还应该注重解决社会问题，这些问题包括薪酬不公平、职业健康被忽视、滥用企业资源等问题。因此，他把社会责任定义为"超过法律和经济要求的，企业为谋求对社会有利的长远目标所需要承担的责任"。世界银行将企业社会责任定义为"企业与关键利益相关者的关系、价值观、遵纪守法以及尊重人、社区和环境有关的政策和实践的集合"。伴随着对企业社会责任的不同认识和不同界定，也产生了学者们对企业社会责任所包含的不同层次内容的观点，比较有代表性的观点有："金字塔"理论、"利益相关者"理论和"三重底线"理论。

(1) "金字塔"理论及其层级划分。1979年，美国学者卡罗尔提出了金字塔的企业社会责任，对企业社会责任划分了层次，进行了界定。他把企业社会责任看作一个金字塔式的层次结构，其中最基础层次是经济责任，它主要包括企业盈利性以及能够以合理的价格和优质的服务向消费者提供产品等；第二层次是法律责任，主要是指企业应该合法经营，照章纳税，依法行事，遵纪守法；第三层次是伦理责任，主要是道德层面的责任，主要是指法律中没有规定，但是出于道德，以及社会公众的期待，企业能够做到的；最高层次是慈善责任，是指企业出于自愿行为为公众提供无偿的援助和捐赠，如图5-1所示。

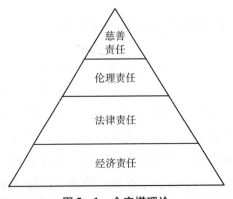

图5-1 金字塔理论

（2）"利益相关者"理论及其层级划分。1963 年，美国斯坦福研究院最早提出了利益相关者（stakeholder）的概念，其本意是影响组织生存的人。1984 年，美国学者弗里曼在其出版的《战略管理：利益相关者方法》一书中明确提出利益相关者管理理论。该理论认为企业的经营是以平衡各个利益相关者的利益诉求而进行的管理活动，企业应该追求与之相关联的各个利益相关者的整体利益，这就要求企业不仅仅考虑投资者的利益，还要综合考虑政府、员工、消费者、社区、自然环境等多方利益，如图 5 - 2 所示。

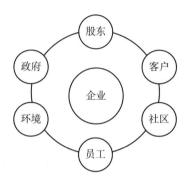

图 5 - 2 利益相关者理论

从利益相关者理论的角度来衡量企业社会责任，则需要看企业能否满足多重利益相关者的需要。弗里曼认为广义的利益相关者是指那些能够影响企业目标实现，或者能够被企业实现目标的过程所影响的任何个人或群体。侠义的利益相关者是指一个组织能够长久生存所必须依赖的组织和个人。在该理论基础上，关于利益相关者理论的后续研究成果非常丰富，例如利益相关者的划分，利益相关者的识别等问题的研究，出现了大量跨学科、跨领域的优秀成果。

（3）"三重底线"理论及其层级划分。1997 年，英国学者埃尔金顿最早提出了企业社会责任的三重底线（triple bottom line）理论，其中"三重底线"分别是指经济底线、环境底线和社会底线，代表企业必须履行最基本的经济责任、环境责任（或生态责任）和社会责任。经济责任是指企业包括企业应该提高利润、足额缴税、向股东及投资者提供回报；环境责任是指企业应该注重对生态环境的保护；社会责任是指企业应承担对其他利益相关者的义务及责任，如社区、员工等。随着著名跨国公司壳牌公司和英国石油公司等对该标准的认同和使用，"三重底线"理论得到广泛认可和采用，如图5-3所示。

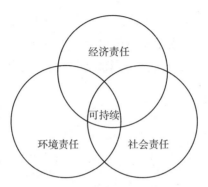

图5-3　三重底线理论

以上的三种理论为系统研究资源型企业社会责任评价提供了理论基础，通过分析，我们发现：与利益相关者理论相比，金字塔理论和三重底线理论在企业社会责任内容的划分上具有优势，不同类型责任的标准比较明确且易于理解，但是这两种模型的缺陷在于对于每一类具体的企业责任对象及内容的描述过于模糊，不易操作，这会导致对于一些带有重复性内容的责任指标，很难确定其归属，给实际应用带来困难。因此，本研究在构建资源型企业社会责任综合评价指标时，有效地把三重底线理论和利益相关者理论对企业社会责任的界定结合起来。因为考虑到以下问题：只基于利益相关者理论会使得指标体系太片面，只基于三重底线理论，会使得指标体系缺少分类依据。因此，本书以两种理论为基础，结合资源型企业社会责任特殊性指标，科学全面设计资源型企业社会责任指标评价体系。

5.1.2　资源型企业社会责任特殊性分析

资源型企业是以资源占有优势为核心竞争力的企业类型，其行业特点决定了资源型社会企业社会责任也具有特殊性，主要体现为以下几个方面：

（1）资源型企业对国家能源安全的特殊责任。资源型企业所经营的产品往往具有战略意义，天然具有与国民经济的关联度高且地位特殊，其产量及生产方式要适应国家经济战略的要求，因此，资源型企业对国家能源安全负有重要责任。资源型企业对国家能源的责任主要涵盖资源的保护和资源节约责任。资源型产品大部分属于可耗竭的不可再生资源，在我国能源体系构成中占据着举足轻重的地位。然而我国目前资源开采率低，开采规模缺乏统一标准，这就要求资源型企业能够站在国家能源战略的高度，有效控制资源开采规模，提高资源回采率和利用率，做到资源开发和节约并举，营造环境友好型社会。

（2）资源型企业对自然环境保护的特殊责任。与其他类型企业相比，由于资源型企业直接从事自然资源开发利用，因此其生产活动不可避免地直接作用于自然环境，尤其是开采和加工矿产的资源型企业被视为对环境破坏最为严重的行业。以采矿业为例，其为环境带来至少以下几个不可逆转的危害：首先，洼坑、搭建结构（如矿山轨道）等会导致地形的改变，进而有可能诱发地震、滑坡、地面塌陷等自然灾害；其次，矿产资源在开采利用过程中会产生水体、大气污染，特别是不负责任的矿产开采可能导致饮用水和其他农业用水污染甚至完全枯竭。此外，矿业废弃物往往长期堆积在矿山周围，这些废弃物不仅占用了大量的可利用土地，同时也对矿区的土壤造成严重污染。因此，对于这种破坏性的生态修复往往需要付出远比资源型企业所创造的经济效益要高得多的成本，甚至出于技术等条件限制，有些破坏是永久性的，其损失和后果难以估量。因此资源型企业对自然环境保护应负有更重要的责任。

（3）资源型企业对员工责任的特殊性。资源型行业属于存在高安全风险和环境风险的特殊行业，虽近年来安全生产工作取得明显成效，安全事故和死亡人数连续下降，但是一线安全事故还时有发生。以煤炭行业为例，2016年全国煤炭行业产量约 31 亿吨，共发生煤矿事故 249 起、死亡 538 人，平均年产量为亿吨事故起数为 8.03 起，平均年事故起数起死亡人数为 2.16 人，百万吨死亡率 0.156。由于地下采掘工作条件恶劣，职业危害因素较多（主要有粉尘、噪声、震动、有害气体、生产性化学毒物、高温高湿、不良体位劳动等），因此长期以来一线职工患职业病的也较多，常见的职业病主要有粉尘病（尘肺）、噪声聋、局部振动病、职业中毒（如一氧化碳中毒）以及滑束炎等。数据显示，2004～2013年，煤矿职业病业病报告病例连年增长，截至2013年煤矿职业病报告病例达15078例，是同年煤矿事故死亡人数的14倍。2015年，中国尘肺病报告人数超过72万人，其中62%在煤炭行业，煤矿是尘肺病高发区。此外，资源型企业对员工责任的特殊性还体现在，资源型企业一线工人大多学历水平较低，知识有限，缺乏基本的法律知识，维权意识和安全意识较差，且多数员工迫于生计从事该行业，在权益受到侵害时，往往不会或不能借助组织和法律，维护自己的合法权益。因此资源型企业应健全完善职业安全与健康管理体系，将切实保障员工的生命安全和健康视为企业头等责任。

（4）资源型企业对政府责任的特殊性。资源型企业首先是国有企业，与非国有企业性质不同，作为政府参与国民经济的重要手段，其责任更加侧重于帮助政府实现国有资产保值增值、积极落实国家宏观调控政策、维护市场秩序、完成节能减排任务、创造就业岗位、维护职工合法权益、加强安全生产、参与社会公益活动等非经济目标的实现。另外，资源型企业作为国家重要能源企业，其产品对维护社会稳定和经济协调发展具有重要作用，因而，它对国家和政府承担着比一般国有企业更重要的责任，资源型企业还承担着保障我国能源战略安全，促进国民经济和社会协调发展的重要作用。

5.1.3 资源型企业社会责任评价指标体系

1. 评价指标的遴选原则

评价指标的选择是量化资源型企业社会责任的前提，为使资源型企业社会责任评价更客观、真实、权威，在指标选择时应该遵循可比、数据易获得和重点突出性原则。

（1）可比性原则。资源型企业社会责任评价指标既要以目前已有的国内外针对企业社会责任众多标准为依据，又要充分结合国内资源型企业的实际情况，做到理论实践相结合。

（2）数据可得原则。现有资源型企业中，只有少数的上市企业每年会发布社会责任报告，因此在指标设计过程中，要考虑数据获得难易程度。一是充分利用已有的各种公开统计数据，所选的指标应充分与资源型企业现行的评价工具相容；二是所选指标应有利于量化处理，定性指标的设立应力求直观简单，易于判断。

（3）全面性原则。资源型企业社会责任涉及各个利益相关者包括股东、债权人、员工、消费者、政府、社区、环境等诸多方面的社会责任，要保证指标选择的全面性，分清层次，解决问题。

（4）定性与定量相结合的原则。资源型企业社会责任评价指标呈多元化，在指标选取时，要定性定量相结合，既有量化指标，又允许一些缺乏统计数据的定性指标存在，并尽量通过一定的方法使定性指标量化。

（5）独立性原则。二级指标需与一级指标具有一定相关性，且包含在一级指标评价体系当中；同级指标之间保持线性无关，避免出现计量结果错误，评价失去科学性。

（6）可比性与可控性相关性相结合的原则。评价指标体系中不能出现个体倾向性指标，所选择社会责任指标应该在资源型企业中普遍使用，且指标所包含的经济意义、时间和空间范围、计算口径等保持一致。且在评价指标选择中，要去除突发性、偶然性等不可控指标，比如汇率、重大灾害等。

上述"六大原则"体现了评价资源型企业社会责任的 13 个特征。按照这六大原则构建的指标体系不仅能够体现资源型企业社会责任的矛盾性和一致性的统一，还体现了资源型企业评价体系的艰巨性和可实现性之间相统一的关系。因此，上述六大原则为本研究建立资源型企业社会责任评价体系奠定了科学坚实的基础。

2. 资源型企业社会责任评价指标体系构建

在借鉴吸收国内外评价体系优点、遵循指标设计可比性、数据可获得性、全面性等六大原则的基础上，结合资源型企业的行业特点和社会责任内容，在充分吸收国内外研究成果的基础上，在明确了资源型企业利益相关者分类基础上，以三重底线理论和利益相关者理论为理论指导，初步建立了资源型企业社会责任评价指标体系，在指标体系的设计上尽量体现资源型企业在生产过程中对员工健康、生态环境、社会就业等造成的影响，尽可能使所选指标能体现资源型企业履行社会责任的影响及结果。

经过调研得到 49 项资源型企业社会责任评价指标。各项指标的选择时难免会有主观性强和交叉的指标，难以保证评价指标的合理性、科学性和可操作性，显然这些指标不能全部用来对资源型企业社会责任进行评价。因此我们采用问卷调查的方式，在初级指标体系确定的基础上，通过专家的筛选，并进行了评价指标的隶属度分析。最终有 21 个指标入选，构成了资源型企业社会责任评价指标。

该指标体系主要包括三个一级指标：生态责任评价指标、经济责任评价指标和社会责任评价指标；9 个二级指标和 21 个三级指标构成，详见表 5 - 1 所示。

表 5 - 1　　　　　　　资源型企业社会责任评价指标体系

一级指标	二级指标	三级指标
经济责任（E）	股东责任（E_1）	资产保值增值（E_{11}）
		净资产收益率（E_{12}）
	债权人责任（E_2）	及时披露企业经营及财务风险（E_{21}）
		按时还本付息（E_{22}）
	客户和供应商（E_3）	诚信经营、公平竞争（E_{31}）
		及时履行合同、支付货款（E_{32}）
社会责任（R）	政府责任（R_1）	依法纳税（R_{11}）
		提供就业岗位贡献率（R_{12}）
	员工责任（R_2）	合理工作时间和薪酬（R_{21}）
		职业病防治（R_{22}）
		安全生产事故伤亡率（R_{23}）
		保险费用缴纳率（R_{24}）
		劳动合同签订（R_{25}）
	社区责任（R_3）	社区发展经费支出（R_{31}）
		捐赠收入比例（R_{32}）
生态责任（T）	环境管理（T_1）	环境信息公开（T_{11}）
		环保投资率（T_{12}）
	资源节约（T_2）	资源有效开采率（T_{21}）
		单位产值能耗（T_{22}）
		环境损害修复率（T_{23}）
	降低废弃物污染（T_3）	污染物排放达标率（T_{31}）

指标体系框架能为资源型企业社会责任评价提供基本框架，资源型企业可根据个体情况和评价的需要，在指标设计选取上有所取舍，并根据实际情况进一步细化指标体系。具体指标的考察标准说明如下：

（1）资源型企业经济责任的指标。

①对股东的责任主要包括如下指标：

a. 总资产收益率。总资产收益率 = 净利润/平均资产总额 × 100%。其中平均资产总额 = 平均负债总额 + 平均所有者权益。总资产收益率是反映资源型企业的竞争实力和发展能力的重要指标。

b. 资本保值增值率。资产保值增值 = 本年资产增加总额/年初资产总额。资本保值增值率是反映企业资本的运营效益与安全状况的指标。

②对债权人责任主要包括如下指标：

a. 及时披露企业经营及财务风险。

b. 按时还本付息。

③对消费者和供应商责任主要包括如下指标：

a. 诚信经营、公平竞争。该指标主要是指能够为消费者提供价格合理、质量合格的产品。

b. 及时履行合同、支付货款。该指标是指按时、足额的向供应商支付货款，偏重考量企业对供应商的信用。

（2）资源型企业社会责任的指标。

①对政府的责任主要包括如下指标：

a. 依法纳税。

b. 提供就业岗位贡献率。就业贡献率 = 企业支付给员工以及为员工各项保险等支付的现金/平均净资产。该指标用来衡量资源型企业运用全部净资产为社会公众提供就业的能力。

②对员工的责任主要包括如下指标：

a. 合理工作时间和薪酬。

b. 职业病防治。

c. 安全生产事故伤亡率。安全生产事故伤亡率 = 近 1 年安全生产事故/伤亡人数员工总人数。

③反映企业对安全生产重视程度的指标主要包括：

a. 保险费用缴纳率。保险费用缴纳率 = 实际缴费额/应缴费总额。该指标主要考核资源型企业对员工社会保险支付情况。

b. 劳动合同签订率。劳动合同签订率 = 签订劳动合同员工数量/员工总数。

c. 社区发展经费支出。社区发展经费支出 = 支持当地教育文化卫生等费用/企业宣传费总额。社区发展经费支出主要考核资源型企业为当地生活环境、基础设施条件以及教育卫生等条件改善所做贡献。

d. 捐赠收入比。捐赠收入比 = 企业捐助总额/企业收入总额。该指标反映资源型企业对整个社会公益事业的责任。

（3）资源型企业生态责任的指标。

①环境管理责任主要包括如下指标：

a. 环境信息公开。

b. 环保投资率。环保投资率 = 环保设施投资额/总产值。该指标体现资源型企业对生态环保重视程度。

②资源节约责任主要包括如下指标：

a. 资源有效开采率。资源有效开采率 = 产成品数额/资源开采损失产品数额。该指标用来衡量资源型企业对资源的有效利用情况。

b. 单位产值能耗。单位收入耗能量 = 能源消耗总量/营业收入。该指标考察资源企业每单位收入所消耗的能源情况。

c. 环境损害修复率。环境损害修复率 = 已修复的资源开采土地面积/被破坏的土地面积。该指标考察资源型企业对已破坏的环境修复情况。

③减少废弃物污染责任主要包括如下指标：

污染物排放达标率。污染物排放达标率 = 经过处理的污染物达标量/同期产生的污染物总量。

5.2 资源型企业社会责任评价模型与方法

5.2.1 资源型企业社会责任评价方法

对资源型企业社会责任的评价是多指标、多属性的综合评价系统，选取的评价方法应紧密结合评价指标和数据的特点。在我国现有资源型企业当中，仅有小部分上市企业会定期公布社会责任数据，加之调研数据缺乏可靠性，这就在样本的选取上造成一定的困难，从而在一定程度上限制了评价方法的选择，基于主成分分析法、灰色关联度法、粗糙理论和人工智能的评价方法显然都不太适用。同时由于资源型企业社会责任的评价指标中同时包含有定量指标和定性指标，全方面对其评价的过程中避免不了带有主观判断和模糊性，因此采用模糊数学的方法进行综合评判将使结果尽量客观从而取得更好的实际效果。在分析了各种方法优缺点的基础上，结合资源型企业社会责任的实际情况，本研究采用模糊综合评价和层次分析相结合的多层次模糊综合评价方法对资源型企业社会责任情况进行评价。

多层次模糊综合评价方法对资源型企业社会责任情况进行评价的一般步骤为：

（1）确定评价因素集合。评价因素集合即评价指标集，并应用层次分析法把评价指标体系分为多个层次。

（2）确定各评价因素的权重集。权重是评价因素重要程度的定量表示，其合理性直接影响评价结果的准确性，可采用主观赋权和客观赋权等方法。

（3）建立评价等级集，即指标评价评语集。一般分为五个等级，即优秀、良好、中等、较差、很差。

（4）建立模糊评价矩阵。先由相关专家对各评价因素打分，统计得分并归一化，建立模糊评价矩阵。

（5）进行模糊综合评价，将模糊评价矩阵与因素的权重集进行模糊运算并归一化，得到模糊评价综合结果。

（6）确定综合评价结果。可用隶属度法则或加权和法进行确定。

5.2.2 资源型企业社会责任评价模型

模糊综合评价是在模糊环境中，综合考虑多因素的影响，对事件关于某种目的做出综合评价和判断的方法，可以用在对资源型企业社会责任模糊信息的处理上。

（1）建立因素集。

根据层次分析法，确定资源型企业社会责任评价层次。资源型企业社会责任主因素指标集 S = (E，R，T)，其中表 E 代表经济责任，R 代表社会责任，T 代表生态责任。

一级指标因素集：

经济责任 E = (E_1，E_2，E_3)

社会责任 R = (R_1，R_2，R_3)

生态责任 T = (T_1，T_2，T_3)

二级指标因素集：

E_i = (E_{i1}，E_{i2}，…，E_{ij})；其中 E_i 代表 E 集合中的第 i 个因素，E_{ij} 代表 E_i 中第 j 个因素。

R_i = (R_{i1}，R_{i2}，…，R_{ij})；其中 R_i 代表 R 集合中的第 i 个因素，R_{ij} 代表 R_i 中第 j 个因素。

T_i = (T_{i1}，T_{i2}，…，T_{ij})；其中 T_i 代表 T 集合中的第 i 个因素，T_{ij} 代表 T_i 中第 j 个因素。

（2）确定指标权重。

本书采用层次分析法确定指标权重。层次分析法的基本步骤：

①建立层次结构模型。

把问题分解成各种因素，将这些因素在不同水平上分组形成层次（层次不必完整），每个因素依此再分解成一组因素，一直进行到最底层。

②构造成对比较矩阵。

比较矩阵元素的值采用 1 - 9 标度法表示，反映了基于客观实际对各种因素相对重要性的主观认识与评价。设某个层次有 n 个因素，将其两两进行比较，确定它们相对于上层某一准则的影响程度，用 a_{ij} 表示第 i 个因素相对于第 j 个因素的比较结果，A 称为比较矩阵。

$$A = (a_{ij}) = \begin{bmatrix} a_{11} & a_{11} & \cdots & a_{11} \\ a_{21} & a_{22} & \cdots & a_{2n} \\ \vdots & \vdots & \cdots & \vdots \\ a_{n1} & a_{n2} & \cdots & a_{nn} \end{bmatrix}, \quad a_{ij} = \frac{1}{a_{ij}}$$

③层次单排序及一致性检验。

若成对比较矩阵是一致阵，取对应于最大特征根的归一化特征向量表示下层因素对上层某因素影响程度的权值。一般地，当一致性比率 CR < 0.1

时，认为 A 的不一致程度在容许范围之内，可用其归一化特征向量作为权向量，否则要重新构造成对比较矩阵，对 A 加以调整。

④层次总排序及其一致性检验。

从最高层到最低层逐层进行计算最下层对最上层总排序的权向量，并利用总排序一致性比率公式进行检验。若 CR < 0.1，认为检验通过，可按照总排序权向量表示的结果进行决策，否则需要重新考虑模型或重新构造那些一致性比率 CR 较大的比较矩阵。

（3）建立评语集。

一般而言，指标评价评语集分为五级：

$V = (v_1，v_2，v_3，v_4，v_5) = (优秀，良好，一般，较差，差)$

其中 v_1 表示被评价指标表现优秀，v_2 表示良好，v_3 表示一般，v_4 表示较差，v_5 表示差。

一般按照习惯，指标评语集可定量表示为 $V = (95，85，75，65，55)$

（4）评判矩阵确定。

由专家对二级指标进行评判，然后把评判结果归结和汇总。假设二级指标 E_i 中的指标 E_{ij} 得到评语 v_1，v_2，v_3，v_4，v_5 的次数分别为 v_{ij1}，v_{ij2}，v_{ij3}，v_{ij4}，v_{ij5}，则 E_{ij} 对于评语 v_1，v_2，v_3，v_4，v_5 的隶属度为 r_{ij1}，r_{ij2}，r_{ij3}，r_{ij4}，r_{ij5}。

其中 $r_{ijt} = \dfrac{v_{ijt}}{\sum_{t=1}^{5} v_{ijt}}$，得到二级指标模糊评判矩阵为

$$U_{ij} = \begin{bmatrix} r_{i11} & \cdots & r_{i15} \\ \vdots & \ddots & \vdots \\ r_{ij1} & \cdots & r_{ij5} \end{bmatrix}$$

（5）一级指标因素集模糊综合评价。

在对二级指标进行评判的基础上，进行一级指标集评价。二级指标层中的指标 E、R、T 对于评语集 V 的隶属向量为 $U_E = AoU_{Ej}$，$U_R = AoU_{Rj}$，$U_T = AoU_{Tj}$ 其中 o 为模糊运算算子。两个模糊集之间的合成运算，有多种运算算子可以选择，如 $M(\wedge，\vee)$，$M(\cdot，\vee)$，$M(\cdot，\oplus)$。不同类型的模糊算子对应着不同侧重点的模糊综合评价结果。在建立资源型企业社会责任评价指标体系过程中，对评价指标已进行过取舍，因此，指标中的各个因素都应纳

入考量，应选择算子 M(·，⊕)，兼顾各个评价指标。

得出一级指标评价矩阵为

$$U_i = U_i^T = \begin{bmatrix} B_{i1} \\ B_{i2} \\ B_{i3} \end{bmatrix} \quad (i \text{ 分别取值 E，R，T})$$

（6）进行模糊综合评价，得到评价结果。

最后对主因素层进行评价。S 的评价矩阵为

$$U_i = U_i^T = \begin{bmatrix} B_{i1} \\ B_{i2} \\ B_{i3} \end{bmatrix}; \quad U = \begin{bmatrix} B_E \\ B_R \\ B_T \end{bmatrix}$$

S 对于评语集的隶属向量为

$$B = AoU = (a_1，a_2，a_3) o \begin{bmatrix} B_E \\ B_R \\ B_T \end{bmatrix} = (b_1，b_2，b_3，b_4，b_5)$$

得到社会责任主因素的隶属度，最终得到生态工程的评价值。

5.3　资源型企业履行社会责任实施
生态工程的综合评价

资源型企业社会责任评价指标体系设计得是否科学合理、选择的评价方法是否科学有效、能否用于指导我国资源型企业社会责任的实践工作，需通过实证研究来论证。为检验资源型企业社会责任评价体系的科学性和有效性，本节以我国具有代表性的煤炭企业社会责任情况为例，进行实证研究和分析。

该研究在选择企业样本时需要考虑：目前我国企业的社会责任数据的披露并不理想，资源型企业的社会责任披露情况亦然如此，因此，选择实证分析的企业样本要充分考虑数据采集的可行性。冀中能源集团作为煤炭行业的领军者，是一家上市企业，满足上述选例条件。因此，该研究将以该企业2016 年社会责任相关数据为研究样本，实证分析资源型企业社会责任状况。

5.3.1 企业概况

冀中能源集团原名河北金牛能源股份有限公司，成立于 2008 年 6 月，于 2010 年 1 月 12 日正式变更为现名称。公司总部位于河北省邢台市，是经河北省人民政府批准组建的大型国有企业，公司产品包括煤炭、化工、建材和电力四大板块。其中，煤炭板块主要包括煤炭：1/3 焦煤、无烟煤、焦煤、气肥煤、贫瘦煤；商品煤：1/3 焦精煤、主焦精煤、筛混煤、洗混煤、无烟精煤。煤化工及化工板块主要生产化工原料、煤焦化、甲醇等。建材板块主要产品包括直接纱、LFT、SMC 纱、毡用纱、喷射纱、无捻粗纱布、短切原丝毡、双轴向及其复合织物、多轴向及其复合织物、缝编毡 10 大类产品。电力板块的总装机容量 188000 千瓦。2015 年，冀中能源集团企业煤炭产量为 2965.32 万吨，总资产约 407 亿元，营业收入 125 亿元，净利润 3.5 亿元。原煤炭部在河北省 8 家直属单位中的 6 家已经融入冀中能源集团。冀中能源集团拥有峰峰、邯郸、邢台、井陉、张家口、山西晋中和内蒙古 7 个生产矿区，下辖峰峰集团、华北制药集团、河北航空投资集团、冀中能源股份、邯郸矿业集团、张家口矿业集团、井陉矿业集团、邢台矿业集团、山西冀中能源集团矿业公司、机械装备集团、国际物流集团 11 个子公司。在深、沪两市拥有冀中能源、华北制药和金牛化工三家上市公司，并拥有一家企业财务公司。位列世界 500 强第 315 位，中国企业 500 强第 60 位，中国煤炭企业 100 强第 3 位。冀中能源集团作为我国仅次于神华集团的大型资源型企业，通过构建较为完善的绿色开采、循环经济体系和技术创新体系，率先实现绿色开采生态矿山建设，是资源型企业转变发展方式、实现绿色转型的成功范例，引领了煤炭产业的发展方向。

5.3.2 数据来源和处理过程

本书所选用的数据主要来源有三种：一是来自企业信息公开的数据（上市企业社会责任年度报告），如资产保值增值率、单位产值能耗等；二是来自政府监管部门，如废弃物排放合格率等；三是对于一些无法获得的数据和定性指标则采用专家打分来确定。

鉴于对数据处理的详细过程较为复杂烦琐，篇幅有限，无法一一列出，因此本书以冀中能源集团2016年的社会责任数据为例，对其进行社会责任评价过程进行简要说明。

首先，建立单因素指标集，应用层次分析法确定各个指标权重，具体结果见表5-2所示。

表5-2　　　　　　　　　资源型企业社会责任评价指标体系

一级指标	二级指标	权重	三级指标	权重
经济责任 （0.4）	股东责任（E_1）	0.5	资产保值增值（E_{11}）	0.3
			净资产收益率（E_{12}）	0.7
	债权人责任（E_2）	0.25	及时披露企业经营及财务风险（E_{21}）	0.7
			按时还本付息（E_{22}）	0.3
	客户和供应商（E_3）	0.25	诚信经营、公平竞争（E_{31}）	0.7
			及时履行合同、支付货款（E_{32}）	0.3
社会责任 （0.3）	政府责任（R_1）	0.45	依法纳税（R_{11}）	0.7
			提供就业岗位贡献率（R_{12}）	0.3
	员工责任（R_2）	0.35	合理工作时间和薪酬（R_{21}）	0.15
			职业病防治（R_{22}）	0.25
			安全生产事故伤亡率（R_{23}）	0.25
			保险费用缴纳率（R_{24}）	0.25
			劳动合同签订（R_{25}）	0.1
	社区责任（R_3）	0.2	社区发展经费支出（R_{31}）	0.7
			捐赠收入比例（R_{32}）	0.3
生态责任 （0.3）	环境管理（T_1）	0.25	环境信息公开（T_{11}）	0.5
			坏保投资率（T_{12}）	0.5
	资源节约（T_2）	0.5	资源有效开采率（T_{21}）	0.5
			单位产值能耗（T_{22}）	0.3
			环境损害修复率（T_{23}）	0.2
	降低废弃物污染（T_3）	0.25	污染物排放达标率（T_{31}）	1.0

其次，确定评语集合。为了综合评价冀中能源集团社会责任中经济责任、社会责任和生态责任评价，本研究选取了来自该企业重要客户、合作伙伴、政府部门管理人员以及高校专家共 20 人组成专家团队，以发放问卷的方式请专家对该评价体系的二级指标进行打分，通过调查问卷回收、整理和结果统计，得到评价结果如表 5-3 所示。

表 5-3　　　　　　　冀中能源集团社会责任评价调查统计结果

指标　　　　　　　　评价	优秀	良好	一般	较差	很差
资产保值增值（E_{11}）	5	15	0	0	0
净资产收益率（E_{12}）	4	16	0	0	0
及时披露企业经营及财务风险（E_{21}）	10	8	2	0	0
按时还本付息（E_{22}）	12	4	4	0	0
诚信经营、公平竞争（E_{31}）	12	6	2	0	0
及时履行合同、支付货款（E_{32}）	15	5	0	0	0
依法纳税（R_{11}）	10	10	0	0	0
提供就业岗位贡献率（R_{12}）	8	6	6	0	0
合理工作时间和薪酬（R_{21}）	4	10	6	0	0
职业病防治（R_{22}）	2	12	6	0	0
安全生产事故伤亡率（R_{23}）	16	4	0	0	0
保险费用缴纳率（R_{24}）	6	10	2	2	0
劳动合同签订（R_{25}）	10	10	0	0	0
社区发展经费支出（R_{31}）	7	12	1	0	0
捐赠收入比例（R_{32}）	8	8	4	0	0
环境信息公开（T_{11}）	12	6	2	0	0
环保投资率（T_{12}）	8	10	2	0	0
资源有效开采率（T_{21}）	6	12	2	0	0
单位产值能耗（T_{22}）	4	12	4	0	0
环境损害修复率（T_{23}）	6	8	4	2	0
污染物排放达标率（T_{31}）	8	12	0	0	0

　　根据表5－3，下面分别构造了经济责任、社会责任、生态责任等二级指标的模糊评价矩阵。

　　经济责任二级指标矩阵：

$$U_{E1} = \begin{bmatrix} 0.25 & 0.75 & 0 & 0 & 0 \\ 0.2 & 0.8 & 0 & 0 & 0 \end{bmatrix}$$

$$U_{E2} = \begin{bmatrix} 0.5 & 0.4 & 0.1 & 0 & 0 \\ 0.6 & 0.2 & 0.2 & 0 & 0 \end{bmatrix}$$

$$U_{E3} = \begin{bmatrix} 0.6 & 0.3 & 0.1 & 0 & 0 \\ 0.75 & 0.25 & 0 & 0 & 0 \end{bmatrix}$$

　　社会责任二级指标矩阵：

$$U_{R1} = \begin{bmatrix} 0.5 & 0.5 & 0 & 0 & 0 \\ 0.4 & 0.3 & 0.3 & 0 & 0 \end{bmatrix}$$

$$U_{R2} = \begin{bmatrix} 0.2 & 0.5 & 0.3 & 0 & 0 \\ 0.1 & 0.6 & 0.3 & 0 & 0 \\ 0.8 & 0.2 & 0 & 0 & 0 \\ 0.3 & 0.5 & 0.1 & 0.1 & 0 \\ 0.5 & 0.5 & 0 & 0 & 0 \end{bmatrix}$$

$$U_{R3} = \begin{bmatrix} 0.35 & 0.6 & 0.05 & 0 & 0 \\ 0.4 & 0.4 & 0.2 & 0 & 0 \end{bmatrix}$$

　　生态责任二级指标矩阵：

$$U_{T1} = \begin{bmatrix} 0.6 & 0.3 & 0.1 & 0 & 0 \\ 0.4 & 0.5 & 0.1 & 0 & 0 \end{bmatrix}$$

$$U_{T2} = \begin{bmatrix} 0.3 & 0.6 & 0.1 & 0 & 0 \\ 0.2 & 0.6 & 0.2 & 0 & 0 \\ 0.3 & 0.4 & 0.2 & 0.1 & 0 \end{bmatrix}$$

$$U_{T3} = \begin{bmatrix} 0.4 & 0.6 & 0 & 0 & 0 \end{bmatrix}$$

　　根据以上评判矩阵得出基于优秀、良好、一般、较差、差五个评价等级的模糊综合评判。以对股东责任的模糊综合评价结果为例：

$$B_{E1} = \begin{bmatrix} 0.3 & 0.7 \end{bmatrix} \begin{bmatrix} 0.25 & 0.75 & 0 & 0 & 0 \\ 0.2 & 0.8 & 0 & 0 & 0 \end{bmatrix} = \begin{bmatrix} 0.22 & 0.785 & 0 & 0 & 0 \end{bmatrix}$$

从计算结果可看出，冀中能源集团对股东责任在优秀、良好、一般、较差和很差五个等级上的隶属度分别是 0.22、0.785、0、0 和 0。由最大隶属度原则，得出该企业股东责任的评价为良好。同理得到以下结果：

$$B_{E2} = \begin{bmatrix} 0.7 & 0.3 \end{bmatrix} \begin{bmatrix} 0.5 & 0.4 & 0.1 & 0 & 0 \\ 0.6 & 0.2 & 0.2 & 0 & 0 \end{bmatrix} = \begin{bmatrix} 0.53 & 0.34 & 0.13 & 0 & 0 \end{bmatrix}$$

$$B_{E3} = \begin{bmatrix} 0.7 & 0.3 \end{bmatrix} \begin{bmatrix} 0.6 & 0.3 & 0.1 & 0 & 0 \\ 0.75 & 0.25 & 0 & 0 & 0 \end{bmatrix} = \begin{bmatrix} 0.64 & 0.29 & 0.07 & 0 & 0 \end{bmatrix}$$

$$B_{R1} = \begin{bmatrix} 0.7 & 0.3 \end{bmatrix} \begin{bmatrix} 0.5 & 0.5 & 0 & 0 & 0 \\ 0.4 & 0.3 & 0.3 & 0 & 0 \end{bmatrix} = \begin{bmatrix} 0.47 & 0.44 & 0.09 & 0 & 0 \end{bmatrix}$$

$$B_{R2} = \begin{bmatrix} 0.15 & 0.25 & 0.25 & 0.25 & 0.1 \end{bmatrix} \begin{bmatrix} 0.2 & 0.5 & 0.3 & 0 & 0 \\ 0.1 & 0.6 & 0.3 & 0 & 0 \\ 0.8 & 0.2 & 0 & 0 & 0 \\ 0.3 & 0.5 & 0.1 & 0.1 & 0 \\ 0.5 & 0.5 & 0 & 0 & 0 \end{bmatrix}$$

$$= \begin{bmatrix} 0.38 & 0.45 & 0.145 & 0.025 & 0 \end{bmatrix}$$

$$B_{R3} = \begin{bmatrix} 0.7 & 0.3 \end{bmatrix} \begin{bmatrix} 0.35 & 0.6 & 0.05 & 0 & 0 \\ 0.4 & 0.4 & 0.2 & 0 & 0 \end{bmatrix} = \begin{bmatrix} 0.37 & 0.54 & 0.09 & 0 & 0 \end{bmatrix}$$

$$B_{T1} = \begin{bmatrix} 0.5 & 0.5 \end{bmatrix} \begin{bmatrix} 0.6 & 0.3 & 0.1 & 0 & 0 \\ 0.4 & 0.5 & 0.1 & 0 & 0 \end{bmatrix} = \begin{bmatrix} 0.5 & 0.4 & 0.1 & 0 & 0 \end{bmatrix}$$

$$B_{T2} = \begin{bmatrix} 0.5 & 0.3 & 0.2 \end{bmatrix} \begin{bmatrix} 0.3 & 0.6 & 0.1 & 0 & 0 \\ 0.2 & 0.6 & 0.2 & 0 & 0 \\ 0.3 & 0.4 & 0.2 & 0.1 & 0 \end{bmatrix}$$

$$= \begin{bmatrix} 0.27 & 0.56 & 0.15 & 0.02 & 0 \end{bmatrix}$$

$$B_{T3} = \begin{bmatrix} 0.4 & 0.6 & 0 & 0 & 0 \end{bmatrix}$$

因此，经济责任一级指标的评判矩阵为

$$U_E = \begin{bmatrix} B_{E1} \\ B_{E2} \\ B_{E3} \end{bmatrix} = \begin{bmatrix} 0.22 & 0.78 & 0 & 0 & 0 \\ 0.53 & 0.34 & 0.13 & 0 & 0 \\ 0.64 & 0.29 & 0.07 & 0 & 0 \end{bmatrix}$$

$$U_R = \begin{bmatrix} B_{R1} \\ B_{R2} \\ B_{R3} \end{bmatrix} = \begin{bmatrix} 0.47 & 0.44 & 0.09 & 0 & 0 \\ 0.38 & 0.45 & 0.145 & 0.025 & 0 \\ 0.64 & 0.29 & 0.07 & 0 & 0 \end{bmatrix}$$

$$U_T = \begin{bmatrix} B_{T1} \\ B_{T2} \\ B_{T3} \end{bmatrix} = \begin{bmatrix} 0.5 & 0.4 & 0.1 & 0 & 0 \\ 0.27 & 0.56 & 0.15 & 0.02 & 0 \\ 0.4 & 0.6 & 0 & 0 & 0 \end{bmatrix}$$

从而得到：

$$B_E = \begin{bmatrix} 0.5 & 0.25 & 0.25 \end{bmatrix} \begin{bmatrix} 0.22 & 0.78 & 0 & 0 & 0 \\ 0.53 & 0.34 & 0.13 & 0 & 0 \\ 0.64 & 0.29 & 0.07 & 0 & 0 \end{bmatrix}$$

$$= \begin{bmatrix} 0.4 & 0.55 & 0.05 & 0 & 0 \end{bmatrix}$$

$$B_R = \begin{bmatrix} 0.45 & 0.35 & 0.2 \end{bmatrix} \begin{bmatrix} 0.47 & 0.44 & 0.09 & 0 & 0 \\ 0.38 & 0.45 & 0.145 & 0.025 & 0 \\ 0.64 & 0.29 & 0.07 & 0 & 0 \end{bmatrix}$$

$$= \begin{bmatrix} 0.47 & 0.41 & 0.11 & 0.01 & 1 \end{bmatrix}$$

$$B_T = \begin{bmatrix} 0.25 & 0.5 & 0.25 \end{bmatrix} \begin{bmatrix} 0.5 & 0.4 & 0.1 & 0 & 0 \\ 0.27 & 0.56 & 0.15 & 0.02 & 0 \\ 0.4 & 0.6 & 0 & 0 & 0 \end{bmatrix}$$

$$= \begin{bmatrix} 0.53 & 0.36 & 0.1 & 0.01 & 0 \end{bmatrix}$$

最后，对经济责任、社会责任和生态责任进行评价，得出对于评语集 V 的隶属向量 B 为：

$$B = A * U = A * \begin{bmatrix} B_E \\ B_R \\ B_T \end{bmatrix} = \begin{bmatrix} 0.4 & 0.3 & 0.3 \end{bmatrix} \begin{bmatrix} 0.40 & 0.55 & 0.05 & 0 & 0 \\ 0.47 & 0.41 & 0.11 & 0.01 & 0 \\ 0.53 & 0.36 & 0.10 & 0.01 & 0 \end{bmatrix}$$

$$= \begin{bmatrix} 0.46 & 0.45 & 0.08 & 0.01 & 0 \end{bmatrix}$$

结合最大隶属度原则和模糊综合评论域，本研究得到冀中能源集团公司的社会责任情况为"优秀"。

5.3.3 评价结果分析及研究设想

从上述模糊综合评价的结果看，2016 年冀中能源集团社会责任的总体情况是"优秀"。

首先，经济责任评价与社会责任和生态责任相比评分差一个等级，评价情况为"良好"。分析其原因主要是：在经历了 2002～2012 年十年黄金期后，2012～2015 年期间，伴随着宏观经济下行、下游需求萎缩和产能过剩，煤价出现断崖式下跌，多数煤炭企业陷入成本价格倒挂、大面积亏损的窘境。但随着我国供给侧改革力度加大，严格限制产能、淘汰落后产能等产业政策的实施，煤炭行业供过于求的情况逐步得到改善，产品价格回升，市场回暖，行业开始步入正规化、有序化发展新阶段。冀中能源集团作为河北省煤炭龙头企业，一方面，在企业规模、生产技术等方面较一般中小企业占有优势；另一方面，冀中能源集团作为大型国企，长期以来受银行青睐，信贷融资成本相对较低，且随着京津冀协同发展、"一带一路"、雄安新区等国家战略和倡议带来的机遇，使得企业在盈利能力方面表现良好。企业应继续严格落实化解落后产能政策，科学安排煤炭生产，加快产业转型升级，提高产品附加值，保持持续竞争力和获利能力。

其次，冀中能源集团社会责任评价情况为"优秀"。2016 年，冀中能源集团在册员工总数约为 4.5 万人，为社会提供了大量就业岗位。除了注重员工福利待遇之外，还注重员工健康和安全。冀中能源集团建立健全职业病危害防治"党政同责、一岗双责"的责任体系，制定了职业健康管理补充规定，更新了职业病危害防治制度，深化一线员工职业病培训和自我防护教育，于 2016 年 4 月获得中国质量协会质量保证中心颁发的职业健康安全管理体系认证证书。在安全生产方面，冀中能源集团采取安全生产责任制，积极组织安全培训、开展警示教育活动，定期进行隐患排查等措施，确实做到"一通三防"。积极参与社会公益活动，2016 年冀中能源集团实施员工援助和社会捐赠累计 450 万元，改造棚户区和沉陷区实际投资额达 5.4 亿元，安置户数为 100 户。2016 年 7 月，河北省邯郸地区遭受暴雨袭击，冀中能源集团在近半个月的抗灾救援过程中，累计派出 9 支救援队伍，参与救援人员达 1000 余人，投入工程车近 300 辆，为受灾地区早日恢复正产生产做出重要贡献。

最后，冀中能源集团生态责任评价情况为"优秀"。2016 年，冀中能源集团煤炭生产综合能耗为 7.85 千克标准煤每吨，节能量总数为 11606 吨标准煤，减少 COD、二氧化硫以及烟粉尘排放总量为 947 吨，均超额完成年度节能减排目标。煤矸石的综合利用率达到 77%，超过了行业标准 2 个百分点，采区回采率达到 91.6%，高于行业标准 16.6 个百分点。企业重视环保资金投入和环保技术开发，2016 年重点节能减排技术改造项目投入累计 2.3 亿元，约占 2016 年营业收入的 2%，预计节能量 4000 吨标准煤每年。由冀中能源集团开发的《煤矿生态保护性开采技术》成果已在河北、河南、山西、内蒙古、安徽等省区 10 余个矿区应用，每年采出"三下"煤炭资源 300 多万吨、减少矿井涌水量 650 万吨。试验矿井梧桐庄矿、邢东矿以"采煤不见煤、不见矸石山"的特色被评为河北省 3A 级工业旅游示范点；"矿井水害微震监测预警及防治技术"在煤矿应用后，先后消除突水隐患 13 处，使 4 亿吨煤炭资源免除水害，创造经济效益数亿元。

总体来说，冀中能源集团作为我国煤炭行业的特大型企业在实现经济效益的同时，注重履行对政府、员工和社区等利益相关者的社会责任，积极承担节能减排、低碳环保的生态责任，重视经济、社会、生态的协调发展。

资源型企业社会责任的发展，除了依靠企业自身，更依赖于国家和地方政府在法律层面的约束和政策层面的引导。从该视角出发，从宏观角度寻找提升资源型企业社会责任的有效路径和从企业内部寻求提升社会责任的方法一样重要。因此，如何从企业、政府、社会之间的博弈关系中，找寻到完善资源型企业社会责任的外部路径是今后有待继续研究的问题。

5.4　本章小结

企业的角色不仅仅是创造财富的经济组织，也是维护社会和谐和推动科学发展的社会组织，更是促进人类与自然环境可持续发展的责任主体，只有承担社会责任的企业才能得到全社会的认可，才能实现可持续发展。资源型企业多是从事不可再生的自然资源开发和初加工的企业，其行业特点决定了资源型企业在国家能源安全、自然环境保护、员工安全与政府责任等方面存在特殊性，现有社会责任评价体系缺少对资源型企业的个性化研究，因而不能照搬一般企业社会责任评价的指标和方法，要使资源型企业社会责任评价建立在科学评价的基础上，明确其评价原则，构建评价指标体系，选择科学的评价方法。本章在利益相关者和三重底线理论基础上构建了资源型企业社会责任评价体系，从经济责任、社会责任和生态责任三个维度以及政府、社区、消费者、供应商、投资者等利益相关者角度设立了资源型企业社会责任评价指标体系，选择模糊综合评价方法对资源型企业社会责任进行综合评价，并以冀中能源集团为案例对资源型企业社会责任评价体系有效性进行了实证分析，科学论证了所设计的资源型企业社会责任评价指标体系以及评价模型具有较好的实用性，能够对资源型企业社会责任履行状况进行客观的评价和分析。

| 第 6 章 |

京津冀资源型企业生态位与生态群落分析

在复合生态系统中，每一个物种都有自己的生态位，并通过演变形成生态群落。资源型企业也是复合生态系统中的一个"物种"，资源型企业也有特定的生态位，资源型企业与利益相关者形成生态群落。生态位与生态群落的形成是生物遵循共生原理，经过长期演替而形成的结果，而适宜的生态位与生态群落又为生态共生创造条件与环境。以京津冀区域内的资源型企业为研究对象，比较不同区域的资源型企业生态位与生态群落的关系，对促进资源型企业及产业集群的共生具有重要意义。生态位与生态群落是生态共生的基础，研究资源型企业的生态位及其群落的发展趋势是基础工作。通过科学分析，可为京津冀资源型企业共生机制的构建奠定基础，从而推进京津冀协同发展。

6.1   京津冀资源型企业生态位及其分析

6.1.1   生态位相关理论

1. 生态学

生态学一词最早由德国生物学家黑格尔提出，他把生态学定义为：生态学是研究生物与环境之间如何交互作用的科学。在这里，生物是指独立、能够自主生存的生命体，如动物、植物和微生物等；环境是指特定生物的栖息空间，以及直接和间接影响生物生存和发展的各种因素的总和。现代生态学研究对象，按生物组织水平划分，主要研究个体、种群、群落、生态系统、景观，直到全球。研究范围也从纯自然现象研究扩展到社会—经济—自然复合系统的研究。

生物自从在地球上出现以来就与自然环境有着密不可分的关系，长期以来形成了相互依存、相互制约的关系。地球上的生物十分庞杂，这些生物通过新陈代谢不断与环境进行着物质的交换、能量的传递和信息的交流，从而引起环境与生物自身的变化。生物在长期的进化中对环境具有依附性和适应性，但生物也不是被动地适应环境，生物也具有其本身独特的遗传特性。生物受到环境的影响，反过来又作用于环境。

2. 生态位理论

生态位是一个物种所处的环境及其自身生活习性的总称，是指生态群落中每一个生物物种对特定位置的占据。它反映了自然生态系统中，一个种群所占据的时空位置及其与相关种群之间的功能关系。生态位理论的主要思想包括两点：一是生态位理论主要研究生物种群在生态系统中的空间位置、功能和作用；二是生态位理论反映了生物种群及群落在生态系统结构中的秩序及安排。生态位理论是生态学最重要的基础理论之一。格林内尔（Grinnell）在 1917 年首次应用"生态位"（niche）一词来表示对栖息地再划分的空间单位，他提出的生态位概念反映了物种在生态群落及生态系统中的空间位置。1957 年，哈钦森（G. E. Hutchinson）运用数学语言与抽象空间（超过三维的多维因子）来描述生态位，提出了生态位"多维超体积模式"（dimensional hyper volume niche）。在此基础上，他还提出了基础生态位（fundamental niche）和现实生态位（realized niche）的概念，其中基础生态位是指在没有竞争和捕食条件下的有机体所占有的生态位空间，而现实生态位是指当有竞争和捕食出现时有机体所占有的生态位空间。生态位理论主要包括生态位的宽度理论、态势理论、重叠与分离理论、扩充与压缩理论。

（1）生态位的宽度理论。生态位宽度（niche breadth），是生态位理论中最基本的测度指标之一。生态位宽度是指一个种群（或其他生物单位）所利用的各种不同资源的总和。如果某个物种实际利用的资源只占整个资源谱的较小部分，则这个物种的生态位较窄；如果一个物种在一个连续的资源序列上可利用多种多样的资源，则该物种具有较宽的生态位。生态位宽度的大小决定了一个物种或种群利用资源的能力以及其在群落中的地位和作用，种群生态位宽度越大，说明该种群对环境的适应能力越强，对各种资源的利用越充分，其在生态系统内与其他种群或物种的竞争中就处于优势地位。

（2）生态位的态势理论。生态位态势理论在我国最早由学者朱春全（1997）提出。态势理论表明任何生物单元都以一定的状态存在并对周围生物产生相应的影响，都体现出"态"和"势"两方面的属性。生物单元的"态"通过生物单元的能量、数量、资源占有量、社会经济发展水平等多维度指标体现出来；生物单元的"势"是某一生物单元在特定生态系统中的现实影响力和支配力，通过生产力、增长率、能量物质交换速率等多维度指标展现，它反映了环境受其影响程度的大小。生物单元"态"和"势"两方面特性的共同作用决定了某一生物单元在其所生存的生态系统中的属性、地位、功能及作用。

（3）重叠与分离理论。1934年，俄罗斯生物学家高斯提出了生物位理论中的排斥竞争原理，揭示了生态位重叠与分离的基本规律。高斯在草履虫竞争实验中发现：①在同一生境中，不存在两个生态位完全相同的物种；②在一个稳定的群落中，没有任何两个物种是直接竞争者，不同或相似物种必然进行某种空间、时间、营养或年龄等生态位的分异和分离，以达到有序的平衡；③群落是一个相互起作用的、生态位分化的种群系统。由此可知，群落中的种群在其生态位上对群落的空间、时间、资源进行互补非直接竞争的利用。也就是说，两个生物不会发生百分之百的生态位重叠，但通常生态位之间会发生部分重叠。

（4）扩充与压缩理论。生态位是由多维因子构成的资源环境空间，某一物种生态位的扩充就是对另一物种生态位的入侵，竞争结果导致劣势物种在竞争中被淘汰而释放出所占有的资源空间，同时优势物种的生态位得到了扩充。物种间生态位的竞争是在资源有限或竞争激烈的条件下发生的，由于生物有机体具有互利共生的特质，因此，物种间生态位的扩充不一定是替代关系。随着有机体的发育，它们能改变原有的生态位，通过拓展生态位，创造新的生态位，实现互利共生。因此，互利共生是特定区域内种群之间最为理想的生态关系。

3. 工业企业生态位

工业企业作为有生命体征的个体是社会—经济—自然复合生态系统的基本单元，它与外部环境（包括其他企业）存在相互依赖与相互制约的关系，并反映生态位的特征。从复合生态系统的角度来看，企业生态位包含企业个体生态位与企业种群生态位。单体企业生态位（也称企业微观生态位）主要以企业单体为研究对象，分析单体需求的特征以及对环境的适应性，从而获取并利用资源空间的能力。种群企业生态位（也称企业宏观生态位）主要以企业种群或群落为研究对象，重点研究同一种群的企业在复合生态系统中资源企业之间的差别，以及单体企业在复合生态系统中获取并利用资源的空间维度。

从复合生态系统的角度来看，不论是单体企业生态位，还是种群企业生态位都反映了企业生态因子的相互影响，以及企业种群对环境的适应，并表现出某些特征。

（1）多维度特征。企业生态位表现为资源、市场、技术以及管理等多维度空间。企业不仅是人财物等资源的集合，还是资源转换体。通过资源的输入、转换和输出，实现企业的价值。在资源转换过程中，企业与外部环境进行能量交换。企业资源转换后的输出，最重要的形式是"产品"与"服务"，通过产品和服务投放并适应市场需求以实现企业的生存与发展。企业资源转换的效率高低以及对环境的影响程度取决于技术与管理水平。

（2）生命及其适应性特征。企业作为复合生态系统的基本单元之一，像其他有生命的物种一样具有生命特征。因此，企业在复合生态系统中不仅与其他企业，而且与自然界的资源都存在相互依存、相互制约、相互作用的关系。企业对环境的适应性表现为"循环、竞争、共生、自控"等多种关系。企业作为生命体存在的意义在于与复合系统中其他要素循环、共生中创造价值，增强自身的竞争力与适应力，从而实现企业持续、健康、和谐的发展。

（3）自组织及其平衡性特征。在自然界中，物种与环境保持一定的平衡性，从而保证物种生命体征的延续。工业企业作为具有生命体征的有机体在复合生态系统中呈现"耗散"结构的特征，同时企业作为开放式人工系统又具有自组织的特征，表现出系统结构中企业能够按照一定的规律调控自身，从而既保证内部的协调性、有序性，又能与外部环境保持一定程度的动态平衡。

6.1.2 河北省资源型企业在京津冀区域的生态位分析

1. 河北省钢铁行业生态位分析

在京津冀区域的复合系统中，钢铁行业作为河北省的支柱产业，在资源基础、产能规模、经营能力等方面具有显著的生态位强度优势。从资源禀赋的分布来看，河北省铁矿石储量分布广泛，大多数设区市分布有铁矿资源。2014 年，河北省铁矿石基础储量 23.97 亿吨，占全国总储量的 12.03%，而北京、天津地区受地域面积所限，铁矿资源分布较少，储量生态位宽度较窄。《北京市矿产资源总体规划（2008~2015 年）》中指出要严格按照"优化疏解首都功能核心区，完善提升城市功能拓展区，重点建设城市发展新区，适度开发生态涵养发展区"的总体要求，对全市矿产资源的开发利用与保护进行统筹安排，严格控制并逐渐压缩煤炭、铁矿和石灰岩矿等固体矿产资源的开发总量。而《天津市矿产资源总体规划（2008~2015）》中显示，天津市的水资源不足，固体矿产资源贫乏，铁矿、煤炭资源全部依赖于外部市场。

来自河北省冶金行业协会的统计数据显示，2015 年河北省累计生产粗钢约 1.88 亿吨、钢材 2.52 亿吨、生铁 1.74 亿吨，分别占全国总量的 23.4%、22.5%、25.1%。而北京已将六类不符合首都功能定位的企业纳入退出名录，这其中就包括高耗能的钢铁企业。目前，首都钢铁已将其钢铁产业的生产部分迁往河北省迁安、曹妃甸等地，留下非钢产业在京发展。北京市钢铁产能的外迁，使得其钢铁行业生态位宽度进一步收窄。同样，天津市 2015 年累计生产粗钢约 0.23 亿吨、钢材 0.73 亿吨、生铁 0.22 亿吨，分别占全国总量的 2.78%、6.49%、3.07%，钢铁产能的生态位显著落后于河北省。

从生产经营状况来看，河北省冶金行业协会数据显示，2015 年全省钢铁工业主营业务收入完成 9793.44 亿元，同比降低 13.01%，占全省工业主营业务收入的 21.84%；利税完成 210.14 亿元，同比降低 40.05%，占全省工业利税的 5.73%；其中利润完成 93.11 亿元，同比降低 56.50%，占全省工业利润的 4.27%。全省钢铁工业增加值完成 1916.61 亿元，同比增长 4.77%，销售产值完成 9982.96 亿元，同比降低 13.52%，出口交货值完成 430.35 亿元，同比降低 13.28%。相对而言，北京市受疏解非首都功能、天津市受产业结构调整及钢铁产业规模的影响，北京、天津两地钢铁企业的经营指标显著落后于河北省，显示出河北省在经营规模上的生态位强度要强于京津两地。

2. 河北省煤炭行业生态位分析

煤炭作为人类生产生活必不可缺的能源之一，在未来很长一段时间内仍将发挥重要作用。在京津冀区域的复合系统内，煤炭行业作为河北省的基础产业，与北京、天津相比，从资源储量、产能规模、经营水平等各方面来看，均具有显著优势。京津两地因其功能定位、结构调整的要求，煤炭不是京津产业发展的重点。河北省煤炭行业在京津冀区域内具有显著的生态位优势。

从煤炭储量分布来看，河北省煤炭资源主要分布在唐山、邢台、邯郸、张家口等地，2013 年河北省煤炭累计探明储量 601.39 亿吨，煤炭品种较齐全，是全国主要能源供应地。而北京、天津地区的煤炭资源储量较少，煤炭消费多来自于外部供应，北京市矿产资源总体规划中已明确指出要严格控制并逐步压缩煤炭等固体矿产资源的开发总量，积极扶持门头沟等地区煤矿关闭后的产业转型。天津市矿产资源总体规划中也显示其煤炭资源利用全部依赖外部市场。在京津冀区域内，河北省煤炭储量优势显著，储量生态位强度较大。

从煤炭产能规模来看，河北省产能优势同样显著。河北省工业经济联合会发布的数据显示，2015 年河北省原煤产量 8215.27 万吨，同比少产 472.33 万吨，降幅为 5.44%；洗精煤产量 3845.97 万吨，同比少产 248.95 万吨，降幅为 6.08%，但与京津相比，产量优势仍十分显著。与钢铁行业类似，高耗能、高污染、高耗水的煤炭行业也包含在六类不符合首都功能定位的企业被纳入退出名录，北京市煤炭消费多依赖于外部市场，其生态位宽度进一步收窄；同样，天津市已将蓟县山区的煤和煤层气分布区划为限制勘查区，煤炭消费全部依赖于外部市场，自身并不生产。

从生产运营情况来看，河北省煤炭行业受宏观经济持续放缓、需求不旺、产能过剩、控煤降耗、能源结构调整等多重因素影响，煤炭经济效益明显下降，全行业亏损严重，企业经营形势更加严峻。2015 年，煤炭行业实现工业总产值 918.78 亿元，同比下降 9.85%；累计完成营业收入 4100.61 亿元，同比下降 0.56%；实现工业增加值 268.83 亿元，同比下降 24.15%；利润总额呈现负增长，亏损 25.45 亿元，同比增亏 4.38 亿元，增幅达 14.68%，煤炭市场供大于求的矛盾仍然突出，煤炭生产经营压力和困难将进一步加大。

3. 河北省水泥行业生态位分析

京津冀地区水泥用灰岩储量丰富，分布广泛，河北省水泥行业从储量分布、产量水平及生产经营等各方面均较京津地区有着显著优势。河北省水泥用灰岩分布广泛，2015 年河北省水泥产量 9073.23 万吨，同比下降了 1547.4 万吨，降幅达 15.32%，但体量规模仍大幅度超越京津。北京市将水泥产业纳入六类不符合首都功能定位的企业退出目录，水泥产量将进一步下降，2015 年北京市水泥产量为 553.45 万吨，较 2014 年的 703.10 万吨下降了 21.28%，降幅较明显。天津市为提高优势矿产的保护性开采能力，对包括水泥用灰岩在内的优势矿产的开发总量进行调控，水泥用灰岩产量将保持在 180 万吨/年，在该约束下，2015 年天津市水泥产量为 777.59 万吨，较 2014 年的 957.93 万吨下降了 18.83%。总地来看，水泥行业已不是京津产业未来发展的重点，河北省水泥行业在京津冀区域内仍将保持绝对的生态位优势。

河北省水泥产业受压减产能、结构调整、生态环境、价格下降等多重因素影响，全行业经济效益同比大幅下降。2015 年，河北省水泥行业累计完成工业销售产值 387 亿元，同比下降 24%；累计产销率为 97.84%；累计完成主营业务收入 359 亿元，同比下降 25.1%；实现利润总额 −15.4 亿元，而 2014 年同期实现利润 10.2 亿元，同比下滑严重。在当前产业结构下，水泥市场受固定资产投资影响依然较大，固定资产投资增速的持续放缓，大大压缩了水泥产品的市场需求，直接导致了河北省水泥产量的下降、价格下跌和效益下滑。在京津冀协同发展不断深入形势下，河北省在淘汰落后水泥产能任务基础上，到 2017 年熟料产能控制在 9000 万吨以内，水泥产能水平控制在 22 亿吨以内，与京津冀的环境承载力、市场需求相适应，产能利用率趋于合理水平。

4. 河北省平板玻璃行业生态位分析

河北省是玻璃产业大省，玻璃企业众多，平板玻璃产量连续多年稳居全国第一，在京津冀区域内有着显著的生态位优势。目前，河北省规模型平板玻璃生产企业有 52 家，主要分布在邢台、秦皇岛、廊坊、沧州等地，其中沙河市玻璃产业集中度较高。2014 年，河北省平板玻璃产量 12292.63 万重量箱，占全国总产量的 15.51%，同比减少 2.43%；而同时期北京、天津的平板玻璃产量合计为 3325.55 万重量箱，与河北省玻璃产量有着显著差距。

受当前经济环境等因素影响，河北省平板玻璃产量下降，玻璃价格低位波动，全行业经济效益同比大幅下降，玻璃企业经营普遍困难，但利润总额和销售收入在全国仍名列前茅。河北建材业经济运行统计数据显示，2015 年，河北平板玻璃行业累计完成工业销售产值 78 亿元，同比下降 6.4%；累计产销率为 95.56%，同比提高近 3 个百分点；完成主营业务收入 73 亿元，同比下降 12.1%；实现利润 −9 亿元，同比减少亏损 0.7 亿元，玻璃行业总体偏弱，行业处于净亏损状态，但在拉动经济增长、调整产业结构、扩大对外开放、增加居民就业等方面同样做出了重要贡献。河北省平板玻璃产业结构调整方案指出，要在"十二五"期间超额完成国家下达淘汰落后玻璃产能任务的基础上，通过严格行业准入、提高能耗污染物排放标准、执行玻璃行业特别排放限值等手段，再压减、淘汰平板玻璃产能 3000 万重量箱，到 2017 年产能控制在 26 亿重量箱以内。

6.2 资源型企业生态群落及其关系

6.2.1 生物群落的概念与特点

群落（community）是生物群落（biocoenosis）的简称，它是指在一定时间和一定空间内存在一定联系的生物种群的集合。群落由种群构成，而种群是指在一定空间和时间内的同种生物个体的总和。群落的实质是一定自然区域中彼此存在复杂联系的各种生物的有机组合。生物群落作为自然生态系统中的基本组成要素，其群落之间并不是孤立存在的，而是存在多种形式的相互联系与相互依赖，并组成具有一定结构与功能的统一体。生态系统是生物群落与其无机环境相互作用形成的统一整体。一个区域内的所有种群组成一个群落，群落及其环境又组成了一个生态系统。

群落具有以下特点：①群落由一定的种群组成；②群落之间相互联系，遵守特定的规律生存和共处，各种种群之间都存在物质循环与能量转移；③群落对环境产生影响，构成群落环境；④群落具有一定的结构与特征，有一定的分布范围；⑤群落之间有边界特征；⑥群落具有发展和演变的动态特征。

从工业企业的角度来看，在工业生态系统中也存在着企业个体、种群与群落。工业企业种群是由在一定时间和区域内同一类型的工业企业个体所组成的种群，而工业企业群落则是由在一定时间和一定空间中分布的企业种群所组成的集合。目前比较流行的企业集群概念，实质上就是企业群落在一定时间与空间地域上的聚集。工业企业群落在企业之间往往采取垂直分离或水平一体化等联系方式，企业之间既有合理的分工，又能通过合作产生联系与相互作用，从而呈现整体功能与动态发展的特征。工业企业作为社会—经济—自然复合生态系统的基本单元，不仅在工业企业组织内部、企业组织之间，而且在工业企业与经济、自然、社会等环境之间仍存在着相互影响、相互作用的物质、价值和信息交换体系，并呈现企业群落的功能与特征。工业企业作为非物种生态因素，自身不仅需要持续发展，其还需要与经济发展、社会进步相协调，与自然生态相平衡。

具体到资源型企业，资源型企业群落是因为资源分布而集中在某个区域，与非资源型企业以及自然环境之间因资源勘探开采、加工利用，形成关联共生、高效互动、协同发展的产业生态链。与产业集群类似，它们之间不断进行着物质与能量的交换，维持着矿业生态的动态平衡，推动区域产业组织关系的演进，促进区域的持续发展。资源型企业群落对资源的特殊依赖性是其最大特征，这也决定了资源型企业群落与其他企业群落存在较大差别，主要体现在三个方面：

（1）由于资源的开发利用关系着国家经济命脉，国内资源型企业群落的形成基本上都源于国家对矿产资源的开发，在市场经济中会受到国家政策的诸多调控，资源型企业群落的发展也必定是国家政策下的产物。

（2）资源型企业群落对自然资源的依存度较高，资源配置中自然资源所占比重较大，如果没有丰富的资源作为依托，资源型企业群落将会失去根基。资源型企业群落的资源禀赋特点使其在发展过程中面临着难以避免的瓶颈问题。

（3）资源型企业在发展过程中往往能耗高、产出低、环境破坏严重，对生态环境带来严重的负面影响，资源型企业群落较其他企业群落更应注重生态环境。

6.2.2 资源型企业个体与产业群落的关系

资源型企业是资源型产业群落发展的经济主体，资源的不可再生性和有限的资源储量，决定着资源型企业会兴盛繁荣，也会走向衰老衰败。资源型产业生态群落中包含不同类型的资源型企业，这些企业的经济要素联结方式与自然生态系统相似，是通过"食物链"，即生产消费链的方式。具体来说，是以"生产者"（资源开采）—"消费者"（资源加工洗选）—"分解者"（资源循环利用、资源回收、深加工等）的方式联结成有机整体的，同时资源型企业内部也不断进行着实时的信息、资金、技术等交互。资源产业链上的企业个体不间断进行着资源开发、生产制造、营销出售、消费售后、循环利用等各种增值活动。由产业链上的资源型企业组成的生态群落，企业之间关联性越强，产业链条越紧密，生态群落的资源配置效率越高。

资源型产业群落将群落内的企业个体以及分散于地理空间的其他相关资源和经济要素（人力资本、流通要素、消费要素等）在群落所在的区域空间上联结起来构成了完整的生态系统，形成集聚经济，群落空间内的企业在技术、市场、劳动力、基础设施、开发利用等方面互补共生，企业对群落的寄生以及企业之间的共生协作，形成专业化分工，提高彼此的生产效率，产生较低的交易成本，促使企业竞争力的增强，产生规模经济。资源型产业群落内的相关企业由于市场机制的引入而变得既竞争又合作，资源型产业链上游的企业开采附加值较低，迫使产业链向深加工、消费利用的中下游延伸而由合作走向竞争，而丰富的资源整合又离不开合作，竞争与合作的关系不断演化使得生态群落整体的效率和竞争力不断提高。

6.2.3 京津冀资源型企业生态群落的概况及发展趋势

资源型城市是以本地区矿产、森林等自然资源开采、加工为主导产业的城市。资源型城市作为我国重要的能源资源战略保障基地，是国民经济持续健康发展的重要支撑。根据《全国资源型城市可持续发展规划（2013～2020)》的划分标准，目前，河北省有地级资源型城市5个，均为矿业城市。按照城市类型划分，唐山市属于再生型城市；张家口市、承德市、邢台市、邯郸市属于成熟型城市。资源型城市的持续发展为京津冀区域经济发展提供了大量的物质保障，同时也承担了解决大量职工就业的历史重任。

资源型企业生态群落的形成与发展立足于资源型城市的发展，脱胎于传统的区域生产综合体，经过市场化改革、产业链延伸及企业重组，形成了企业群落的基本框架，带来了区域产业链发展的集聚效应。企业的生态群落包含资源型产业上下游的关联企业，资源型产业从与资源开发利用相关联的界定来看，主要包括煤炭开采和洗选业、石油和天然气开采业、黑色金属矿采选业、非金属矿采选业、石油加工炼焦和核燃料加工业、化学原料和化学制品制造业、非金属矿物制品业、黑色金属冶炼和压延加工业、有色金属冶炼和压延加工业、金属制品业以及电力热力生产和供应业。另外，资源型企业群落与所生存的环境之间存在资金、技术、人力、政策与市场信息的互动，这些支持的环境因素包括政府政策支持、行业协会的协调监督、金融机构的融资、科研院所和研究机构的技术支持等。

京津冀资源型企业群落（也即产业集群）多数分布在河北省东北的唐山地区、南部的邢台邯郸地区及张承地区，且多以煤矿、铁矿资源为主。其中，唐山地区形成了以开滦煤矿、迁安铁矿为核心并辐射周围地区的上下游资源型企业集聚，邯邢地区形成了以邯郸钢铁、冀中能源为核心并辐射周围地区的上下游资源型企业集聚，张承地区形成了以宣化钢铁、承德钢铁为核心并辐射周围地区的上下游的铁矿资源企业及相关的企业群落。一般认为，煤炭资源产业链的关联产业包括上游的煤炭开采和洗选业、中游的电力热力生产和供应业、下游的高耗能产业（钢铁、建材和化工等行业）。

唐山市统计年鉴显示，2014年，唐山市煤炭开采和洗选业规模以上工业企业有7家、当年工业总产值492.57亿元，占到资源型产业总产值的5.43%；主营业务收入1168.88亿元，占到资源型产业主营业务收入的11.97%；而利润总额为－29.79亿元、利税总额为－6.25亿元，均为负，受压减产能影响较大；电力热力生产和供应业的规模以上工业企业有40家，当年工业总产值 598.62 亿元，占到资源型产业的 6.60% ；主营业务收入 604.08 亿元，占到资源型产业的 6.19% ；利润总额为 24.05 亿元、利税总额为 45.85 亿元。而下游的高耗能行业大都是唐山的主导产业，钢铁行业既是煤炭产业链的下游，也是钢铁产业链的中游，2014 年，唐山规模以上钢铁企业有 126 家，当年的工业总产值为 4768.73 亿元，占到了资源型产业总产值的 52.60% ；主营业务收入为 4835.61 亿元，占到资源型产业主营业务收入的 49.53% ；钢铁产业利润总额为 45.70 亿元、利税总额为 91.58 亿元，盈利能力有所下降。另外，建材和化工行业同样占有一定地位。唐山市钢铁产业作为国民经济发展的支柱产业，钢铁产业链上的关联产业为经济增长发挥了重大作用。钢铁产业链的上游产业为黑色金属矿采选业，中游产业为黑色金属冶炼和压延加工业，而下游为金属制品及设备等黑色金属生产加工产业。2014 年，唐山市黑色金属采选业的规模以上工业企业有 254 家，当年工业生产总值为 1233.04 亿元，占到资源型产业工业总产值的 13.60% ；主营业务收入为 1222.42 亿元，占到资源型产业主营业务收入的 12.52% ；而利润和利税分别为 295.07 亿元、430.73 亿元，可见上游的采选业发展态势良好；中游的黑色金属冶炼和压延加工业也即钢铁产业，如上分析，发展态势较平稳；下游的机械及设备制造业主要是钢铁产品的消费，未被列入资源型产业。通过以上对唐山市资源型产业链发展状况的分析可以看出，以煤炭、钢铁产业链为主的资源型企业生态群落支撑着唐山市国民经济的发展，且更多的是对钢铁产业链的依赖性，生态群落内的各资源型企业密切关联、互相扶持，发展态势稳定，在京津冀协同发展及压减过剩产能的背景下，唐山市资源型企业群落将会面临新一轮的调整优化。

邯郸、邢台地区的资源型企业群落同样以煤矿、铁矿资源的开发利用为主，形成了以邯郸钢铁、冀中能源为核心的资源型企业群落。对于煤炭资源企业群落，2014 年，邯邢地区煤炭开采和洗选业规模以上工业企业有 99 家，当年工业总产值为 426.13 亿元，占到资源型产业工业总产值的 8.28% ；主营业务收入为 421.66 亿元，占到资源型产业主营业务收入的 8.60% ；而利润和利税分别为 -1.42 亿元、31 亿元，可见邯邢地区煤炭企业众多，但煤炭开采盈利能力较差。电力热力生产和供应业规模以上工业企业有 61 家，当年工业总产值为 550.75 亿元，占到资源型产业工业总产值的 10.71% ；主营业务收入为 548.99 亿元，占到资源型产业主营业务收入的 11.20%；利润总额和利税总额分别为 25.42 亿元、46.51 亿元，显示出该产业较高的盈利水平。煤炭产业链下游产业占比较大的是钢铁产业，钢铁产业同时也是铁矿资源产业链的中游产业，对邯邢地区经济增长起着举足轻重的作用。2014 年，铁矿资源企业群落上游的黑色金属矿采选业规模以上工业企业有 48 家，当年工业总产值为 165.84 亿元，占到资源型产业工业总产值的 3.22%；主营业务收入为 175.19 亿元，占到资源型产业主营业务收入的 3.57%；利润和利税总额分别为 15.75 亿元、27.87 亿元，盈利能力良好；中游的黑色金属冶炼和压延业（也即钢铁工业）的规模以上工业企业有 130 家，当年工业总产值为 2819.72 亿元，占到资源型产业工业总产值的 54.82%；主营业务收入为 2632.83 亿元，占到资源型产业主营业务收入的 53.72%；利润和利税总额分别为 81.25 亿元、122.96 亿元，显示出邯邢地区钢铁工业稳定的发展走势、较强的盈利水平；下游的机械及设备制造业主要是钢铁产品的消费，未被列入资源型产业。通过以上对邯邢地区资源型产业链发展状况的分析可以看出，以煤炭、钢铁产业链为主的资源型企业生态群落同样支撑着邯邢地区国民经济的发展，且更多的是对钢铁产业链的依赖性，煤炭企业及其相关企业的发展日渐势微，但生态群落内的各资源型企业密切关联、互相支撑，发展态势受政策环境影响较大，在京津冀协同发展及压减过剩产能的背景下，邯邢地区将继续压减煤炭和钢铁的产能，推动资源型企业群落继续优化升级。

　　张承地区的资源型企业群落以铁矿资源的开发利用为主，煤炭资源分布较少，形成了以宣化钢铁、承德钢铁为核心的资源型企业群落。2014 年，张承地区黑色金属矿采选业规模以上工业企业有 308 家，当年工业总产值为 856.87 亿元，占到资源型产业工业总产值的 34.75%；主营业务收入为 745.06 亿元，占到资源型产业主营业务收入的 34.82%；利润和利税总额分别为 52.81 亿元、111.76 亿元，表明其良好的盈利能力；中游的黑色金属冶炼和压延业（也即钢铁工业）规模以上工业企业有 39 家，当年工业总产值为 889.36 亿元，占到资源型产业工业总产值的 36.07%；主营业务收入为 692.13 亿元，占到资源型产业主营业务收入的 32.34%；利润和利税总额分别为 10.74 亿元、29.32 亿元，显示出张承地区钢铁工业稳定的发展走势、良好的盈利水平，对比来看，张承地区较多的黑色金属采选业企业，反映出较低的企业群落发展层次（见表 6-1）。

表 6-1　　　　　京津冀地区主要资源型企业群落的发展态势

唐山市 企业群落	企业个数 （个）	工业总产值 （亿元）	主营业务收入 （亿元）	利润总额 （亿元）	利税总额 （亿元）
煤炭开采和洗选	7	492.57	1168.88	-29.79	-6.25
石油和天然气开采	1	84.08	83.85	0.24	23.3
黑色金属矿采选	254	1233.04	1222.42	295.07	430.73
非金属矿采选	17	69.17	65.87	8.88	10.19
石油加工炼焦加工	27	268.90	272.26	1.17	3.80
化学原料和化学制品	63	276.02	264.04	8.82	15.67
非金属矿物制品	207	421.76	386.95	6.35	25.72
黑色金属冶炼和压延	126	4768.73	4835.61	45.70	91.58
有色金属冶炼和压延	13	19.34	17.51	0.15	0.40
金属制品	190	833.81	841.48	41.47	55.78
电力、热力生产和供应	40	598.62	604.08	24.05	45.85
邯邢地区企业群落	企业个数 （个）	工业总产值 （亿元）	主营业务收入 （亿元）	利润总额 （亿元）	利税总额 （亿元）
煤炭开采和洗选	99	426.13	421.66	-1.42	31.00
黑色金属矿采选	48	165.84	175.19	15.75	27.87
非金属矿采选	14	8.21	6.18	0.16	3.43
石油加工炼焦加工	44	340.69	334.00	1.53	5.27
化学原料和化学制品	145	295.92	291.13	18.61	23.90
非金属矿物制品	239	331.81	305.46	9.97	21.72
黑色金属冶炼和压延	130	2819.72	2632.83	81.25	122.96
有色金属冶炼和压延	23	51.00	49.81	3.40	4.18
金属制品	80	153.42	136.12	2.87	5.14
电力、热力生产和供应	61	550.75	548.99	25.42	46.51

续表

张承地区企业群落	企业个数 （个）	工业总产值 （亿元）	主营业务收入 （亿元）	利润总额 （亿元）	利税总额 （亿元）
煤炭开采和洗选	13	45.16	94.34	-8.77	-5.86
黑色金属矿采选	308	856.87	745.06	52.81	111.76
有色金属矿采选	15	40.60	33.88	6.28	9.16
非金属矿采选	31	14.62	12.83	0.15	1.07
石油加工炼焦加工	3	35.63	32.06	1.36	1.80
化学原料和化学制品	54	75.58	59.22	1.40	2.96
非金属矿物制品	116	75.39	70.25	0.11	2.60
黑色金属冶炼和压延	39	889.36	692.13	10.74	29.32
有色金属冶炼和压延	20	48.87	37.76	4.48	5.11
金属制品	34	24.16	20.70	1.16	1.57
电力、热力生产和供应	85	359.65	341.62	48.18	68.08

注：资源型产业因各地资源特点不同而有所不同，数据由各地统计年鉴整理得出。

对比唐山地区、张承地区和邯邢地区的资源型企业群落发展态势可以看出，京津冀资源型企业群落的发展具有以下特点：

（1）京津冀资源型企业群落主要集中在河北省内，而河北省内的资源型企业群落则主要集中在唐山、邯邢、张承地区。这些地区的资源禀赋较好、产业基础雄厚、资源型企业分布较广。

（2）京津冀资源型企业群落主要以煤炭、铁矿资源相关的资源采选、加工利用企业为主。其中唐山、邯邢地区的煤炭、铁矿相关联的上下游企业众多，产业链整合较成熟，而张承地区铁矿资源丰富，相关联的上下游企业较多，但产业链层次较低。

（3）从各地资源型企业群落的发展水平来看，资源型企业发展的差异性较大。唐山市钢铁工业发展水平较高，形成了资源型企业群落，资源型企业规模较大、层次较高、效益较好，但煤炭型企业受压减产能、节能减排的影响更大；邯邢地区也形成了煤炭、铁矿资源型企业群落，规模以上资源型企业分布广泛，经营效益基本保持良好、群落层次较高；张承地区铁矿资源丰富，铁矿开采企业众多，但经济效益差距较大。铁矿加工利用型企业较少，规模较唐山、邯邢地区也较小，资源型企业群落层次较低。

在经济新常态、京津冀协同发展背景以及河北省压减过剩产能的形势下，京津冀，尤其是河北省的资源型企业产能增长将趋于平缓，消费需求趋于减少，企业规模扩张减缓，资源型企业群落的发展将趋于稳定，企业将开始谋求转型升级，技术革新、装备提升、流程改善、产品优化将使得资源型企业群落进入优化调整的发展阶段，上下游资源型企业的联系将更加紧密，产业链之间将更加协同，与资源、环境的紧张关系也将趋于改善。

6.3 京津冀资源型企业生态群落分析

6.3.1 京津冀资源型企业生态群落的种群结构分析

在传统生态学中，生态群落的种群结构是指群落中各个生物分别占据不同的空间，包括垂直结构与水平结构，垂直结构是生态群落在垂直方向上有明显的分层现象；水平结构是不同的地段分布着不同的生物种群，且同一地段的种群密度也有差异。与生态系统种群结构相似，资源型企业生态群落的种群结构存在着功能相似性，也能从垂直结构与水平结构两方面进行分析。

资源型企业生态群落的垂直结构可认为是资源型产业上下游上分布的不同层次，且各层次密切关联、相互依存的资源型企业，形成相对完整的、综合的产业链。本研究对京津冀煤炭产业链、铁矿资源产业链进行详细分析。京津冀煤炭企业生态群落主要分布在唐山、邯邢地区，形成了相对完整的开采加工产业链，即生产者（资源开采，即煤炭开采和洗选）—消费者（资源消费，即电力热力生产和供应、黑色金属冶炼和压延加工企业）；京津冀铁矿企业群落主要分布在唐山、邯邢及张承地区，形成了相对完整的开采加工产业链，即生产者（黑色金属矿采选企业）—一级消费者（黑色金属冶炼和压延加工企业）—二级消费者（金属制品及设备制造企业）。从产业链关联来看，不同的企业群落之间存在着物质、能量交换，如铁矿资源企业群落的

消费者（钢铁企业）是典型的高耗能企业，对电力消费要求较高。通过表
6-1可以看出，资源型企业群落的发展层次较低，生产者和消费者层次集聚
了较多企业，分解者层次企业匮乏。

资源型企业生态群落的水平结构可认为是京津冀区域范围内不同类型的
资源型企业群落，如煤炭资源企业群落、铁矿资源企业群落、水泥企业群落、
平板玻璃企业群落等等，各种类型的资源型企业发展规模、效益能力、技术
层次等方面存在较大差异。京津冀区域内的资源型企业群落以煤炭、铁矿资
源为主，其中煤炭企业群落的工业总产值占京津冀工业总产值的11.86%
（2014年数据，规模以上工业企业，下同）、铁矿资源企业群落的工业总产值
占到京津冀工业总产值的19.99%，唐山、邯邢及张承地区的煤炭相关规模
以上工业企业有305家（生产者119家、消费者186家）、铁矿资源相关规模
以上工业企业有905家（生产者610家、消费者295家），对比来看，铁矿资
源相关企业众多，且规模较大、盈利能力较强、企业群落产业链较完备（见
表6-2）。与自然生态系统不同的是，资源会随着开采而耗竭，寄生、共生
在资源之上的相关企业种群会随之消亡或转型，相关的生产要素企业也随之
面临退出。

表6-2　唐山、邯邢及张承地区煤炭、铁矿资源型企业群落发展规模

资源型企业		企业个数（个）	工业总产值（亿元）	主营业务收入（亿元）	利润总额（亿元）	利税总额（亿元）
煤炭企业群落	煤炭开采和洗选	119	963.86	1684.88	-39.98	18.89
	电力、热力生产和供应	186	1509.02	1494.69	97.65	160.44
铁矿企业群落	黑色金属矿采选	610	2255.75	2142.67	363.63	570.36
	黑色金属冶炼和压延	295	8477.81	8160.57	137.69	243.86

6.3.2　京津冀资源型企业生态群落对比分析

在京津冀协同发展、京津地区产业转移升级的过程中，京津冀资源型企
业生态群落主要围绕河北省展开，河北省在京津冀地区有着巨大的资源禀赋
与产业基础优势。资源的开发采选、加工利用以及制造消费等一系列流程促

使了资源型企业群落的形成。如上分析，河北省内的资源型产业主要集中在煤炭、钢铁行业，且主要分布在唐山、张家口、承德、邢台及邯郸等资源储量丰富、产业基础雄厚的地区。本部分主要从资源型企业的规模水平、发展层次、外部环境等方面对唐山、张家口、承德、邯郸及邢台地区的资源型企业进行对比分析。

　　河北省煤炭资源企业群落主要分布在唐山和邯邢地区，根据煤炭企业生态系统的生产者、分解者和消费者不同环节，可将煤炭企业群落分为煤炭开采型企业和消费型企业。以 2014 年数据进行说明，对于基础开采型的煤炭开采和洗选业，唐山市的规模以上工业企业有 7 家，邯邢地区则有 99 家，张承地区有 13 家，邯邢地区具有相对较丰富的煤炭资源储量和企业集聚。但在营收方面，唐山市主营业务收入为 1168.88 亿元，而邯邢地区只有 421.66 亿元、张承地区只有 94.34 亿元，营收水平与工业基础相适应，但与企业数量不相匹配。从盈利能力来看，三个地区的利润总额均为负，且以唐山亏损最大，反映出在当前经济发展环境下，煤炭企业产能过剩导致煤价过低，表现出显著的规模不经济现象。对于加工利用型的电力、热力生产和供应业，唐山市的规模以上工业企业有 40 家，邯邢地区有 61 家，张承地区有 85 家，张承地区电力热力的生产除了利用煤炭外，在风能方面有着独特优势。在营收方面，唐山市主营业务收入为 604.08 亿元，邯邢地区 548.99 亿元，张承地区只有 341.62 亿元，张承地区的煤炭企业群落的规模效益有待提高（见表 6－3）。在盈利能力方面，三个地区利润总额均为正，发展势头良好，张承地区由于其风力发电方面的优势，利润水平较高。其他高耗能行业包含产业类型较多，几乎遍及各行各业，在此暂未深入分析。通过对比分析可以看出，煤炭资源型企业群落的发展规模、营收能力等成长要素与地区的经济发展水平密切关联，且邯邢及张承地区在基础的开采环节聚集了较多企业，而唐山则在加工利用环节集聚了较多企业，规模效益较强，生态群落层次较高。整体来看，京津冀区域内煤炭资源型企业群落虽然在企业数量上较集聚，但群落内企业的发展空间、规模效益、产业链整合等方面仍有待提高。

表6-3   唐山、邯邢及张承地区煤炭资源型企业群落对比

资源型企业		企业个数（个）	工业总产值（亿元）	主营业务收入（亿元）	利润总额（亿元）	利税总额（亿元）
煤炭开采和洗选	唐山地区	7	492.57	1168.88	-29.79	-6.25
	邯邢地区	99	426.13	421.66	-1.42	31.00
	张承地区	13	45.16	94.34	-8.77	-5.86
电力、热力生产和供应	唐山地区	40	598.62	604.08	24.05	45.85
	邯邢地区	61	550.75	548.99	25.42	46.51
	张承地区	85	359.65	341.62	48.18	68.08

在铁矿资源型企业群落方面，同样根据铁矿企业生态系统的生产者和消费者不同环节，将铁矿企业群落分为铁矿开采型企业、加工型企业及消费型企业，并构成一条完整的铁矿资源产业链。以2014年数据进行对比分析，对于基础开采的黑色金属矿采选业，唐山市的规模以上工业企业有254家、邯邢地区有48家、张承地区有308家，显示出唐山和张承地区丰富的铁矿资源禀赋和企业集聚。在营收能力方面，唐山地区主营业务收入为1222.42亿元、邯邢地区为175.19亿元、张承地区则为745.06亿元。对比发现唐山地区黑色金属矿采选的规模效益最强，与其工业基础相适应，虽然张承地区铁矿企业较多，但受限于企业规模、工业基础等因素，生态群落空间较小。从盈利能力来看，三个地区的利润总额均为正，且唐山地区利润利税水平最高，利润水平分别是邯邢、张承地区的18.73倍、5.59倍，显示出唐山地区较高的规模效益。对于加工转换型的黑色金属冶炼和压延加工业，唐山市的规模以上工业企业有126家、邯邢地区有130家、张承地区有39家，张承地区在铁矿资源深加工方面的企业与唐山、邯邢地区有较大差距，这反映出张承地区较弱的铁矿资源企业群落发展空间。在营收方面，唐山地区主营业务收入为4835.61亿元、邯邢地区为2632.83亿元、张承地区只有692.13亿元，唐山地区钢铁工业营收规模是邯邢地区的近2倍、是张承地区的近7倍，显示出超强的钢铁工业规模实力，以及较强的生态群落空间能力。通过对比分析可以看出，铁矿资源型企业群落的发展规模、营收能力等成长要素与地区的工业经济发展水平密切关联，且唐山地区不仅在采选环节集聚了较多的企业，

而且也在压延加工方面集聚了较多企业，铁矿资源企业群落层次较高、发展空间较大、规模效益较强。整体来看，京津冀区域内铁矿资源型企业群落仍以唐山地区为主体，其完整的铁矿资源产业链连接了生产者、消费者环节；邯邢地区虽然采选环节上集聚的企业较少，但在压延加工方面集聚了较多企业，表现出其较强的深加工能力，且与之雄厚的资源产业基础相匹配，生态群落的发展空间较可观；张承地区在采选环节集聚了较多企业，地区内深加工钢铁企业较少，生态群落内企业的发展空间、规模效益、产业链整合等方面仍有待提高（见表6-4）。

表6-4　　　　　唐山、邯邢及张承地区铁矿资源型企业群落对比

资源型企业		企业个数 （个）	工业总产值 （亿元）	主营业务收入 （亿元）	利润总额 （亿元）	利税总额 （亿元）
黑色金属矿采选业	唐山地区	254	1233.04	1222.42	295.07	430.73
	邯邢地区	48	165.84	175.19	15.75	27.87
	张承地区	308	856.87	745.06	52.81	111.76
黑色金属冶炼和压延加工业	唐山地区	126	4768.73	4835.61	45.70	91.58
	邯邢地区	130	2819.72	2632.83	81.25	122.96
	张承地区	39	889.36	692.13	10.74	29.32

通过对比分析京津冀煤炭、铁矿资源型企业生态群落的发展规模、生态空间、营收利润等企业生态群落生态位，可以得出以下主要结论：

（1）唐山地区在煤炭、铁矿两种类型的资源型企业生态群落中均有着较强的综合实力、生态位扩展能力，资源开采—加工—消费的资源产业链较完备，但工业经济发展对资源依赖性也较强。

（2）邯邢地区的资源型企业生态群落规模处于唐山、张承地区之间，煤炭、铁矿资源型企业生态群落均有分布，煤炭资源型企业多在采选环节，深加工企业较少且规模效益不显著，受产能过剩、煤价过低的影响，煤炭型企业难有利润，但铁矿资源型企业的深加工企业较多，规模效益显著，生态群落空间生态位扩展能力具有一定实力。

（3）张承地区的资源型企业生态群落生态位处于末端的位置，主要以铁矿资源型企业群落为主，采选层次的企业数量众多，但营收及利润水平较低，规模不经济现象显著，且深加工利用层次的企业较少，规模也难以与唐山相比，生态位扩展能力有限。整体来说，邯邢、张承地区的资源产业链整合能力较弱，资源型产品较少在本地消化，通常是运输到地理空间之外，缺乏加工制造过程而产生附加价值的机会，在资源价格走低的情况下，区域内仅能获得有限资源开采的直接收益，而较多的深加工收益为区域外得到；而唐山地区资源产业链整合较完备，生态群落内上中游资源型企业分布广泛，资源产业链的前向和后向关联均能在区域内完成，资源型企业群落与区域经济之间的互动发展效果较显著。

6.4 京津冀资源型企业群落的发育成长机制

如前文论述，资源型企业群落是因为资源分布而集中在某个区域，与非资源型企业以及自然环境之间因资源勘探开采、加工利用，形成关联共生、高效互动、协同发展的产业生态链。资源型企业群落不但突出了企业群落的行业特性，同时也反映了其独特的资源要素，资源型企业发育于资源、成长于资源、依赖于资源，但资源的不可再生性和储量有限性，使得资源型企业乃至群落的成长难以持续稳定，其生命周期与一般企业的成长衰老相似，也面临着发育、成长、衰老直至转型的生命周期过程。

6.4.1 京津冀资源型企业群落发育与成长

京津冀资源型企业的发育成长源于资源产地的发现和经济社会发展对于资源消费需求的推动，相同类型的资源型企业及非资源型企业集聚在地理空间内形成企业群落。"集聚"指的是资源、要素与其他经济活动在地理空间上的集中趋向与过程，是市场需求与区域经济、产业规划相互作用的结果。集聚过程一旦开始，便容易形成相互联结、共生竞争的推动力量，区域内的资源要素、资本要素、经济部门、流通部门等不断向地理空间内移动，促进区域产业集群、企业群落增长极的形成和发展。

资源型企业群落的发育成长有别于其他类型的企业群落的地方在于资源的不可再生性和储量约束性，其形成需要将不可再生的资源转化为可开采利用的生产要素，经过加工生产服务于人类的经济活动和社会活动。与自然生态群落形成不同的是，资源型企业群落的发育形成具有自然性与人为性的二重性。自然性体现在资源区域位置的固定性、资源储量的约束性，决定着进入该区域资源型企业群落的最大生存空间；人为性则体现在经济社会活动的需求和政府的许可及产业规划，政府的许可具有较大的人为性，政府的政策、投融、税收以及法律等方面的支持，对资源型企业群落的形成至关重要。

随着资源型企业群落的成长，企业间专业化分工愈发明确，类型基本相同的企业种群不断分离，企业之间既有互补共生关系，又有竞争关系，但以竞争关系为主，企业密度的增加、资源空间的狭小都会引起市场份额的竞争和资源的争夺，在这个过程中，企业种群的扩张是资源型企业群落成长的基础。规模较大的资源型企业可通过技术革新、工艺创新，或者兼并整合的手段兼并竞争者，赢得种群竞争的胜利。总之，资源型企业群落的成长依赖于政府政策的支持、企业技术工艺革新、专业化分工、兼并整合手段等多方面的互动支持。同样，京津冀资源型企业群落的发育在资源赋存较好、交通较便利、有一定产业基础的唐山、邯邢、张承等地区，且政府政策的支持、融资税收的优惠加大了企业集聚的可能，这些区域内资源型企业群落的成长也离不开工业经济的发展、技术工艺的革新以及规模性企业的兼并重组，从而在区域间的竞争中发挥优势。

6.4.2　京津冀资源型企业群落的生命周期

企业的生命周期指的是企业从形成到完全退出社会经济活动所经历的时间，主要包括形成、成长、成熟和衰退四个阶段的生命周期，如图 6 - 1 所示。

资源型企业群落由企业集聚而形成，其成长成熟同样经历了生命周期的整个过程，受内部外界因素的作用，资源型企业生态群落经历了发育、扩张、竞争、衰退（或转型）、自我更新的过程，生态群落内的企业也相应经历了互不干扰、互相干扰、竞争整合、协同进化的演变过程。由此，资源型生态群落经历了由低级向高级、由简单向复杂的方向演化，如果在产业转型过程中成功实现群落的更替，资源型企业群落将继续演化，延缓衰退时间。反之，若是产业转型失败，资源型企业群落将走向衰亡。

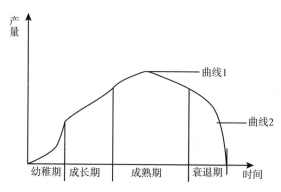

图 6 - 1　企业生命周期曲线

资源型企业群落的发育、成长阶段在前节中已有论述，其发育成长除了资源企业的集聚效应外，也离不开资源勘查服务、基础设施建设服务等相关辅助行业的参与，勘查服务提供的可采储量、基建服务提供基础设施对于资源型企业的成长具有制约和推动作用。

资源型企业群落的成熟扩张阶段。伴随着资源型企业的成长，企业群落内部密度的增加，引发企业间相互竞争的加剧，使得专业化分工日渐明确，配套的相关种群与资源型企业之间寄生或共生关系日渐清晰。企业规模的扩大将会挤占其他企业的空间。面对竞争的市场环境，规模性企业一般通过工艺设备更新、技术创新、提高资源配置效率等提升自身竞争力以应对竞争，或者通过兼并整合、资产重组等手段整合相关的竞争者，以获得市场主导权而成为具有显著优势的资源型企业。同时，区域经济的快速发展带来了广阔的市场需求，这为资源型企业种群的扩张提供了足够的市场空间。在成熟阶段内，随着规模经济的愈发显著，资源型企业群落会不断加大对市场的渗透与开拓能力，群落内的资源型企业会不断注重规模效益，会不断加强产品创新、工艺创新、优化资源配置效率及产业链延伸，将形成资源型企业群落与区域经济发展良好互动的发展机制。

资源型企业群落的衰退转型阶段。随着种群的发展，竞争压力的增大，种群间相互干扰，竞争能力弱的企业开始转型或被消灭，企业种群之间进行更替交换，企业群落演化为更加高效的能量和资源利用效率。但随着资源的耗竭，相关寄生、共生在资源之上的企业种群将随之衰退或灭绝，相关的生产要素、基础设施也面临着退出。资源型企业群落必将经历衰退消亡或者转型再造的过程，群落内部原有的自循环被打破，群落内企业或消亡或谋求转型，原先依赖于资源开采与加工利用的人力资本或退出或经过新技术、新工艺、新技能的学习谋求转行，相关的物质资本和基础设施或退出或搭建新的平台，以创新推动种群的更替，形成新类型的企业群落。

6.4.3　京津冀资源型企业群落的运行机制

在一个生态群落中，每种生物都有不同的生态位特征，种群内部、种群之间及群落与环境之间均存在着各种复杂的有机联系，其运行和演化就是各种因素在一定的环境影响下适应和调节的综合过程。各种因素可归纳为个体、种群、群落三个层次及所生存环境的完整体系，每种生物的个体发展都受到其所在生态位及环境适应性的影响，个体的发展将影响到种群的发展，进而影响到整个群落的发展。该体系的运行以食物链为核心，以生产者、分解者、消费者为组成部分，能够实现各个组成部分的物质与能量的交换。

京津冀资源型企业群落的运行机制与自然生态群落的运行体系相似，群落内的企业个体通过价值流动和资金交互在各个组成部分间维持联系（见图 6 - 2），资源型企业群落的生产者（即资源勘查开采企业），通过对资源储量的勘探、地质调查，以及辅助行业的基础设施建设，为消费者（即资源加工转化企业）提供资源产品和服务，满足市场需求。开采的资源经过加工、洗选转化为可利用的中间品，满足分解者（即资源循环利用企业和个体用户）的需求。可以看出资源型企业的价值流动通过完整的产业链为消费者和上下游企业提供产品和服务，每个参与者都是产业链增值过程中的重要一环，使企业群落主体产生价值。资源型企业群落是高投入、高风险的行业，多数资金以风险投资、银行贷款的形式提供给企业主体，企业获得资金后才能开采、加工、制造以提供各种资源产品和服务，从相关用户获取收益，维持自身的经营活动。而用户在获得产品与服务后，资金又通过各种渠道回流到金融投资机构，完成一次完整的资金交互过程。另外，在资源型企业群落与相关辅助企业群落之间存在政策、信息、技术、资金、人才等资源的流动，政府的产业政策为资源型企业的发展提供指导方向，市场研究组织会收集用户对企业所提供产品与服务的反馈信息提供给相关企业主体用以参考，金融投资机构会基于企业的规模、发展前景、产品价值等信息予以投资，加上科研机构研究的技术革新、高等院校培养的创新人才，能够有效提升企业群落的资源配置效率，更好地满足用户和上下游企业的需求。具体如图6-2所示。

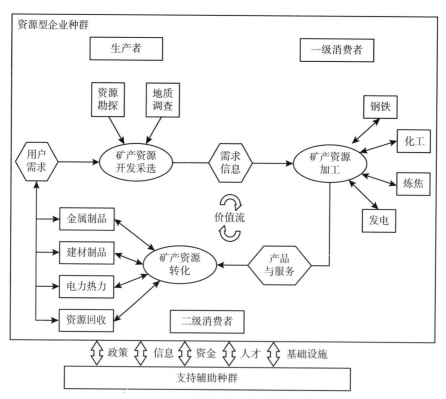

图6-2 资源型企业群落的运行机制

6.5 本 章 小 结

资源的开发利用关系着国家经济命脉，在市场经济中会受到国家政策的诸多调控，资源型企业群落的形成发展必定是国家政策下的产物。资源型企业具有资源依赖性较强的特点，生产过程中能耗高、产出低、环境破坏严重，对生态环境带来严重的负面影响。因此，研究京津冀地区资源型企业群落的发育成长、运行机制及发展态势，将关系着京津冀协同发展背景下，资源、环境、经济系统的协调发展。本章在分析了京津冀钢铁、煤炭、水泥及平板玻璃等资源型企业生态位空间的基础上，分析了生态群落的一般特点，了解了京津冀区域内资源型企业群落的分布及资源构成特点；然后对京津冀资源型企业群落的种群结构及发展规模进行了对比分析，了解京津冀区域内的优势种群；最后从发育成长、生命周期及运行机制等方面分析了京津冀资源型企业群落的演化特征，并指出资源型企业群落稳定持久演化的关键。

第 7 章

京津冀区域共生与协同发展

共生是生物学专有名词，在将近一个半世纪的时间里，共生与社会科学并无关联。当人类社会的"冲突"与"对抗"成为社会科学的研究热点时，共生理论已经在生物学领域形成较为成熟的理论体系与分析框架。与自然界随处可见的共生现象一样，人类社会与经济领域也存在广泛的"多元共生"。在复合生态系统中，共生成为生态系统物种多样化的基本规律。企业是社会经济中的"物种"或"细胞"，也遵循共生原理而呈现多样化态势。京津冀协同发展的基础是区域生态共生，生态共生是经济共赢与社会共荣的前提与条件。因此，研究并运用区域共生理论对京津冀协同发展进行剖析，具有重要的理论价值与现实意义。

7.1　共生的基本概念与原理

7.1.1　生物学中的共生

1. 共生的概念

"共生"（symbiosis）由希腊词"sym"（共同、一起）和"bios"（生活）组合在一起派生演化而成。1879 年，德国植物学家戴贝里首次提出广义的生物共生概念，生物界的"联盟"现象开始逐渐被人们认知。戴贝里认为，共生是不同生物密切地生活在一起。德国共生生物学家布拉克认为，共生是两种不同物种参与者之间有规则的且不受干扰的合作生活。1970 年美国生物学家玛格丽斯提出，共生是不同物种有机体间的自然联系；要成为共生者，必须有至少两种物种的个体成员在大多数时间里相互接触。她认为，有些共生受条件支配，是偶然的，而另外一些共生体，当松散的联系固定下来后便结成永久伙伴。她还进一步从进化论的角度提出共生发源概念，即新组织、新生物甚至新物种的起源都建立在长期或者永久的共生之上——共生现象无处不在。概括地说，共生是生物种间关系的一种，是指两种生物为了更好地适应生存环境而彼此互利地生活在一起。自然界中任何一种生物都不能离开其他生物而单独生存和繁衍，这种相互依赖相互作用的共生与竞争关系是自然界中生物之间长期进化的结果。

共生是自然界普遍存在的一种现象，尤其在生物种群中，共生现象是普遍存在的。从本质上讲，自然、环境、资源、人口、经济与社会等要素之间存在着普遍的共生关系，构成了人与自然相互依存、共生的复合体系，即复合生态系统。自然界的共生、竞争等多种关系，构成了生态系统的自我调节和反馈机制。

2. 共生体的构成与影响因素

从一般的意义上讲，共生是指共生单元之间在一定的共生环境中按照某种模式形成的关系。生态学中的共生则由以下基本要素构成，即共生单元、共生模式、共生环境以及影响共生的诸因素。

（1）共生单元。

共生单元是指构成共生体或共生关系的基本能量生产和交换单位，它是形成共生体的基本要素。不同的共生体由不同的共生单元所组成，不同的共生体相互联系构成更为复杂的共生系统。不同的共生体或共生系统，其共生单元的性质与特征也不相同，共生单元所的这种相对性使得共生体也具有相对性。例如，独立的个人既是家庭共同体的构成成员，也是社区共同体的成员；那么，由人这个共生单元所组成的共生体就存在家庭、社区等不同层次的区别。

（2）共生模式。

共生模式也称为共生媒介，也即共生关系。它是共生单元相互作用的方式或相互结合的形式，它反映了共生单元之间的作用方式、作用强度、共生单元之间的物质信息交流关系以及能量互换关系。依照共生单元之间利益和信息的交流与联系方式可以将共生横式分为共生行为与共生组织模式。共生行为模式主要反映共生单元之间或共生关系内部的相互作用，揭示共生单元之间的本质联系；共生组织模式则揭示了共生单元之间、共生单元与共生界面之间以及共生体与共生环境之间的动态关系。共生模式是共生单元之间以及共生体与共生环境之间发生共生关系的纽带与桥梁。依据共生单元的行为方式及其特点，共生行为模式可以划分为寄生、偏利共生、非对称互惠共生与对称互惠共生等模式；按照共生单元之间的组织程度，共生组织模式可以分为点共生、间歇共生、连续共生与一体化共生等模式。

（3）共生环境。

共生环境是构成共生系统的外部条件，是共生单元以外的所有因素的综合。任何共生体及其共生关系都是在一定的时空条件下产生并演化的，不同的时空条件下形成的共生关系也不相同，所有存在于共生单元之外的条件或因素即为共生单元的共生环境。共生体的形成对环境产生影响，反过来，共生体又深刻地受到环境的影响。

（4）影响共生的因素。

影响共生的因素大致分为共生单元内部因素、共生环境因素与共生界面因素，而共生单元内部因素、环境因素对共生体的影响依托共生界面实现。共生界面是共生单元之间的接触方式与作用机制，也是共生单元之间开展物质、信息与能量交换的媒介、通道、载体。共生单元之间相互联系与相互作用是通过共生界面产生，因而共生单元间的相互作用强度受共生界面的性质与功能的影响。此外，共生界面是共生动力机制形成和发展的先决条件。由于共生动力机制的作用，共生能量向最大值增加、共生利益的分配趋向更加互惠。共生界面也影响共生均衡——共生的形成条件以及共生体得以发展进化的条件。

3. 共生分析

共生分析是借助相关的共生原理，通过对共生现象的分析发现和探索共生的客观规律，揭示共生单元之间、共生单元与共生系统之间、共生系统与共生环境之间的内在的、必然的、本质的联系，为认识和掌握自然界客观事物与人类社会实践活动的规律提供依据。袁纯清先生给出了一般情况下自然与社会现象共生分析的基本逻辑思路，其中自然现象共生分析的基本逻辑，如图 7-1 所示。

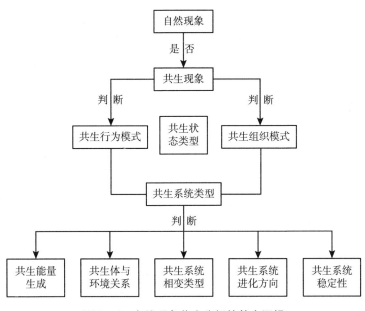

图 7-1　自然现象共生分析的基本逻辑

7.1.2　社会共生理论与基本观点

1. 社会共生的概念

如果运用生物学的"共生"概念考察人类社会的各种现象，可以发现共生现象同样随处可见，遍布社会生产、生活的各个领域。共生方法也因此自 20 世纪中期始引起人文社会科学乃至哲学领域学者的关注，共生的概念工具、基本思想与方法被广泛运用于人类学、生态学、社会学、经济学、管理学、政治学、哲学、医学、建筑学等学科的诸多研究。

借鉴生物学的"共生"概念，社会科学学者提出"社会共生"的概念。复旦大学胡守均教授将其定义为"人与人之间、人与自然之间关于资源所形成的关系"，是"不同的个人密切地生活在一起，是人的基本存在方式"。也有一些学者从世界观、方法论与价值观的视域来阐述共生概念。如钱宏认为，共生是指不同主体各得其所的状态，共生就是法则、关系、智慧、价值观；李思强认为，共生是泛指事物之间或单元之间形成的一种和谐统一、相互促进、共生共荣的命运关系，共生也是一种可塑状态，其可塑状态表明共生需要构建，即按照共生的特点、原则、规律进行构建人与自然、人与社会以及物与物之间的关系；日本学者井上达夫认为，共生是向异质者开放的社会结合方式，是相互承认人们在不同社会生活方式下自由活动和参与机会，积极建立起相互关系的一种结合。

2. 社会共生的主要观点与基本原理

社会共生脱胎于生物共生，因而生物共生的基本概念、原理与分析方法自然也是社会共生理论的起源，是社会共生理论的基础构成元素。例如，社会共生系统包括社会共生单元、社会共生模式与社会共生环境三大要素；共生利益分配、共生界面选择、共生系统进化等原理同样是社会共生理论的基本原理；共生分析逻辑与方法同样适应于社会共生现象。

（1）社会共生的基本观点。

社会共生的本质是人与人之间的共生。将生物界的共生视角引入人类社会生活，可以发现，共生是一种普遍的社会现象。人与自然、人与社会、人口和资源与环境的共生，人与人、组织、社区、民族之间的共生等，各种共生现象贯彻于人类社会发展的不同阶段以及人类社会各个领域。作为普遍的社会现象以及人类生存与发展的基本形式，社会共生不仅应当被作为一种客观事物加以对待，还应当作为观察和认识社会现象的基本准则，并上升到价值观和方法论的高度。

共生利益是共生系统存在和发展的物质基础，也是推动共生系统进化和发展的动力源泉。社会共生在物质利益之外也产生精神利益。人类发展过程的本质是人的潜力与价值不断被挖掘，在物质利益与精神利益两个方面的满足程度不断提高的过程，是人与人之间的共生进化过程。

此外，竞争是实现社会共生进化的手段而非目的。在"适者生存"的视角来看，与同种的其他个体之间的生存斗争是进化的主要动力。社会达尔文主义者曾将生产斗争运用到人类社会，致使生存斗争成为 19 世纪后半叶到 20 世纪人类社会的基调。进入 21 世纪后，"共生"概念成为"生存斗争"的补充。生物"共生"概念并不排除生存斗争，但它批判了达尔文的"进化论"，因为生物共生表明，生物之间更多是通过友好联盟的方式实现共同进化的。

（2）社会共生的基本原理。

①相对性原理。社会共生具有相对性。从唯物辩证法的角度去理解，社会共生是一种客观存在，因而具有绝对性；但是社会共生的性质、方式与特点是丰富多彩的，因而又具有相对性。首先，社会共生现象及其共生单元都是相对的。共生单元不同，所构成的共生体也不同；相同共生单元之间的共生关系随着时间和空间条件转换也会发生变化。其次，共生不是同一或同质化。与不同种属共生单元构成的共生体不同，构成社会共生体的是同种共生单元，但同种不表明同一或同质，人类具有多样性的特点。

②进化原理。社会共生关系与生物共生关系类似，也存在寄生、偏利共生、非对称性互惠共生、对称性互惠共生等基本类型。社会共生利益的非对称性分配、不匹配使用与社会共生系统全要素共生度的变化也是社会共生系统相变的基本原因。社会共生模式越高级，社会共生利益分配越均衡，而人类与化会的发展越进步。低级共生模式及其共生利益分配的非对称性分配等因素是推动人类社会对共生界面做出变革，改善共生机制与共生环境，实现社会共生进化的根本动力。

③建构原理。作为社会共生单元的人类具有主观能动性，这是与生物中的共生单元的不同之处。人类能够对社会共生关系施加影响以改变某种不利于人类发展的共生关系，建立适合人类发展的共生关系，这就是共生建构原理。人类建构起了各种制度、规则和价值观念，用以规划和约束人类社会生产与生活，包括政治法律制度、经济交往规则、宗教伦理、道德规范与社会习俗等不同层次、不同类型的社会共生体得以形成和发展的共生界面。

7.1.3 产业共生

1. 产业共生的含义

产业共生的概念同样是受自然界中的共生现象及共生理论启发而来的，属于社会共生的一个研究领域。伦纳（Renner）1947 年首次使用"产业共生"一词来描述不同产业间的"有机关系"，包括一个产业废弃的产品作为另一产业的输入。丹麦卡伦堡公司在其出版的《产业共生》一书中将产业共生定义为不同企业间的合作，通过这种合作，共同提高企业的生存能力和获利能力，同时通过这种共生实现对资源的节约和环境的保护。2002 年，伊莱费尔德等人进一步明确了产业共生的概念：工业企业之间物质、能源、水和副产品的物理交换，企业间地理位置的相近性为企业提供了更广泛的合作可能性。切尔托（Chertow）认为，产业共生的关键是合作和地理相邻性所带来的协同可能性，物质交换包括废弃物（副产品等）交换、基础设施共享和共同提供某些服务三方面内容。该定义参照生物学中"共生"的含义，被广泛引用。此后，马瑞特（Mirata）等进一步拓展了"交换"的范围，提出产业共生是建立在区域活动之间的一种长期的共生关系，涉及物质、能源以及知识、人力或技术资源之间的交换，产生环境和竞争效益。而隆巴尔迪（Lombardi）等学者认为，这一定义的缺陷随着实践的发展已露端倪，例如地理相邻性原则——共生网络中成员的合作和其他合作组织一样，都是受自身利益的驱动，尽管生态效益是合作后的产物，但很少有成员直接受生态影响的驱动，产业共生应被定位为提升组织的商业机会和生态创新的工具。产业共生更强调从系统的层面实现废弃物的减量化、再利用与资源化，侧重活动所带来生态效益和区域的可持续发展，更加注重企业间的集群、信赖、合作与协调。

产业共生是产业生态系统的重要特征和实现途径。广义的产业共生不仅是关于共生企业之间的废物交换，更是一种包括企业之间开展的资源共享、废物流集中、物资和能量交换、技术创新、知识共享、学习机制等在内的全面合作。与生物共生不同的是，产业共生关系因系统边界而异，企业关系在不同的产业共生模式中的特征并不相同；此外，产业共生系统的进化由不对称的资源优势驱动，而非自发产生，企业间的合作也不是单纯意义下的合作，是竞争与合作并存。

自 1989 年福罗什（Frosch）等在《制造业战略》文章中介绍产业生态系统的理念和丹麦卡伦堡产业共生的经验后，产业界、环境科学和生态学界就开始涉足相关的理论与实践。尽管产业共生的实践已经存在了很长时间，但其开始引起人们的广泛关注只有短短二十几年。而产业共生在现阶段受到重视的原因是人们对产业发展伴生的环境问题意识的提高。1995 年前后，伊莱费尔德（Ehrenfeld）等人系统梳理了该产业共生体系的演进过程及其效应，提出产业共生体系对于能源和资源的利用效率要大于各企业单独运作之和，即"1+1>2"的共生效应。鉴于产业共生的这一双赢效应，人们希望将产业共生从以往的自发行为转向有目的的自觉活动，生态工业园区就是其中最为重要的实践形式之一。

2. 产业共生的核心与发展趋势

产业共生的核心是工业。以工业为核心的产业共生比以农业为核心的产业共生体系更加复杂。农业的产业共生体系中各产业之间所需的能量通过各种形式从外界获取，不会存在能源短缺的问题。而工业系统以非生物物质为主要资源，能源是其建立共生体系的关键。

以工业为核心的产业共生可以分为物质型共生、能源型共生和混合型共生。物质型共生产业以物质的流动为核心相互共生，其他规模主要取决于现有工业食物链的长短，而食物链的长短取决于企业对资源利用程度。在使用资源的过程中，由于物质不断聚集在新产品上，其质量在产业共生体系中会随着使用次数的增加逐步减少，进而影响到其他产业的规模。相比可循环物质，工业生产针对不可循环物质的技术更专业，开发程度更深。能源在产业共生大多是产业共生的初级形式。由于水能、风能、太阳能等可再生性能源在生产过程中产生的副产品较少，随着这一类能源逐渐成为主要的能源使用形式，以及能源生产工艺流程设计的不断完善、更新和生态化发展，它们将渐退出先导产业共生体系。

混合型共生是绝大多数产业共生体系的形式，产业相互间的连接以物质和能源两种途径实现。由于能量流所有物质流都伴以能量流。物质和能量构成了产业链的核心和工业食物链的枢纽。其中能量流反映物质流的结构状态，始终处于辅助地位。

进化是共生系统发展的总趋势和总方向。它强调共生单元之间的相互吸引、合作、补充以及相互促进。因此，合作是共生现象的本质特征之一。共生并不排除竞争，它更强调从竞争中产生新的、创造性的合作关系，因此共生现象的本质特征中包含着合作竞争的关系。也就是说，合作与竞争既可能以性质相反的面目出现，也可以是互补的力量——企业以竞争的姿态去寻求有吸引力的伙伴的独占合作协议，抢占先机，提高竞争效率。

3. 资源型企业共生

资源型企业是复合生态系统的重要组成部分，资源型企业及其利益相关者也通过共生关系构成特定的共生体或共生群落。在复合生态系统开放条件下，共生单元通过系统内外的物质、能量和信息的交流，各系统的内部子系统之间，通过非线性的相互作用产生协同效应，各子系统相互合作、协调共生的协同现象使整个系统自动地在宏观上呈现时空、结构、功能协调有序，并达到新的稳定状态。多样性系统之所以比单一性系统演化有序，主要与子系统差异有关，子系完全无差异，竞争就会极为激烈和残酷，自然界中不同物种形成了多样性的、相互制衡的、可以发展的系统关系，而单一物种之间则产生大量的所谓的内耗，其演化规律常常是退化大于进化。

生态系统中能量和物质消耗可以被多个企业进行互补与优化，一个过程输出的废弃物可能会成为另一个过程将要输入的原料。企业之间各种物质、能源、水以及各类副产品的物理交换，资源型企业之间因地理位置的相近性为企业之间更广泛的合作提供了可能性。资源型企业共生机制是由共生单元、共生关系以及共生模式构成的综合机制，如图 7-2 所示。

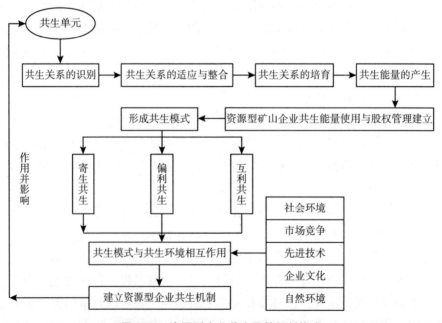

图 7-2 资源型企业共生及其机制构建

7.2 区域发展与生态共生

7.2.1 区域的概念与特征

1. 区域的概念

不同的学科领域对"区域"一词有不同的理解。地理学中的区域是指地球表面的一个地理单元。地理区域是按照自然地理环境的规律,在特定的目的下为揭示自然地理环境结构的特定性质而划分出来的自然地理综合体。一般来说,区域具备地理边界和面积,其面积和范围都能够度量,因而区域等同于地理位置。社会意义上的区域则包括了经济、社会和文化区域等等。经济学把区域理解为一个在经济上相对完整的经济单元,是人类在对自然环境进行利用、改造和建设的过程中,运用科学技术、工程措施等形成的具有特定性质的生产地域综合体。从政治学的角度看,区域是行政单元,由国家实施行政管理。从社会学的角度看,区域是聚居社区,具有语言、宗教、民族、文化等人类某种相同社会特征。区域是由经济、政治、社会、文化、生态等诸多方面促成的、相互作用的综合体,集成了生产力的所有要素。综合以上各方面的观点,所谓区域,是承载人类在一定的时间和某一地域空间中改造自然并发生各种社会关系的载体,是在一定范围内的生产力和生产关系的集合体。而京津冀区域生态共生研究中的区域,更加偏重于经济区域与社会区域的结合,是国家内部跨越传统行政区域边界的地理空间范畴。

2. 区域的特征

区域具有四大统一性——自然性与社会性的统一、不平衡性和趋同性的统一、系统性与个体性的统一以及规律性和目的性的统一。

(1)自然性与社会性的统一。区域的自然性表现在区域的本质是地理环境。人类的生产、生活离不开地理环境,由自然所赋予的禀赋差异在很大程度上决定了一个区域发展的高度和水平。自然条件为人类社会的发展提供天然资源,同时参与到人类活动中,在交互作用下改变着人类社会的发展面貌,推动社会发展。而区域的社会性则表现在人对自然的改造上——人与自然的联系通过物质生产劳动得以实现。

（2）不平衡性与趋同性的统一。由于自然、社会、经济条件等因素的影响，区域发展具有空间不平衡性。例如地理位置与气候的差异可能导致交通便利的差异；植被、水土的差异导致农业和生物的多样性；地质矿藏的差异导致地区产业的差异；劳动力、资本、技术等要素的差异决定了产业结构的分布与层次，市场的容量与成熟程度、企业的经营成本与实际效率等。同时，区域是一种地域单元，具有完整的经济结构。在区域内部，成员之间没有汇率的障碍，没有关税壁垒，生产力要素中的资本、劳动力等非实体性要素可以在更好地流动性。各种调控政策与措施不断推动区域内市场的统一与发展，从而使得区域从不平衡趋于平衡。

（3）系统性与个体性的统一。区域是一个复杂系统。人们为了使生产活动能够正常进行，在区域内形成某种固定的生产关系和社会关系，又通过这种关系把劳动成果成为转化为人类需要的现实利益。如此一来，人对于不同利益的追求，造就了区域的个性化发展之路。

（4）规律性和目的性的统一。经济增长是区域发展的中心任务，即在一定时期内通过增加就业人数、资本投入加大和技术进步等方式引起的产品与服务产出量的增加。但区域的经济增长不仅包括区域经济总量增长，还应包括人均收入的增长，否则，这种增长就是背离了人性需要的增长。区域内的社会进步不仅表现在生产力的硬性发展方面，还表现在政治、文化、社会的发展以及生态环境的保护等综合的多个方面，这就是区域的目的性——实现人的全面发展跨越。对于区域的目的性认识不足，使得决策者在很长时间里把社会建设和生态建设排除在区域发展之外，区域的协调发展就仅局限于政治、经济、文化三个方面，导致了社会建设和生态保护的滞后，人们的生活质量没有明显的提升，在有的区域甚至不升反降，造成区域发展的不可持续性。

7.2.2　区域协调发展

1. 协调发展的概念及内涵

（1）协调的内涵。

一般来说，协调是指一个系统的各个要素达到和谐、合理的状态，以从总体效应上实现最优。协调发展有三重含义：首先，是"共同""持续"发展的含义；其次，有"相互促进"的意思；最后，协调发展不等同于平均发展。在学术和应用领域，协调既代表各要素间达到融洽关系并表现出最优整体效果的状态，也体现为协调系统要素间的关系，使其共同发展的过程。此处所谓的协调，是区域生产力与生产关系各组成要素在演化过程中，通过一定的手段寻找到解决矛盾或冲突的方案，最终达到和谐一致的状态。

（2）发展的内涵。

发展是事物从小到大、从简单到复杂、从低级到高级的演化过程，内含了质变的意义，即旧事物的灭亡和新事物的产生。发展也是区域生产力与生产关系的矛盾运动的一种动态性过程，既有量的积累，也有质的变化。区域是一个复杂大系统，由经济、社会、人口、资源、自然环境、建成环境等要素构成。各个子系统通过彼此间的能源、信息、技术、人力等交流，形成相互依赖、相互制约、既竞争又合作的运动形式，推动区域整体的演变。

发展建立在社会、经济、人口、生态等全方位发展的基础之上。衡量一个地区是否发展的标准不仅包括系统内部的资源、经济、社会、生态等要素的状况，还包括这些组成要素间的协调性——建立在公平、可持续发展基础上的协调。这一过程中既有人与人之间的协调关系，更有人与地之间的关系。

（3）协调发展的内涵。

协调与发展二者的关系是手段和目的的关系：协调是为了实现发展的最终目标所使用的手段。所有偏离目标的行为都将通过协调手段加以调节、控制，以促进发展的过程中自然资源的合理开发和可持续利用，在最大程度上保护生态环境系统。把握区域协调发展，可以从时间和空间两个维度入手。在时间维度上，区域协调发展是一种可持续性的发展，区域的经济、社会、生态等要素必须达到协调状态；在空间维度上，区域间的发展态势应包含促进空间结构优化的协调机制，以促使区域间的差距不断缩小。

协调发展的本质是协作。因而区域协调发展应遵循系统内各地区的发展规律，使之与整体发展的趋势和要求相适应；建立有效的协调机制，促进区域从自然整合走向制度安排，通过区域内部的良性竞争与通力合作实现可持续发展。

2. 区域协调发展的基本特征

国内学者对于区域协调发展特征的理解概括起来大致包括三个方面。第一类是政策论，持此类观点的学者认为应通过各种政策、手段和措施缩小区域间不断扩大的差距，在不平衡发展中找到相对平衡；第二类是市场论，市场论观点的学者提出市场主导、利益引领，将区域内的产业分工和利益关系通过统筹规划不断协调各地区关系，从而在区域内部建立合理的经济分工；第三类是协同论，强调发挥区域内各组成部分的优势，通过合理分工，促进区域经济、政治、社会、文化、生态整体的发展，同时把区域内各组成部分的经济差距控制在适度范围，以推进经济在系统内部实现协调。综合起来，区域协调发展的特征应包括以下三个方面：

（1）协调是区域的重要职能。区域的协调主要取决于区域内部各地区之间、各城市之间以和各种经济社会活动之间的相互作用以及各种影响因素的综合作用。区域内部各组成部分相互作用，对与其间的相互联系和数量比例关系不断进行调整，从而产生相互促进、优化的效果，推动区域的发展。

（2）发展的内容中包含着增长，但不简单等同于增长。发展是整体的、系统的、综合的、全方位的。党的十八大报告中提出的发展战略"五位一体"的思想中，不仅包括经济、社会、政治、文化等方面的进步，还包括生态环境在内的自然的可持续发展。

（3）区域协调发展是"五位一体"的，是经济、政治、文化、社会、生态之间的相互联系在区域利益同向增长的目标下通力合作，区域内部的地区差距不断缩小的过程。以京津冀区域为例，用人为方式减缓北京地区的发展速度以快速缩小与天津市、河北省的差距并不可取，通过政策机制创造均衡发展的机会，促进地区合理分工，才有可能实现包括经济增长、区域产业分工、生态环境保护等方面在内的协调发展。

7.3 利益相关者视角下的区域生态博弈

根据前两节理论，可以得出结论：随着京津冀协同发展被确定为国家重大战略，京津冀地区的资源型企业形成了复合生态系统中的区域共生体，而这一共生体实现生态共生的必要条件就是整个资源行业在区域内的协调发展。为此,本节从利益相关者视角入手,探析京津冀产业区域共生系统中的各主体行为与主要影响因素。利益相关者理论为识别京津冀资源型企业生态共生系统的主体提供了依据。华北地区是生态环境超负荷与污染严重的地区,其生态问题具有明显的集中性,严重阻碍了京津冀一体化发展进程。而当前的生态治理模式很难有效地协调各利益相关群体的利益,使得整个区域内的企业生态治理与可持续发展陷入困境。只有多元利益相关主体共同参与、协同治理,才可能实现真正的区域共生。由于各利益相关者群体力量不均衡,而企业生态治理与区域协调发展的过程也是动态博弈的过程。

7.3.1 参与者

选择区域产业生态共生体系统的主要利益相关者——政府、企业、社会公众作为博弈参与者,对各博弈主体的界定及其主要特征如下。

1. 政府

政府包括京津冀地区的各级政府部门及其下属各级、各类环境保护、生态治理单位。政府在区域协同发展中所扮演的角色是管理者,除了向社会提供公共物品,还掌握着公共资源的主要管理权。此外,政府通过制定相关政策将发展战略由资源密集型不断向环境友好型调整,通过深化公共资源管理将企业发展的负外部性逐渐内部化。另一方面,由于不同地区社会、经济和生态环境的差异性,信息不完全性,政策制定的局限性、实施的延迟性,各类政府工作目标的差异性以及区域协同发展问题的复杂性等,"政府失灵"现象在企业生态治理过程中亦时有发生。

2. 企业

资源型企业是资源与生态环境的消费者,在生产与经营的过程中产生了环境负外部性,是生态治理的主要利益相关者,对环境保护负有不可推卸的责任。区域共生、协同治理的大环境要求企业更加主动地将自身的负外部性内部化,而承担生态治理与环境保护责任必然会导致成本增加、利润降低,在一定程度上削弱其竞争力,甚至陷入困境。作为"理性人",企业往往会追求短期利益而忽视生态治理,这是区域共生与协同治理中的难点,需要多元利益相关者参与并共同解决。

3. 社会公众

社会公众（社区群众）是区域共生系统的主体要素之一，他们既是生态治理的受益者，也是环境污染的受害者。社会公众是生态治理的基础，区域生态协同治理的结果直接影响到公众对政府和社会的满意度。在多元利益相关者主体参与的生态治理中，社会公众具有导向作用。社会公众直接受到区域生态治理效果的影响，对生态治理具有重要的推动作用，其利益偏好与利益诉求影响着生态治理的目标和方向，同时也在一定程度上影响着其他利益相关者的偏好。因此，将社会公众纳入生态治理利益相关者体现了协同治理的最终目标，是区域共生的内在动因。

区域生态共生系统中的社会参与者除了社区群众还包括非政府组织。非政府组织独立于政府之外，不以营利为目的，其他参与生态协同治理的主要形式是环保主义者，主要职责在于协调其他利益相关者与环境的关系，旨在用非政府强制的手段来促成区域可持续发展。京津冀三地政府在生态协同治理方面存在明显的信息不对称，而社会公众对于生态治理的需求响应速度往往又比较慢，他们更倾向于向环保组织求助来维护自身利益；而政府和企业的治理行为也亟待非政府组织参与监督。但现实情况是，我国非政府环保组织发展尚不完善，社会公众的参与度十分有限，又缺少政府部门和企业的支持，在生态治理问题上专业性较差，话语权小。

7.3.2　参与者行为分析

1. 不同利益主体间的关系

首先，区域生态系统的利益相关者之间具有非市场性关系。根据环境外部性非市场性原则，由于负外部性的发生并非市场机制直接导致，不存在契约或合同关系，利益相关者之间的利益并难以通过市场机制进行交换或者调整。其次，由于环境负外部性是在企业的正常生产经营活动过程中产生，对于环境污染的形式、范围、规模、涉及的群体等都无法进行准确的事前预测，因此，利益相关者类型和群体规模具有不确定性。最后，环境的负外部性对受其影响的利益相关者都具有强制性的特点。在区域生态系统中，利益相关者群体被动承担了污染所带来的负外部性,并且事先没有预期会为此付出相应的成本。

环境协同治理中利益相关者的识别和分类是基于环境外部性来界定的,即利益相关者群体的行为是否产生了环境的外部性,或者是否承担消除环境外部性责任。因此,根据产生环境外部性的严重程度以及承担治理环境污染、消除环境负外部性的责任大小,可以将利益相关者划分为:核心利益相关者、次要利益相关者和边缘利益相关者,从而有效地进行区域环境协同治理。由此可以看出,利益相关者参与的区域生态协同治理,实现区域生态共生的关键在于将预期外的环境外部性转化为预期内的环境外部性,并通过协同治理机制的构建,使被影响者主动参与环境治理,减小环境外部性。促进环境外部性的内部化则需要实现信息透明化,建立良好的协商机制;而降低环境的外部性则需要建立完善的参与渠道、科学的决策机制和有效的监督保障机制。

2. 利益主体在生态共生体中的作用与行为

(1)政府行为。

政府在区域共生系统的生态治理中承担制度政策供给、机制设计、提供平台、协调矛盾等任务。

政府对环境协同治理的态度、认知和职能转变等行为对环境协同治理的影响重大。认知是指政府获得关于复合生态系统信息并进行筛选、解读的过程。政府认知正确与否对政府在生态协同治理中的行为密切相关。一方面是政府对区域生态协同治理的支持,即对生态协同治理理念的认可,是京津冀区域共生,协同治理顺利实施的保障;另一方面是政府在生态协同治理中的合作意愿,政府合作意愿增强反映了政府在协同治理中由单一中心决策角色向多中心决策角色转变,是政府职能转变的体现。政府的职能转变还包括建设生态协同治理协商平台,使得不同治理主体间得以进行有效沟通,减少环境协同治理中的阻力,保障治理效果,促进生态共生。

政府行为的另一个主要内容是生态协同治理的顶层机制设计。顶层机制设计指中央政府为京津冀地区建立生态协同治理机制提供科学的制度性框架。其次是建立跨区域环境治理机构和完善利益协调机制,协调区域生态协同治理事务,缓解矛盾冲突。生态问题具有负外部性,环境污染的制造者产生的成本却需要其他主体承担,而生态治理也给处于弱势地位的地区带来利益损失，这些都对生态协同治理产生了严重的负面影响。因此，建立跨区域环境治理机构和利益协调机制不可或缺。

此外，政府行为还包括完善环境协同治理法律体系和制定实施统一的环境政策。法律法规是环境协同治理的强制手段，其中法律体系的完善性决定了是否能够有效约束生态治理主体的行为、保障治理主体参与治理的规范性以及是否有利于治理政策的实施。

（2）企业行为。

企业是环境污染的主要制造者，同时也是生态治理的执行主体。资源型企业在区域生态共生系统中的行为包括对生态协同治理的认识、收益、参与以及话语权。

尽管企业是造成环境污染的首要因素，但其他本身以追逐经济利益最大化为目的，并不愿意承担环境问题的负外部性带来的社会成本。只有对区域生态协同治理全面认知，发掘企业在环境协同治理中潜在的、长期的和持续性效益，认识到环境协同治理对于企业可持续发展的重要性，才有可能避免更大的损失。另一方面，企业在生态协同治理中能够获益是企业支持参与环境协同治理的根本动机，对企业是否愿意采取有利于与其他利益主体协同治理的策略至关重要。而正确的环境价值理念和自觉环保行为可以提高企业对生态协同治理的重视程度，进而主动承担环境协同治理责任。企业话语权是指企业在生态协同治理中表达自己观点和建议的权利，是维护自身权益、提高参与协同治理积极性、降低来自企业阻力的保障。

此外，区域生态协同治理中还不可避免地涉及企业间的合作交流，既包括治理技术的合作以及治理经验的交流。企业跨区域交流合作有助于协同治理信息的流通、增强企业间信任，从而促进生态治理利益主体间的协同合作。

（3）社会公众与社会组织行为。

社会公众、社会组织和媒体是生态环境治理最坚定的支持者。社会主体行为对生态协同治理的影响体现在宣传、认知、参与、话语权与生活转型等方面。

社会组织或媒体的宣传促使社会公众对生态协同治理进行全面了解，而科学有效的宣传能引导社会公众的积极态度，促使公众积极参与。对区域生态协同治理的认知加快了社会公众了解和接受生态协同治理理念的步伐，即一方面从自身生活方式上适应并予以支持，另一方面监督其他主体的行为与治理政策的执行和落实。正确的环境价值理念和环保行为自觉性能提高社会对环境协同治理的重视程度，主动承担环境协同治理中的责任，通过主动改变生活方式参与到区域生态治理中来。而绿色生活也是区域生态共生的一部分，是社会公众承担环境保护责任和参与环境协同治理的体现。

拥有话语权能提高社会公众和组织在环境治理中的责任感，激发社会参与积极性，降低来自社会方面的阻力，更是实现舆论监督的前提。社会作为环境治理的坚定支持者，具有监督环境协同治理政策和决策落实的意愿。社会公众和组织对生态治理政策以及决策等实施情况的监督可以有效约束环境协同治理中其他主体的行为，保障区域生态的治理效果。

7.3.3 区域生态共生系统中的博弈

区域共生系统中实现生态协同治理是在中央政府与地方政府、地方政府与企业、企业与社会公众等多方利益相关者群体的动态博弈过程中得以进行的。

1. 中央政府与地方政府的博弈

在区域生态协同治理系统中，中央政府不直接参与生态治理，它代表社会公众的整体利益，其施政目标在于区域社会总体福利的最大化。负责区域生态治理的主体是地方政府，地方政府与中央政府存在委托—代理关系。相比中央政府，地方政府则首先关注区域经济发展、就业水平等影响其政绩的诸多因素，并且在区域生态治理方面具有完全信息。信息不对称导致地方政府有可能规避中央政府的处罚，忽视区域企业产生的环境外部性以节省治理和成本并从企业获益。

假设中央政府和地方政府均为"理性人"：中央政府追求区域总体福利最大化；地方政府追求自身政绩的最大化；中央政府选择对地方政府进行监管，则可以确定地方政府是否履行其区域环境治理的职责；中央政府选择不监管地方政府，则不能确定其他监管是否存在纰漏；中央政府信息不完全，与地方政府之间存在信息不对称。

假设中央政府对地方政府监管的概率为 α，监管成本为 C_1；地方政府对企业进行监管的概率为 β，监管成本 C_2；企业在地方政府实施监管的前提下才可能开展生态工程，对生态治理投资，此时地方政府的环境收益为 I_1，中央政府环境收益 $I_1'(I_1' < I_1)$，否则企业不对生态治理投资，地方政府获得的经济收益为 I_2，中央政府税收增加 I_3；若地方政府未进行生态治理监管，中央政府对其罚金为 F_1，且因此不得不用于消除环境负外部性的成本为 F_2。据以上假设，可以得到政府之间的博弈关系，如图 7 - 3 所示。

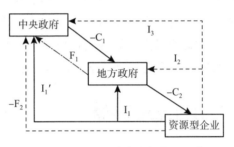

图 7 - 3　政府间博弈支付关系示意

中央、地方两类政府区域生态治理博弈的支付矩阵如表 7 - 1 所示。

表 7 - 1　　　　　　　　　　政府博弈支付矩阵

		地方政府	
		监管 β	不监管 （1 - β）
中央政府	监管 α	$(I_1' - C_1,\ I_1 - C_2)$	$(-C_1 + I_3 + F_1 - F_2,\ I_2 - F_1)$
	不监管 （1 - α）	$(I_1',\ I_1 - C_2)$	$(I_3 - F_2,\ I_2)$

中央政府收益期望为

$$E_1 = \alpha\big[\beta(I_1' - C_1) + (1 - \beta)(-C_1 + I_3 + F_1 - F_2)\big] + (1 - \alpha)\big[\beta I_1' + (1 - \beta)(I_3 - F_2)\big] \qquad (7 - 1)$$

地方政府收益期望为

$$E_2 = \beta\big[\alpha(I_1 - C_2) + (1 - \alpha)(I_1 - C_2)\big] + (1 - \beta)\big[\alpha(I_2 - F_1) + (1 - \alpha)(I_2)\big]$$

$$(7 - 2)$$

由式 （7 - 1），中央政府实现收益最大化的条件是

$$E_2(\alpha, 1) = E_2(\alpha, 0) \tag{7-3}$$

即

$$\alpha(I_1 - C_2) + (1 - \alpha)(I_1 - C_2) = \alpha(I_2 - F_1) + (1 - \alpha)I_2 \tag{7-4}$$

此时其进行监管的概率为

$$\alpha^* = \frac{C_2 + I_2 - I_1}{F_1} \tag{7-5}$$

同理，由式（7-2），地方政府实现收益最大化的条件是

$$E_1(1, \beta) = E_1(0, \beta) \tag{7-6}$$

即

$$\beta(I_1' - C_1) + (1 - \beta)(-C_1 + I_3 + F_1 - F_2) = \beta I_1' + (1 - \beta)(I_3 - F_2) \tag{7-7}$$

其进行监管的概率为

$$\beta^* = \frac{F_1 - C_1}{F_1} \tag{7-8}$$

即中央政府与地方政府在区域生态治理博弈中的纳什均衡为

$$(\alpha^*, \beta^*) = \left(\frac{C_2 + I_2 - I_1}{F_1}, \frac{F_1 - C_1}{F_1} \right) \tag{7-9}$$

从纳什均衡来看，地方政府对企业的监管成本与两种选择（不监管和监管）下的收益差之和拉近由于监管缺失被处罚金时，中央政府对地方政府进行监管的可能性较大；而此时地方政府选择对企业进行监管的动机较小。对于地方政府来说，中央政府对其进行监管的成本越低，地方政府越倾向于对企业生态治理问题进行监管；当中央政府的监管成本接近地方政府由于监管缺失所受罚金时，地方政府则趋向于忽视企业的环境外部性而追求自身的政绩。

由此可见，想要实现区域生态协同治理，中央政府应大力推动政府间的有效沟通以降低监管成本，同时要加大对于地方政府追求政府绩效和地区经济利益而忽视企业环境污染问题行为的处罚力度，从而促成地区政府间的协同配合。

2. 地方政府与企业的博弈

地方政府是区域生态治理的主要监管者，相对于中央政府，地方政府与企业信息对称。地方政府会根据地区生态治理的收益情况来选择是否谋求短

期经济增长而忽视企业生产对环境造成的负外部性。在进行博弈分析时，将区域内的所有资源型企业看作一个整体，企业的经济效益直接影响到对区域的经济发展水平的评价以及对地方政府的政绩评价；地方政府具有约束企业、强制企业进行生态治理的权力，其监管具有有效性。

假设企业开展生态工程、进行生态治理，地方政府的环境收益为I_1，对企业进行生态治理的补贴或税收的优惠为S，企业进行生态治理的概率为δ；若企业未履行生态治理责任，地方政府对其所处罚金为F_1，政府监管成本为C_2，监管概率为α；若企业选择不开展生态工程，其投资利润增量为ΔR，地方政府获得经济收益（税收）I_2，用于降低企业造成的环境负外部性成本F_2；此外，在分析地方政府与企业的博弈关系时，假设中央政府对地方政府的治理监管到位，若地方政府对企业的生态治理监管缺失或不到位，需向中央政府缴纳罚金F_0。企业与地方政府区域生态治理博弈关系，如图7-4所示；博弈支付矩阵见表7-2。

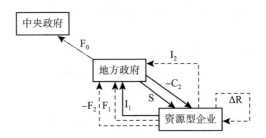

图7-4 企业与地方政府区域生态治理博弈关系示意

表7-2 企业与地方政府博弈支付矩阵

		资源型企业	
		治理 δ	不治理 $(1-\delta)$
地方政府	监管 α	$(I_1 - C_2,\ S)$	$(-C_2 + I_2 + F_1 - F_2,\ \Delta R - I_2 - F_1)$
	不监管 $(1-\alpha)$	$(I_1,\ 0)$	$(I_2 - F_0 - F_2,\ \Delta R - I_2)$

地方政府的收益期望为

$$E_1 = \alpha[\delta(I_1 - C_2) + (1-\delta)(-C_2 + I_2 + F_1 - F_2)]$$
$$+ (1-\alpha)[\delta I_1 + (1-\delta)(I_2 - F_0 - F_2)] \qquad (7-10)$$

企业收益期望为

$$E_2 = \delta[\alpha S + (1 - \alpha)0] + (1 - \delta)[\alpha(\Delta R - I_2 - F_1) + (1 - \alpha)(\Delta R - I_2)]$$

$$(7 - 11)$$

由式（7 - 10），地方政府实现收益最大化的条件是

$$E_2(\alpha,\ 1) = E_2(\alpha,\ 0) \qquad (7 - 12)$$

即

$$\alpha S = \alpha(\Delta R - I_2 - F_1) + (1 - \alpha)(\Delta R - I_2) \qquad (7 - 13)$$

此时政府对企业进行监管的概率为

$$\alpha^* = \frac{\Delta R - I_2}{S + F_1} \qquad (7 - 14)$$

同理，由式（7 - 9），企业实现收益最大化的条件是

$$E_1(1,\ \delta) = E_1(0,\ \delta) \qquad (7 - 15)$$

即

$$\delta(I_1 - C_2) + (1 - \delta)(-C_2 + I_2 + F_1 - F_2) = \delta I_1 + (1 - \delta)(I_2 - F_0 - F_2)$$

$$(7 - 16)$$

其进行监管的概率为

$$\delta^* = 1 - \frac{C_2}{F_0 + F_1} \qquad (7 - 17)$$

即地方政府与企业博弈的纳什均衡为

$$(\alpha^*,\ \delta^*) = \left(\frac{\Delta R - I_2}{S + F_1},\ 1 - \frac{C_2}{F_0 + F_1}\right) \qquad (7 - 18)$$

由纳什均衡可以看出，对于地方政府来说，当企业不进行生态治理时的利润增量接近地方政府收益的增量，即 ΔR 趋近于 I_2 时，政府倾向于对企业的生态治理情况不予监管（监管概率趋近于0）；如果企业的利润增量远大于政府收益增量，且 $\Delta R - I_2$ 趋近于 $S + F_1$ 时，地方政府则有可能主动选择对企业进行监管，此时企业与地方政府的收益差接近企业不进行生态治理时要受到的处罚与企业主动进行生态治理时免交的税费之和。这一结果表明，企业的经济收益越多，政府对其进行监管的意愿越强；企业受到的补贴或者处罚越多，地方政府越无意对其进行监管。前者证实了企业经济效益，特别是多于地方政府的收益是地方政府关注的焦点；后者则体现了地方政府对于生态治理财政支出的被动性以及对企业缴纳罚款可能导致其经济收益下滑的担忧。

另一方面，当 C_2 趋近于 0 时，即地方政府对企业的监管成本极小时，企业选择主动进行生态治理的可能性越大；而当地方政府进行监管的成本较大且接近企业不进行生态治理且地方政府不实施监管的情况下双方需缴纳的罚金之和，即 C_2 趋近于 $F_0 + F$ 时，企业更倾向于不进行生态治理。也就是说，地方政府监管成本相对较低会促使企业意识到难逃追责并提前作出理性决策；而较大的监管成本则是企业逃避生态治理责任的诱因。此外，无论是地方政府还是企业，由于未履行生态治理义务受到的惩罚力度越大，越能够督促企业承担生态治理责任。

因此，要想实现地方与企业对于区域生态的协同治理，首先，京津冀区域的各地方政府在生态治理问题上应进行有效的协同，降低监管成本，而中央政府与地方政府之间亦需默契配合，加大对监管对象未承担生态治理责任的处罚力度；其次，必须改正唯 GDP 论的政府绩效评价方式。此外，对于企业进行生态治理的鼓励性补贴必须落实到位。

3. 企业与社会公众的博弈

社会公众是区域共生系统中受生态治理影响最广泛的群体。如果地方政府的补贴不足以支持企业进行生态治理，部分成本就会以服务方式转嫁给社会公众，如果公众也不愿意支付此项费用，企业在进行生态治理的积极性就会减小，企业能否实施生态工程就取决于政府颁布的强制性政策、法规。社会公众与企业博弈时，其行为表现出对自身效用最大化的追求，此处用消费者效用予以表示。

假设企业进行生态治理的概率为 δ，治理后的收益改变量为 ΔR，地方政府对企业监管到位，对企业的生态治理补贴为 S；若企业没有进行生态治理，如果被公众监督发现，则必须向社区群众支付赔偿金 T，同时地方政府获得的经济收益（税收）I_2；社会公众参与对企业生态治理的监督、敦促企业实施生态工程，由此提升的效用为 ΔU，监督企业生态治理的成本为 K，若公众不愿对企业进行监督，此费用转化为企业生产造成的环境外部性带来的效用损失。企业与社会公众博弈支付关系如图 7 - 5 所示，支付矩阵见表 7 - 3。

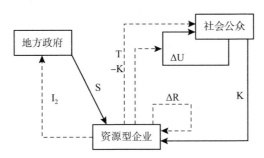

图 7 - 5 企业与社会公众博弈支付关系示意

表 7 - 3 企业与地方政府博弈支付矩阵

		社会公众	
		监督 φ	不监督 $(1 - \varphi)$
资源型企业	治理 δ	$(S, \Delta U - K)$	$(S, \Delta U)$
	不治理 $(1 - \delta)$	$(\Delta R - I_2 - T, T - K)$	$(\Delta R - I_2, 0)$

由此推知企业收益期望为

$$E_1 = \delta[\varphi S + (1 - \varphi)S] + (1 - \delta)[\varphi(\Delta R - I_2 - T) + (1 - \varphi)(\Delta R - I_2)] \tag{7 - 19}$$

公众收益期望为

$$E_2 = \varphi[\delta(\Delta U - K) + (1 - \delta)(T - K)] + (1 - \varphi)[\delta \cdot \Delta U + (1 - \delta) \cdot 0] \tag{7 - 20}$$

公众收益最大化的条件是

$$E_2(\delta, 1) = E_2(\delta, 0) \tag{7 - 21}$$

即

$$\delta(\Delta U - K) + (1 - \delta)(T - K) = \delta \cdot \Delta U + (1 - \delta) \cdot 0 \tag{7 - 22}$$

此时，企业选择进行生态治理的概率为

$$\delta^* = 1 - \frac{K}{T} \tag{7 - 23}$$

同理，企业收益最大化的条件是

$$E_1(1, \varphi) = E_1(0, \varphi) \tag{7 - 24}$$

即

$$\varphi S + (1 - \varphi) S = \varphi(\Delta R - I_2 - T) + (1 - \varphi)(\Delta R - I_2) \qquad (7 - 25)$$

公众选择对企业进行监督的概率为

$$\varphi^* = \frac{\Delta R - I_2 - S}{T} \qquad (7 - 26)$$

即企业与社会公众博弈的纳什均衡为

$$(\delta^*, \varphi^*) = \left(1 - \frac{K}{T}, \frac{\Delta R - I_2 - S}{T}\right) \qquad (7 - 27)$$

考察纳什均衡的结果。当社会公众选择对企业进行监督时，企业策略偏向于进行生态治理；公众监督的成本（力度）越大，企业进行治理的愿意也越强烈。这表明，公众在企业未进行生态治理时对生态环境的满意度越大，其监督成本越低，越有可能对企业进行监督，促使企业治理生态；如果生态环境被破坏得较为严重，公众监督成本就会大大增加，其监督意愿也会大打折扣，进而企业也会逃避承担生态责任。对于社会公众来说，企业支付的赔偿金越多，公众在企业进行生态治理后获得的效用就相对减少，因而监管愿意也会减小；企业获得的经济效益越多、得到的治理补贴越少，都会降低其不进行生态治理的成本，从而增加企业不承担生态责任的概率，因而公众要提高自身对于生态环境的效用，对企业的监督就更加必要。

由上述分析可知，对于政府来说，合理增加企业主动进行环境治理投资时的补贴或税费减免以及对社区群众的赔偿，可以增加社会公众的监督意愿，也会增加企业进行环境治理的概率。

4. 多元主体参与的生态治理博弈

区域生态治理的是区域内各利益相关者共同参与的过程，动态博弈的结果决定了区域共生体的生态环境是否能够实现协同治理。为了研究多主体下环境的利益相关者博弈，以下对中央与地方政府、企业、社会公众（包括非政府环保组织）在区域生态治理中的博弈行为进行分析。

四主体参与的博弈关系相对于三层次博弈更加强复杂。由于资源型企业是区域生态治理系统中的核心参与者，其他各方努力的目标均是通过各种规制、政策、措施促成企业为消除生产过程中产生的环境负外部性而主动进行治理。为了凸显各参与主体在生态治理博弈中的核心问题和实际关联，以下重点分析当资源型企业选择不承担生态责任这一结果出现时其他利益相关者的支付情况，并由此探究可能避免这一结果的诸项政策与措施。

中央政府、地方政府、资源型企业以及社会公众四个主体在企业不选择生态治理策略时的支付关系与支付情况，如图 7-6 所示。

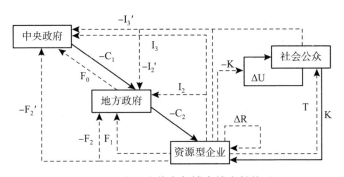

图 7-6 多元主体参与博弈的支付关系

图 7-6 中各字母所代表含义与前三例博弈一致：即企业未履行生态治理责任，地方政府对其所处罚金为 F_1，地方政府的监管成本为 C_2，从企业获得的经济收益为 I_2，用于降低企业造成的环境负外部性成本 F_2；中央政府对地方政府的监管成本为 C_1，财政税收增加 I_3，若地方政府未履行其监管责任，对其处以罚金 F_1，用于消除环境负外部性的成本为 F_1'；企业利润增加 ΔR，企业未履行生态责任的事实如被公众发现，须向社区群众支付赔偿 T；社会公众参与对企业生态治理的监督并由此获得的效用增加 ΔU，监督企业是否履行生态治理义务的成本为 K，若不愿对企业进行监督，此费用转化为企业生产造成的环境外部性带来的效用损失；此外，由于生态破坏给社会公众造成了损失，公众对政府的满意度降低，中央政府与地方政府为此所付出的代价分别为 I_2'、I_3'。由此得到中央政府选择对地方政府监管与不监管策略的支付值分别为

$$E_{11} = I_3 + F_0 - C_1 - I_3' - F_2' \quad (7-28)$$

$$E_{12} = I_3 - I_3' - F_2' \quad (7-29)$$

地方政府选择对企业进行监管与不监管策略的支付值分别为

$$E_{21} = I_2 - F_0 - C_2 - I_2' - F_2 \quad (7-30)$$

$$E_{22} = I_2 - I_2' - F_2 \quad (7-31)$$

社会公众选择对企业进行监督与不监督策略的支付值分别为

$$E_{31} = T - K \quad (7-32)$$

$$E_{32} = 0 \tag{7-33}$$

从各主体在不同选择下的支付值来看，要试图改变企业逃避生态治理责任的状况，可以通过以下办法促进中央政府、地方政府以及社会公众履行各自的生态责任，相同治理，提高区域环境治理的效果，增加共生区域内利益相关群体的总体福利水平。

（1）降低中央政府对地方政府的监管成本，增加其因地方政府监管失效对其处以的惩罚，增加其为消除企业生产造成的环境负外部性而支付的费用。

（2）减少地方政府对企业的监管成本，增加其由于对企业监管失效而受到中央政府的处罚，增加其为消除企业生产造成的环境负外部性而支付的费用。

（3）增加企业向社会公众支付的补偿或者减少社会公众的监督成本，鼓励社会公众对治理监管的积极态度。

5. 区域共生系统中的企业博弈

资源型行业是京津冀区域共生系统中的一个子系统。企业间的博弈对整个行业的生态治理水平同样具有重要的影响。为了分析行业内部主要企业间的博弈行为，以下通过对动态寡头博弈模型的系统演化分析揭示企业行为的相互作用与影响。

在三寡头垄断市场上，假设条件与双寡头市场相同（第7.1节），第 n 期市场对企业 i 的产品需求由 $q_i(t) = a_i - [b_i p_i(t) - \sum_{i=1}^{2} d_{ij} p_j(t)]$，（$a_i$，$b_i > 0$，$b_i > d_{ij}$，i，j = 1，2，3 且 i ≠ j）决定，基于有限理性预期规则的动态价格博弈模型为

$$p_i(t+1) = p_i(t) + \alpha_i p_i(t) \{[a_i + c_i b_i - 2b_i p_i(t) + \sum_{i=1}^{2} d_{ij} p_j(t)_i]$$
$$(i = 1, 2, 3, i \neq j) \tag{7-34}$$

在式（7-34）中，令 $p_i(t+1) = p_i(t)$，得到 8 个不动点：

$$E_1 = (0, 0, 0), \quad E_2 = \left(\frac{a_1 + b_1 c_1}{2b_1}, 0, 0 \right),$$

$$E_3 = \left(0, \frac{a_2 + b_2 c_2}{2b_2}, 0 \right), \quad E_4 = \left(0, 0, \frac{a_3 + b_3 c_3}{2b_3} \right),$$

$$E_5 = \left(\frac{2b_2(a_1 + b_1 c_1) + (a_2 + c_2 b_2) d_{12}}{4b_1 b_2 - d_{12} d_{21}}, \frac{2b_1(a_2 + b_2 c_2) + (a_1 + c_1 b_1) d_{21}}{4b_1 b_2 - d_{12} d_{21}}, 0 \right),$$

$$E_6 = \left(0, \ \frac{2b_3(a_2 + b_2c_2) + (a_3 + c_3b_3)d_{23}}{4b_2b_3 - d_{23}d_{32}}, \ \frac{2b_2(a_3 + b_3c_3) + (a_2 + c_2b_2)d_{32}}{4b_2b_3 - d_{23}d_{32}}\right),$$

$$E_7 = \left(\frac{2b_3(a_1 + b_1c_1) + (a_3 + c_3b_3)d_{13}}{4b_1b_3 - d_{13}d_{31}}, \ 0, \ \frac{2b_1(a_3 + b_3c_3) + (a_1 + c_1b_1)d_{31}}{4b_1b_3 - d_{13}d_{31}}\right),$$

$$E_8 = (p_1^*, \ p_2^*, \ p_3^*) \qquad (7-35)$$

其中，E_8 为纳什均衡，其余解均为不稳定的有界均衡解（只考虑均衡解非负的情况）。系统的 Jacobian 矩阵为

$$J = \begin{pmatrix} j_{11} & \alpha_1 d_{12}p_1^* & \alpha_1 d_{13}p_1^* \\ \alpha_2 d_{21}p_2^* & j_{22} & \alpha_2 d_{23}p_2^* \\ \alpha_3 d_{31}p_3^* & \alpha_3 d_{32}p_3^* & j_{33} \end{pmatrix}, \qquad (7-36)$$

其中 $j_{11} = 1 + (a_1 + c_1b_1)\alpha_1 - 4b_1\alpha_1 p_1^* + \alpha_1 d_{12}p_2^* + \alpha_1 d_{13}p_3^*$，

$j_{22} = 1 + (a_2 + b_2c_2)\alpha_2 + \alpha_2 d_{21}p_1^* - 4b_2\alpha_2 p_2^* + \alpha_2 d_{23}p_3^*$，

$j_{33} = 1 + (a_3 + b_3c_3)\alpha_3 + \alpha_3 d_{31}p_1^* + \alpha_3 d_{32}p_2^* - 4b_3\alpha_3 p_3^*$。

将 E_8 代入 Jacobian 矩阵，特征多项式具有如下形式：

$$\int(\lambda) = \lambda^3 + A\lambda^2 + B\lambda + C \qquad (7-37)$$

根据 Routh – Hurwiz 稳定性判据，系统不动点渐近稳定的充分必要条件是其特征多项式的所有零点都在单位圆内，因此应同时满足以下条件：

$$\begin{cases} \int(1) = A + B + C + 1 > 0 \\ -\int(-1) = -A + B - C + 1 > 0 \\ C^2 - 1 < 0 \\ (1 - C^2)^2 - (B - AC)^2 > 0 \end{cases} \qquad (7-38)$$

将价格调整参数 α_i 设为可控参数，设其他参数值分别为

$$r_1 = 2.4, \ r_2 = 2, \ r_3 = 3, \ b_1 = 0.5, \ b_2 = 0.45, \ b_3 = 0.5, \ d_{ij} = 0.12$$

$$(r_i = a_i + b_ic_i, \ i, \ j = 1, \ 2, \ 3 \text{ 且 } i \neq j) \qquad (7-39)$$

此时系统纳什均衡点为（3.2306，3.1552，3.7663）。图 7 – 7 为系统在 $(\alpha_1, \ \alpha_2, \ \alpha_3)$ 空间的三维稳定域。图 7 – 7 分别给出了 $\alpha_3 = 0.5$、$\alpha_1 = 0.5$、$\alpha_2 = 0.5$ 时稳定域在 $(\alpha_1, \ \alpha_2)$、$(\alpha_2, \ \alpha_3)$、$(\alpha_3, \ \alpha_1)$ 平面的截图。企业为了增加利润可能加快对价格的调整，任何一方的调整速度超出稳定域都可能

使系统陷入不稳定状态。但价格调整参数并不改变纳什均衡的大小。

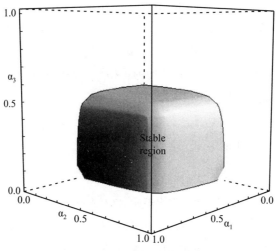

图 7 – 7   系统三维稳定域

图 7 – 8 给出了 $\alpha_2 = 0.5$，$\alpha_3 = 0.5$ 时系统随参数 α_1 变化的价格分岔图以及相应的最大 Lyapunov 指数谱。如图所示，随着 α_1 的增大，系统出现倍周期分岔甚至混沌，最大 Lyapunov 指数也相应地随之增大至 0 以及正常数。图 7 – 9 为 $\alpha_1 = 0.8$ 时系统的混沌吸引子。

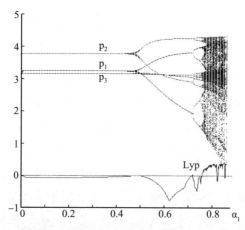

图 7 – 8   系统随 α_1 变化的价格分岔图以及最大 Lyapunov 指数谱

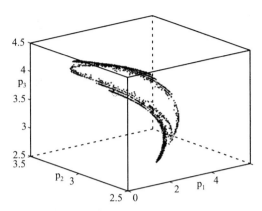

图 7-9 $\alpha_1 = 0.8$ 时的系统混沌吸引子

当市场上的寡头数目增加至四时，用上述方法对系统进行建模分析，同样发现了系统可能出现的混沌状态。在四寡头垄断市场上，第 n 期市场对企业 i 的产品需求由

$$q_i(t) = a_i - [b_i p_i(t) - \sum_{i=1}^{3} d_{ij} p_j(t)],$$
$$(a_i, \ b_i > 0, \ b_i > d_{ij}, \ i, \ j = 1, \ 2, \ 3, \ 4i \neq j) \qquad (7-40)$$

决定，动态价格博弈模型为

$$p_i(t+1) = p_i(t) + \alpha_i p_i(t) \{ [a_i + c_i b_i - 2 b_i p_i(t) + \sum_{i=1}^{3} d_{ij} p_j(t)_i]$$
$$(i = 1, \ 2, \ 3, \ 4 \ 且 \ i \neq j) \qquad (7-41)$$

令 $p_i(t+1) = p_i(t)$，得到纳什均衡 $E^* = (p_1^*, \ p_2^*, \ p_3^*, \ p_4^*)$

在系统（7-41）中取各参数值如下：

$r_1 = 2.4$, $r_2 = 2.0$, $r_3 = 3.0$, $r_4 = 3.5$ $(r_i = a_i - b_i c_i)$, $b_1 = b_3 = b_4 = 0.5$, $b_2 = 0.45$, $d_{12} = d_{13} = d_{21} = d_{23} = d_{31} = d_{32} = 0.1$, $d_{14} = d_{24} = d_{34} = 0.07$, $d_{41} = d_{42} = d_{43} = 0.07$

$$\qquad (7-42)$$

取 $\alpha_1 = 0.5$，$\alpha_3 = 0.45$，$\alpha_4 = 0.4$，系统价格分岔图（见图 7-10）表明随着 α_2 取值不断增大，可控参数逐渐离开稳定域，系统脱离稳态，出现分岔、混沌等现象，图 7-11 为 $\alpha_1 = 0.5$，$\alpha_2 = 0.84$，$\alpha_3 = 0.45$，$\alpha_4 = 0.4$ 时系统混沌吸引子在不同空间的相图。

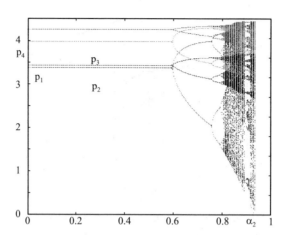

图 7 - 10　$\alpha_1 = 0.5$，$\alpha_3 = 0.45$，$\alpha_4 = 0.4$ 时系统随 α_2 变化的价格分岔图

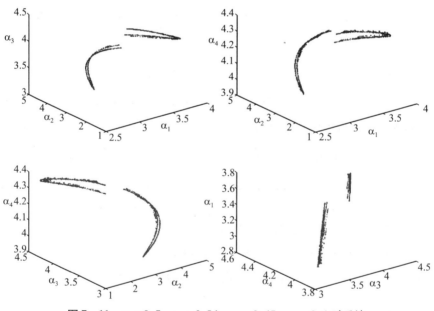

图 7 - 11　$\alpha_1 = 0.5$，$\alpha_2 = 0.84$，$\alpha_3 = 0.45$，$\alpha_4 = 0.4$ 时系统
混沌吸引子在不同空间的相图

在离散系统式（7 - 41）中，参数 d_{ij}（i, j = 1, 2, 3, 4, i≠j）代表差异化产品间的替代性，d_{ij} 越大，产品 j 对产品 i 具有越强的替代作用。例如，式（7 - 42）所给出的参数值表明，企业 4 的产品对企业 1 的产品的替代性较

另外两家企业产品对它的替代性弱（$d_{12} = d_{13} = 0.1$，$d_{14} = 0.07$）。

为了研究产品替代性对系统稳定性的影响，将 d_{4j}（$j = 1$，2，3）减小至 0.02，即假设企业 1、2、3 的产品价格对企业 4 产品价格的影响变小（此前 $d_{4j} = 0.07$（$j = 1$，2，3）），图 7 – 12 给出了相应的价格分岔图。从图中可以发现，企业 4 的产品价格虽然与另外三种产品价格同时出现分岔、混沌等状态，但波动范围极小，当统计精度要求不是很高时，这种波动甚至可以忽略。继续减小 d_{4j}（$j = 1$，2，3）的值为 0，同时将 r_4 的值设为 3.4，可以发现与其他产品不同，企业 4 的产品价格已经完全处于稳定状态，由此得到一个混沌与稳定状态共存的系统。

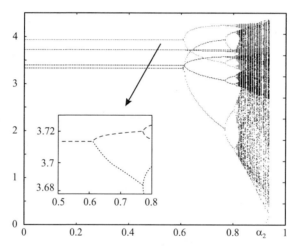

图 7 – 12　$d_{4j} = 0.02$（$j = 1$，2，3）时的系统价格分岔图

注：其他参数取值同式（7 – 42）。

此外，在图 7 – 12 与图 7 – 13 中，企业 1、2、3 的产品价格演化状况基本相同，可以认为在系统的组成元素中，第四个差分方程（其参数设置如上所述）并不是引起混沌的主要因素。从经济学意义上讲，这种情况表明当企业通过提升产品差异性使市场上的其他近似品对其替代作用变得非常微弱（甚至消除）时，该产品的价格波动受其他产品价格影响较小（消失），可以成为混沌市场中特有的稳定元。因此，企业通过提升产品差异性可以降低其他产品价格波动对它的影响。将 d_{3j}，d_{4j}（$j = 1$，2）的值减小至 0 并且取 $d_{34} =$

$d_{43} = 0.07$，$\alpha_3 = \alpha_4 = 0.3$，$a_3 = 4.1$，$a_4 = 3.8$，其他参数值同式（7 – 42）时，系统分岔图、最大 Lyapunov 指数谱如图 7 – 14 所示。在这一系统中，企业 3、4 的产品价格 p_3、p_4 经过数次博弈后收敛于纳什均衡，形成稳定的子系统；而另外两家企业的产品价格却在演化过程中表现出分岔、混沌等性态。

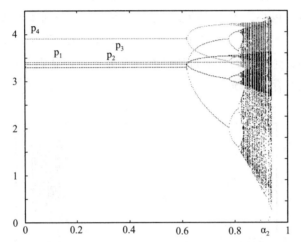

图 7 – 13　$d_{4j} = 0$（$j = 1$，2，3），$r_4 = 3.4$ 时的系统价格分岔图

注：其他参数取值同式（7 – 42）。

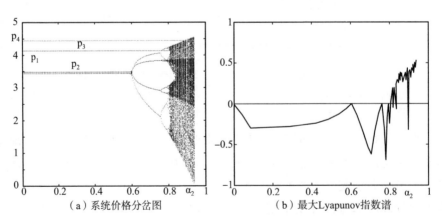

（a）系统价格分岔图　　　　　（b）最大 Lyapunov 指数谱

图 7 – 14　$d_{3j} = d_{4j} = 0$（$j = 1$，2），$d_{43} = d_{34} = 0.07$，$\alpha_3 = \alpha_4 = 0.3$，$a_3 = 4$，
$a_4 = 3.8$ 时的系统价格分岔图与最大 Lyapunov 指数谱

注：其他参数取值同式（7 – 42）。

图 7 - 15 给出 $\alpha_2 = 0.85$ 时的系统在 (p_1, p_3, p_4) 和 (p_2, p_3, p_4) 空间的相图。从两幅相图的形状也可以看出 p_3、p_4 未出现波动。从另一个角度讲，当 d_{3j}、$d_{4j}(j = 1, 2)$ 减小至 0 时，系统（7 - 41）中的后两个差分方程在以上参数条件下形成了稳定的子系统，原系统的混沌性态表现为 p_1、p_2 的波动；参数 d_{34}、d_{43} 的取值只对子系统中的 p_3、p_4 产生影响，与整个系统的稳定性无关。

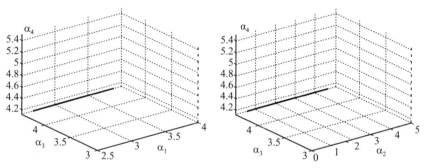

图 7 - 15 $d_{3j} = d_{4j} = 0$（$j = 1, 2$），$d_{43} = d_{34} = 0.07$ 时的系统相图

注：其他参数取值同式（7 - 42）。

在现实市场中，根据产品相似程度与替代作用的强弱，可以将以上四种产品分为两类：企业 1、2 的产品相似程度大，相互替代作用较强，为同一类产品；企业 3、4 的产品也较为相似并且具有一定的替代作用，为第二类。由于两类产品间存在较大差异而且第二类产品具有较大的市场力量，其价格波动对第一类产品价格产生影响，而第一类产品的价格变化对第二类产品价格的影响极小（甚至可以忽略）。同时，代表高端技术和市场竞争力的第二类产品由于摆脱了一般产品价格波动的影响，可以制定相对较高的市场价格并保持稳定。一般来说，非线性动力系统的混沌由系统元素相互间耦合、作用而生成。在本章上一节所描述的离散系统中，代表产品间替代作用的参数 d_{ij} 通过差分方程相互迭代形成价格传导，不同产品价格波动相互作用，出现了分岔、混沌等标志着系统复杂性的现象。与大多数文献所描述的离散系统不同，该系统还出现了稳定与混沌状态共存的情况。从经济学意义上讲，产生这种现象的原因是产品间相似程度与替代性的差异。由此也可以推测：系统混沌有可能是其内部的某一个或几个主要元素所导致。

对于以上分析的三寡头与四寡头市场的价格重复博弈模型，如果将企业间的博弈价格视为抽象价格，即包含了各种隐性成本，特别是生态治理成本的竞争价格，当企业产品的其他性能接近时，其生态治理效果形成的产品差异性就会使其他近似产品（未进行生态治理的企业产品）对其替代作用减至非常微弱（甚至消除）时，该产品价格受其他企业的影响较小（甚至消失），可以成为混沌市场中的近似稳定元（或稳定元），从而真正实现在行业竞争中的可持续发展。

7.4 本章小结

本章从生物学视角下的共生理论入手，归纳了社会共生与产业共生的基本概念；在此基础上，对区域、协调、区域协调发展等概念和基本理论进行梳理，将京津冀资源型企业区域共生问题归结为区域产业的协调发展。在相关理论基础上，从利益相关者视角系统研究了区域产业共生系统中的主体博弈行为，构建了政府、企业、社会公众等不同主体之间的博弈模型。通过对京津冀区域中各类博弈模型的系统分析，其结果表明：京津冀产业共生系统内部各主体协同治理是促进资源型企业实施生态工程的保障，也是资源型企业实现可持续发展的必要途径。

第 8 章

京津冀区域合作与生态共生

区域共生是复合生态视角下的区域生态共生，京津冀资源型企业是京津冀共生体中的一个子系统；包含了经济和社会因素的区域共生体能否实现共生共存、互利共赢，首要且最基本的条件就是区域内部、地区之间能否实现协调发展。从现实情况来看，由于资源禀赋、政策制度的差异，京津区域发展极不平衡，地区之间的利益协调举步维艰，优势互补难以实现。在区域协同发展过程中，对于造成区域发展不均衡的资源禀赋、发展历史等客观条件，只能遵循规律，加以利用；对政策制度等主观因素导致的不利于地区合作的各种结果，则应当追本溯源，找出问题的症结所在，进行调整，予以修正。大量研究表明，京津冀三地自然资源存在显著的梯度差，为地区合作提供了良好的基础，区域协调发展的主要障碍在于制度缺失，难以对合作平台与合作机制的形成给予足够的支撑，中央政府与地方政府的合作障碍以及地方政府间的合作障碍严重影响了区域协同发展。

8.1　影响京津冀区域合作的制度障碍

从制度的视角来看，京津冀区域合作也存在很多障碍，包括中央政府管理体制障碍以及地方政府间合作制度障碍。

8.1.1　中央政府管理体制障碍

中央政府管理体制的障碍首先在于对地方政府政绩考核机制与地方主体功能定位存在差异。政绩考核机制是上级政府考核下级政府的主要依据，国家规划是中央政府对地方政府的重要管理工具之一，两者之间的不匹配成为京津冀区域协同的主要障碍之一。尽管京津冀各地区的《主体功能区规划》都做出了差别化的主体功能定位，但现行的政绩考核方式仍与这一主张相悖。工业化和城镇化是当前京津冀地区发展的首要任务，政绩考核指标仍以GDP、财政税收等经济指标为重。地方政府官员因此有充分的动机突破主体功能规划的限制，主体功能规划失去效用。在政绩考核机制的激励下，地方政府往往不顾市场和地方产业的发展规律，而是大力支持国家发展规划强调的战略性新兴产业，以期获得政绩。特别是对于河北省来说，地区传统产业的增加值较低，由产业利润增长带来的经济的增长也比较缓慢，而战略性新兴产业存在模仿的后发优势，容易以较低的成本赢得竞争，这就促使政府产生违背市场发展规律与错位发展原则的动机。

此外，为了营造政绩，地方政府也会将传统产业重新包装之后纳入新兴产业核算范畴，对真正的新兴产业则造成劣币驱逐良币的效应，引发新一轮的产业同构和重复建设。即使按照《主体功能区规划》的要求，地方政府的政绩考核标准依据主体功能划分加以调整，仍然存在一个问题，某一地区可能存在双重功能或者多重功能，但是，政绩考核标准却没有据此作出区分。

8.1.2　政策与公众利益的矛盾

近年来，随着生态治理的形势愈加紧迫，中央政府开始使用各种约束性指标和强力问责机制以约束地方政府行为，引导地方政府关注环境保护、社会稳定等经济效益之外的生态效益和社会效益。从内容来看，中央政策的总方向与公众的利益诉求已达成一致，地方政府的委托—代理问题理应得到缓解，而现实情况不容乐观。例如，对于开发区权限的限制和禁止实际上是被剥夺了地方一部分发展权，地方只能享受农产品或生态产品带来的相对低附加值，而优化开发区和重点开发区却可以在不牺牲发展权的前提下可以无偿享受这一利益。也就是说，相关法律并没有对于地方牺牲发展权的成本进行补偿，而是赋予整个区域无偿享有由此产生的社会效益和生态效益的权利。这就有可能使本来已经落后的经济发展更加困难，与发达地区的收入差距不断扩大。在社会公众迫切需要通过经济发展来获得生活质量的提升需求得不到满足时，一些破坏社会秩序和安全的行为便屡有发生。这一结果也对地方政府官员的政治晋升造成重要影响。为了保证地区社会安定的基本前提，地方政府有可能将发展经济作为自己的第一要务，从以提供低高附加值的工业品和服务产品，从而与国家整体规划发生冲突。这就导致权限受到限制和禁止的开发区域与优化和重点开发区域围绕产业、市场、资源等形成更加激烈的竞争，形成新的地区矛盾。

8.1.3 官员任期制的弊端

地方政府具有作为"经济人"的属性，在决策时既要考虑以本地区经济、税收等收益，又要考虑政治收益，即晋升。而公众效用则往往被置于次要位置，甚至没有包括在考虑范围之内。官员任期制也诱使其在短期内实现地区经济快速增长，从而制定或者实施一些有悖于长期利益的政策或行为，京津冀地区严重的环境污染问题就是以牺牲长期公共利益为代价换取短期经济增长的突出例子。还有一个典型的例子就是各地方政府都热衷于机场、港口等大型基础设施的建设，即使这些投资亏损的风险比较大。通过投资固然可以直接拉动经济增长，但地方政府更看重空港经济和海港经济作为新的增长能够为地区经济带来的长期收益、就业机会和财政收入的增加。然而类似的投资往往规模大、周期长，重复建设的后果要经过较长的时间才能显现出来，这就更加大了政府任期内加大投资的动力，而不良影响抑或转移给下一届政府。

地方政府官员任期制还有可能导致各地方政府间的信任缺失。信任危机的是造成地方政府之间缺少有效沟通和长期合作的一个重要原因。社会学研究表明，空间距离越近，地区间的关系越亲密，信任程度就越高。从经济学的视角看，信息不对称和监督机制不健全都是造成信任危机的重要原因。京津冀区域内部尚未形成完善、有效的信任体系和诚信机制，更重要的是，已达成的京津冀区域合作行为多都是非制度性合作，这种建立在地方政府意愿和承诺基础上的合作机制不但具有较大的随意性，政府官员的任期制也会使合作关系非常脆弱，增加了合作过程中的不确定性和机会主义行为。有关博弈理论的研究表明，重复博弈是解决囚徒困境问题的一种有效方法。地方政府通过长期相互学习和监督避免机会主义行为，有利于提高区域合作的持续性和稳定性。在官员任期制下，地方政府官员一届任期通常为五年，难以构成重复博弈的条件。而在博弈重复发生的概率很小或者交易频率较低的情况下，地方政府更有可能选择冲突策略。

8.2　地方政府间合作制度障碍

8.2.1　政府间的合作困境

1. 行政困境

区域协同发展过程中政府间合作的困境首先体现在行政碎片化上。所谓碎片化是传统行政学在传统的分工思维和分割管理模式下的被动局面与结果，是旧行政管理模式的结果。京津冀地方政府当前的生态治理体制是统管理模式下的政府分权的碎片化结果，严重阻碍了地方政府间的生态协作治理。政府的行政碎片化直接影响到各治理主体参与区域环境治理的选择行为。第一，各地区政府在区域环境治理的目标、认知、利益，手段和导向等方面存在差异；第二，地区政府在信息共享、沟通信任等方面不充分；第三，存在地方保护主义行为，地方政府的利益动机的碎片化导致短期经济发展优势被作为首要目标；第四，部门间缺乏有效协同，缺少明晰的责任考核和配套措施。由于生态治理的正外部性与环境污染的负外部性是固有的一对矛盾，区域政府间的合作必须兼顾其平衡。

2. 经济困境与社会困境

横向的政府间在区域生态治理中的关系表现出非常复杂的利益关系与利益格局——利益冲突、利益竞争和利益矛盾。首先是动机差异，不同的地区发展阶段不同，因此政府参与生态治理的动机存在较大差异；其次是区域差异，由于合理补偿机制缺失，各地区在参与生态治理上的成本与收益存在明显的不对等。

政府间合作实施生态治理的社会困境包括社会参与困境、公众需求与行为背离困境，以及复合治理困境。在生态治理的过程中，政府一方面要满足公众对优质生态环境的需求，另一方面又不得不面对全社会普遍滞后的生态理念和环境资源享用习惯，例如汽车尾气的直接排放，生产生活中的各种粉尘污染等。无成本使用生态资源与能源消费的习惯性动力造成了生态治理的网络化社会困境。

8.2.2 制度障碍

1. 监督机制与奖惩机制的困境

京津冀地区在跨地区合作过程中，监督缺乏有效的监督，而跨地区的监督和惩罚具有公共物品的性质，容易陷入监督困境，有学者认为很重要的一个原因在于缺少权威立法来规范政府的区域行为。京津冀地区虽然已形成了多层次的合作框架，但长期以来，有关区域发展与管理以及特殊区域发展等的立法却未能提上京津冀区域合作的议事日程，直至雄安新区开始筹建，这一现象才开始出现转机。缺少权威立法来和明确惩罚办法规范各地方政府在区域合作中的行为、调节各地方政府的关系，留给地方政府在区域规划和政策执行上的主观性和随意性较大，从而导致地区矛盾突出。

在以地方政府为行为主体的区域合作问题中，监督主体的确定则困难许多，主要原因在于地方政府既是制度的制定者又受制度的约束。如果以参与合作的各地方政府的代表为监督主体，虽然可以通过内部监督而节约监督成本，却容易出现监督不公的现象。出于经济人动机，各地方政府的代表有各自的利益主张，代表其所在地区的利益。如果以区域外的监督机构为监督主体，虽然能够相对比较客观地做出评价，却由于缺乏对本区域具体情况的了解出现信息的不对称而无法作出准确判断，甚至会催生寻租行为，而其监督成本相比内部监督也更高。

从监督和惩罚的公共物品的性质来看，一个地区对本区域的地方政府行为进行监督或惩罚需要付出巨大的监督成本，而监督或惩罚行为所产生的利益具有外部性，这使得地方政府则会有强烈的搭便车的动机，而监督或惩罚行为的缺失，也会导致区域合作破裂。从惩罚或激励措施来看，选择性激励是克服集体行动的搭便车行为的唯一方法，即明确哪些地方政府行为应被奖励或者惩罚、明确奖励或惩罚的手段、明确惩罚所得收益应如何分配。

2. 区域利益协调机制缺失

京津冀三地在经济权力上不平等使得三个地区在区域合作中无法达成总体目标的一致，增加了区域利益协调的难度。京津冀区域的实际情况是，北京已步入后工业化阶段；天津也正由工业化向后工业化转变，市场规模较大，外部选择权相应也较大，对京津冀内部其他地区的依存度较低。因此这两个地区参与区域合作的意愿并不强烈。特别是北京市，现阶段已突破追求经济发展速度单纯目标，主要的关注内容是城市的发展与资源承载能力的关系以及基本公共服务等民生问题。也就是说，京津两地参与区域合作的目标主要是为了获得非经济收益，或者通过经济合作推动社会、生态环境等非传统收益领域的合作。而与京津两地形成鲜明对比的是，河北省的经济发展状况不容乐观，人均 GDP 等指标低于全国平均水平，其首要目标仍是当地经济的发展以及人民生活水平的提高。

京津冀地区之间利益分配的不平衡必然导致地区间的矛盾冲突。首先，这种不平衡体现在河北对京津两地的发展贡献良多却极少得到补偿方面。北京和天津的政治高度决定了河北必须优先保障北京和天津的用水安全和生态环境，因此错失了许多发展机会。尽管河北要求京津两地对其进行水资源和生态防护费用的补偿是合理诉求，但到中央和京津两地对河北的补偿总和远不及河北一省投入，区域生态利益补偿机制的缺失，由此也引发区域资源环境和生态治理的矛盾。其次，地区间利益分配不平衡体现在强弱政府之间的利益分配上，即缺乏合理的区域利益共享机制。由于京津由于更加看重未来收益，而河北急需当期经济发展，在地区博弈中处于弱势地位，在利益分配中分得的收益比例较小，随着区域合作的推进，区域差距有进一步扩大的趋势，导致河北不仅会规避合作，而且与京津两地为争夺资源发生冲突。最后，地区利益分配不均衡还体现在各地方政府对于中央优惠政策的争夺上。改革开放之前，中央主要通过对地方的直接投资来实现地区间的利益分配，中央政府投入量大的地方发展速度较快；改革开放之后，这一主要手段变为赋予地方以优先发展的政策优惠。这一宏观政策虽然促进了地区经济快速增长，但也带来了地区间利益冲突。各地方政府常为了本地区的发展而对中央的各种优惠政策和有利条件展开争夺，各地所规划的重点行业中很多都是国家重点发展和支持的行业，这也导致京津冀地区的产业同构。这种行为极大地损害了京津冀地区的整体利益，加剧了地区间利益分配不平衡的程度。

3. 区域信息的不对称

京津冀地区仍存在信息不通畅的现象，原因在于京津冀地区之间统一的信息共建共享平台尚未形成，另外，各地方政府刻意隐瞒自我信息，前者称为客观原因，后者则为主观原因。从客观上来看，京津冀地区虽然已在信息共享方面做出了努力，但是与京津冀统一的信息共建共享平台的建设相比还有很长一段距离。从主观上来看，各地方政府有保护部分信息，尤其是核心信息不被公开的动机。客观和主观上的双重信息不对称使得各地方政府不得不花费大量的信息搜寻成本，增加了交易成本。

8.2.3 政府间合作模式

协同合作是区域内地方政府生态治理的唯一途径。地方政府间的合作模式分为单边合作模式、双边合作模式以及多边合作模式。

1. 单边合作模式

单边合作模式是指一方政府的单向行为或单方行为，是计划经济年代京津冀政府间合作的常见模式。在严格的计划体制中，本着"局部服从整体"的政治指导原则下的合作精神，合作发起方政府因为某一个具体目的、计划或事项，而对另一方政府发出的单向性的合作要求，因此在此过程中很多单向性的行为，其本质仍属一种实质意义上的支持或合作。这种合作模式，由于产生在一种在相对封闭体制环境下，基本以单方面需求为核心，对对方利益则通常不予关注。在涉及京津冀企业生态治理的政府间合作问题中，仍然存在着诸多的单边合作模式现象，特别是对于北京市的在疏解产业、人口单边需求上以及河北省对京津两市的科技支持的单边需求。

政府间合作关系的单边模式主要表现为压力型体制下的任务分解与地方行政下的刚性切割。尽管国家层面虽已出台了《京津冀区域协同发展规划纲要》，但涉及三地的功能定位、产业分工、城市布局、设施配套、综合交通体系等重大问题的政策指导与路径设计配套缺乏，具体的实施方案与措施却极为缺乏。在这种单边模式的政府际合作下，河北省承担了巨大的压力，而其自身的生态问题却越来越严重。京津冀地区生态治理的难点在河北，而单纯依靠河北省自身能力完成国家大气治理行动计划的各项目标任务，还存在很大困难。区域生态治理的效果、效能都不明显，问题实质在于京津冀政府合作的范围、深度都远远不够，合作的组织化程度低，没有进入制度化阶段，合作长效机制尚未形成。科技创新资源因行政壁垒导致区域内流动不畅，优质要素资源未得到优化配置。经济断崖、社会断崖、人才断崖形成了难以逾越的障碍。

2. 双边合作模式

政府间合作的双边合作模式是指互相信任、互相平等、互利互惠的互动式合作。在市场经济的有效推动下，区域内的交换空间和资源能源量在发展中受到局限，只有各方联手共同组建合作伙伴关系或联合体才能使市场有效，摆脱行政碎片化的制约，无论是面对跨边界事物，还是面对无序竞争的规则需求，抑或区域合作共管事物的原则步骤共商。可以说，市场机制和发展的灵活性需求，推动了京津冀政府间双边合作模式的兴起和发展。

在行政学视角下，地方政府是多重利益角色的叠加和多种地位的综合体，既代理辖区内的国家利益，也代表辖区利益；既参与区域合作，也作为一种组织机构而必须顾及组织利益。经过多年的积累和发展，京津冀一体化协同发展逐步走向层次和质量提升，政府的行政理念逐步进入互补双赢的双边合作模式阶段，协同发展领域从单一经济协作发展跨入经济社会双方面需求的多领域互动合作阶段。在双边合作的过程中，利益最大化是各行政区域的最大目标机制和动力来源。原有行政层级次序和发展模式基础上带来的实质不平等，边界事务的空白和公管事务的缺位单靠市场的谋利性本质无法获得足够的弥补。

在地方政府合作推进的过程中贯穿着政治动员和市场导向的双重力量。从合作发展的趋势看，京津冀区域生态治理的政府间合作可以分为三个阶段：由单个项目和问题为行动引起的简单合作阶段、以跨界公共事务治理为主要内容的深化阶段以及以共进共荣为目标的全面协同发展阶段。简单合作通常以项目式合作和问题式合作为主，在一定程度上可以促进公共资源优化和公共环境联合治理；深化合作则伴随着明显的地方政府间竞争，从简单的生产要素合作到复杂的产业转移和重组优化等，形式多样，不断提高；协同发展在合作空间与领域等方面都不断扩展，形成了各自双向协同的合作局面。京津冀地区产业同构化严重是京津冀政府间合作双边模式下一个重要问题，其主要源于禀赋因素和制度因素。因此，以错位、互补式发展为目标，加强区域间的联合协作，建立有效的量化考核、监督机制，是当务之急。

3. 多边合作模式

多边主义原指三个或三个以上国家之间发生联系的方式，其基本特征是协调与合作。政府间合作的多边合作模式指三个或更多的行政区域、领域政府间进行的全方位、多层次、平等互动式的深入合作模式。以区域多方协作为主导的新区域主义模式主张通过谈判形成合作区域内不同层级政府、社会团体和私营部门间的协作机制，以此来共同解决区域公共事务。这一模式也渐趋成为当前政府间合作跨区域治理生态的主流模式。生态治理主题下旳政府间多边合作模式合作涉及整体性治理下的政府组织架构与形态，包括治理层次整合、治理功能整合、公私部门间整合。事实上，推广京津冀资源型企业生态工程也是推动京津冀一体化发展的一个良好契机，而多边合作模式顺应现代治理理念，符合深化、协调区域发展、提升企业层次的战略思想。整体性治理倡导以公民需求和结果导向定位，整合结构与秩序、逆部门化和碎片化以及重新政府化。而构建政府间合作的跨区域多边合作模式关键在于从组织结构、制度、技术等方面入手，设立跨界整体性政府合作组织，构建政府间关系协调模式框架。出于系统性、综合性、全局性的统一需要和需求，多边合作模式的地方政府间合作其他核心在于如何实现京津冀跨区域生态治理机构决策、管理与协调的统一。

8.3 区域经济利益非均衡的原因

8.3.1 区域经济利益非均衡

导致区域经济利益非均衡的直接原因是区域经济一体化的要求与行政边界产生的刚性约束之间的矛盾。行政区划边界的割据性在区域内部产生的诸多刚性约束交缠纠葛，严重阻碍了地区间的生产要素流动，制约着区域经济一体化。行政边界产生的刚性约束促使地方政府选择自身利益最大化行为，往往导致社会整体的低效率甚至无效率，竞争的结果非均衡。行政边界的刚性约束下的财政制度也制约着区域协同发展。在现行的行政区划体制下，各地方政府必然更多地考虑地区内部的产业发展、财政收入、人口就业、公共服务等等，在资源有限的情况下竞争往往多于合作，难以形成合力。

导致区域经济利益非均衡的根本原因则是地方政府的有限理性和市场不完全性。地方政府作为地区经济利益的博弈主体必须是有限理性的，而存在正外部性的公共物品在整个区域范围内供给不足也说明了地方政府的"免费搭车"行为和有限理性。由于博弈主体的有限理性，在地区经济利益博弈中，如果缺失地区协调，就可能无法达到利益均衡、进而实现帕累托改进。

此外，市场不完全性也是引致地区经济利益非均衡的根本原因之一。著名的"公地悲剧"模型表明，如果一种资源没有明确的产权，就会导致这种资源的过度使用。市场不完全性会产生区位粘性和路径依赖并进一步稳定这种结构，阻碍区域协同发展，引起恶性竞争、贫富分化、生态恶化等一系列问题。

8.3.2 区域经济利益的协调

均衡与非均衡是贯穿区域经济发展的矛盾统一体。导致省际经济利益非均衡的直接原因是区域经济一体化的内在要求同行政边界刚性约束的矛盾，根本原因是地方政府有限理性和市场的不完全性，所以要进行省际经济利益协调，首先要突破地方政府行政边界刚性约束的羁绊，克服地方政府有限理性，弥补市场的不完全性，而省际纳什均衡是打破行政边界刚性约束羁绊，突破地方政府利益固化藩篱的理论基础。

区域经济利益是指特定区域从其他区域或国家获得的排他性收益，属于社会福利再分配范畴，是生产要素不完全流动性、市场不完全竞争性以及地方政府有限理性所表现出的空间优势。具体表现为产业地区转移税收分享、地区基础设施共建成本分摊、地区生态补偿等。区域经济利益协调机制是一种以专门联合委员会制度为协调形式的地区间经济利益分配长效机制，是地方政府间的合同契约，也是地区经济利益再分配的过程。在此过程中，地区经济利益协调权威机构被国家授权对各个利益主体的立场进行仲裁，并作出对各方在执行过程中具有法律约束力的量化决定。

如果将用于微观主体（经济人）的纳什均衡演化为用于地方政府（中观主体）的区域纳什均衡，地区间的经济利益协调就是一种博弈，博弈的主体即地方政府。基于地方政府的行为视角，区域经济利益协调可能存在两种均衡，即占优均衡和纳什均衡。如果对于每一个博弈主体存在占优策略，那么这个博弈就存在占优均衡。利益协调机制不需要每个博弈主体所采取的策略在任何情况下均为最优，只需要使博弈主体的策略是针对博弈对手的策略最优即可，也就是说地区间的纳什均衡是地区经济利益协调机制突破行政边界冒羁绊的基础。也就是说，要想突破行政边界的刚性约束，冲破地方政府利益固化的弊端，在不完全竞争市场中实现省际经济利益协调，就要找到区域经济博弈的纳什均衡点，区域纳什均衡是一种共赢策略。

1. 京津冀生态合作存在的主要问题

京津冀生态合作已经取得了一定成效，在促进地区协调发展方面发挥了一定的作用，但在合作方式、合作层次、合作领域等方面还存在一些问题。在合作方式上，表现为重视短期项目合作、轻视长效性举措；在合作层级上表现为层次较低、缺乏顶层设计、协调力度小、协调手段也比较单一，无法真正实现协同发展；在合作领域方面表现为合作领域较窄、合作区域不平衡。单就北京而言，区域合作主要集中在林业、水资源两个领域；合作的区域也主要集中在张承两地。

生态合作是一项系统工程，包括了从生态问题的诊断、生态合作基础目的的确立，到生态合作主体与重点合作领域和方式的确定及监管机制制定等全过程。张予等学者（2015）提出，京津冀生态合作主要分为两种类型：一种为需要长期和频繁监测，而且跨越两个或以上的行政区的生态合作；另一种为短期的、不直接影响生态环境的合作。对于第一类生态合作类型，合作方应共同建立监管机构，负责日常监测和合作监督工作以及负责聘请第三方评估机构，例如京津冀大气污染防治。对第二类生态合作类型，如北京与张家口、廊坊等地进行的教育、人才合作、劳务合作、经济补偿合作等等，则可以采用合作方互评机制，对于不能达到双方满意的合作方式，应及时修订或终止合作。此外，还应积极培育社会参与机制，吸引社会组织和个人参与生态合作过程，监督合作效果，如图8-1所示。

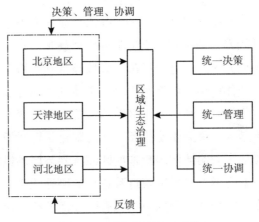

图8-1　生态治理地方政府协同

2. 京津冀生态治理的经济协同与社会协同

京津冀生态治理的市场协同主要包括两方面（如图8-2所示）。第一，通过建立市场主导的跨区域生态资源定价与交易机制来实现生态资源的合理配置。京津冀地区生态资源分布不均，河北省在水资源方面属于输出方，而且在水土保持方面承担了大量成本，但目前河北省并未得到充分的补偿。因此，通过生态资源的产权界定，建立跨区域资源使用权交易市场，试行排污权交易，利用市场方式来实现生态资源的配置，对生态资源输出地区进行补偿，从而保持不同地区生态治理动机的持续性。

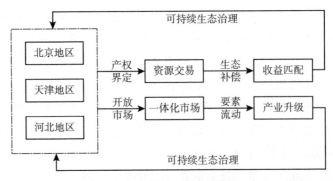

图8-2　生态治理市场协同

第二，基于区域市场一体化的经济发展协同机制建设。区域生态治理涉及生产方式的转型，包括产业结构的调整、能源结构的优化，具体到京津冀地区还包括冀北生态脆弱区的脱贫问题。因此，就市场角度而言，通过市场一体化，促进产品和要素流动，一方面可以促进整个地区产业结构的优化，淘汰落后产能；另一方面，通过人口流动，推动城镇化进程，促进欠发达地区脱贫，减轻生态脆弱区的人口压力，从而形成良性、可持续的生态治理模式。而要达到这一目标，必须让市场在资源配置中发挥决定性作用。

由于生态系统的公共品属性，生态治理中仍然会存在政府和市场都失灵的情况，在这种情况下，社会机制作为一种有益的补偿，在区域生态治理中能发挥巨大的作用，京津冀地区生态治理中的社会协同路径，如图 8 - 3 所示，主要包括如下两个方面。

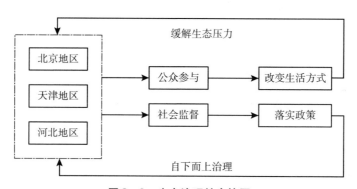

图 8 - 3　生态治理社会协同

（1）通过公众参与机制来实现生活方式的转型。京津冀生态治理并非只有生产方式的转型，居民生活方式在生态系统中也发挥着重要的作用。居民或环保团体通过自身带动、宣传等方式促进生态环保理念和行为的形成，从微观层面推动区域生态治理的进程。另一方面，还应鼓励公众参与可以获得公众对生态治理政策的支持以最大限度地减少由于生态治理导致的群体性事件。

（2）通过社会舆论监督机制来促进生态治理政策的落实。受居民和个人机会主义行为的影响，政府强制性的生态治理政策在现实中难以达到最优效果；同时，受信息不对称的限制，政府也难以监督所有个体的行为，因此实际监管过程中总会存在漏洞。在这种情况下，通过鼓励公众参与，引入社会监督机制，形成对政府自下而上生态治理模式的补充。此外，公众参与一方面有利于增强政府生态治理决策的科学性、透明性和执行力；另一方面，居民可以通过环境公益诉讼的方式直接对破坏生态环境的行为进行抵制。

3. 区域人才协同发展

人才是第一生产要素，对其他要素具有巨大的带动性作用。作为第一战略资源，人才资源是区域发展的核心竞争力。对于京津冀而言，三地政府打破各自为政的管理理念、共同创造良好的发展环境是实现京津冀人才协同发展的关键所在。为此，既需要在产业结构布局上进行优化互补，避免三地之间出现人才竞争；也需要中央层面的强力推进与地方政府的主动作为，从而使人才资源为京津冀区域经济发展发挥最大效能。

京津冀区域人才协同发展始于 20 世纪 80 年代，21 世纪之后开始步入制度化轨道。2005 年 6 月，京津冀三省市人事部门签署了《京津冀人才开发一体化合作协议书》，初步确立了京津冀区域人才协同发展的基本框架。此后，京津冀区域人才协同发展几经波折，取得了明显的成效，以联席会议制度为主的人才合作协调机制逐步完善，多元化人才共引共育机制逐步完善，以高层次人才为重点的人才共享共用机制不断创新，在政府主导下，人才交流机制全方位推进。但整体来看，由于缺乏合作动力以及较高层次的统筹协调，区域人才合作进展仍较为缓慢，仍然存在诸多问题。第一，部门合作层次不高，统筹协调力度不够。执行京津冀人才合作协议的主体实际是各地的人才交流、服务中心等部门，而非省级政府的人力资源主管部门，并且缺乏中央的统筹与省市政府的沟通协调，很难在宏观层面进行统筹，许多工作因地域等原因难以协调。第二，人才资源分布不均衡，区域内流动率低。京津地区凭借强大的竞争优势形成了显著的人才"虹吸"效应，特点是高端人才，河北省与京津两市相比差异较大。此外，人才的联动效应以及产业群的区位分布等因素引起区域内人才向京津方向"单向流动"；而京津冀三点在人才待遇、服务保障等多方面的差异使区域内的人才流动更加强不易。第三，京津冀在诸多人才政策方面不能进行有效衔接，导致了三地人才市场处于相对独立的分割状态，无法促进区域人才优势互补，区域整体实力难以有效提升。第四，京津冀人才协同发展进展缓慢，联席会议制度不能得到很好的执行。

京津冀三方已达成的诸多人才合作协议在现实中难以推进落实。三地共享的"人才资源信息库"至今仍未能形成，也尚未形成相互包容的社会保障制度以及互通共融的人才政策。

针对上述问题，邸晓星等学者（2016）提出，加强顶层设计，提高京津冀三方的合作热情，创新合作方式，促进区域资源与成果共享。首先，利益一体化是区域一体化的内在驱动力和核心。京津冀合作动力缺乏合作动力是京津冀人才一体化进程缓慢的主要原因。这就需要做好中央层面的统筹规划与顶层设计工作，确立地区发展目标以及利益分配格局，对区域人才需求的矛盾整体协调。各省市则应充分发挥自己的优势，探索解决人才短缺问题的相关机制，形成从宏观规划到具体有序发展的局面。其次，要实现以政府为主导，推进人才政策的对接和衔接，关键在于推动三地人才政策与制度的互通互容。政府是规则制定与制度建设的主要主体，要充分发挥政府的主体作用，就是要为人才流动提供有利的政策和制度。最后，人才合作战略为区域战略服务的，应以区域发展战略为依据，从区域发展总体规划体规划着眼。区域发展战略着眼于经济的合作与发展，为整个区域的发展确定目标，而区域人才合作战略着眼于人才的共享与互补，既要依从着区域发展总战略，又立足于人才自身基本需求和发展空间。各地区在制定区域人才合作战略时，不能与区域发展战略脱节，使得人才资源能够真正发挥出对于区域发展的重要作用。

8.4 区域生态补偿与供给侧改革

8.4.1 区域生态补偿

1. 生态补偿

生态补偿原理是建立生态补偿机制的理论依据，是指在比较某一特定人群所处的两种可以替代的状况时，如果受益者有可能补偿受损者的损失而受益者状况至少与其初始状态一样好的话，后一种状况就构成对前一种状况的改善。补偿原理是帕累托标准的一个应用，即一个区域承担的负外部性的边际成本等于另一区域制造负外部性带来的边际收益。

区域生态补偿是指虽然隶属于不同的行政区域，但是却都处在一个相互依存的生态系统中，因此需要站在整个生态系统的角度对为整个区域做出生态贡献而丧失发展时机的地区进行经济上的补偿，从而平衡地区间的利益关系的一种生态补偿方式。以京津冀区域为例，北京市由于受到河北省水资源治理形成的正外部性边际收益应与北京市对河北省进行环境补偿的边际成本相等。生态补偿机制也是一种契约，即两个愿意交换产权的主体所达成的合约。区域生态补偿作为生态补偿的成员之一，不仅有助于地区、区域之间实现生态平衡、缩小差距，保障生态安全，还能够使整个生态补偿制度体系得以完善。京津冀地区生态补偿机制就是在财政横向转移支付形式下的生态治理交易。

2. 京津冀生态补偿机制构建

2015 年 4 月 25 日中共中央国务院发布的《关于加快推进生态文明建设的意见》提出，要健全生态保护补偿机制，结合"深化财税体制改革，完善转移支付制度，归并和规范现有的生态保护补偿渠道，加大对重点生态功能区的转移支出力度"，引导生态受益地区与保护地区之间、流域上下游之间，通过资金补助、产业转移、人才培训、共建园区等方式实施补偿。党的十八届三中全会明确提出，建设生态文明，必须建立系统完整的生态文明制度体系，用制度保护生态环境。要健全自然资源资产产权制度和用途管制制度，划定生态保护红线，实行资源有偿使用制度和生态补偿制度，改革生态环境保护管理体制。实行资源有偿使用制度和生态补偿制度，即坚持使用资源付费和谁污染环境、谁破坏生态谁付费原则，坚持谁受益、谁补偿原则，完善对重点生态功能区的生态补偿机制，推动地区间建立横向生态补偿制度。

从自然资源与资产产权制度改革的视角来看，横向补偿机制是达到区域生态治理的地区均衡的有效方法。市场失灵需要补偿，而补偿机制恰恰是一种政府导向的协调机制，弥补市场机制的不足也正是政府职责所在。构建生态补偿机制是协同治理区域性生态问题的客观需要，也是协同治理的重要保障。一方面，补偿资金来源尽可能多元化，可以国家财政补贴，也可以吸收社会闲散资金，也可以地方政府之间的生态治理基金等等；另一方面，应当重点补偿由于生态治理缺失而受到严重损害的地区和弱势群体，特别是河北省，在京津冀地区生态协同治理中付出代价最大。此外，"环京津冀贫困带"的弱势群体也是主要的补偿对象。

8.4.2 供给侧改革

1. 供给侧改革

"释放新需求，创造新供给"作为当前经济发展的新战略在党的十八届五中全会公报中被首先提出。2015 年 11 月，习近平总书记在中央财经领导小组会议上强调，"在适度扩大总需求的同时，着力加强供给侧结构性改革，着力提高供给体系质量和效率，增强经济持续增长动力"。此后召开的国务院常务会议也提出，以消费升级促进产业升级，"培育形成新供给新动力扩大内需"。"供给侧改革"的提出表明了政府高层对当前宏观经济政策思路的新认知，也指出今后宏观经济政策的走向和着力点。一年多以来，供给侧改革的新思路成为经济改革与发展研究的新热点。从字面理解，"供给侧"与"需求侧"相对，涉及供给的各个方面。供给侧改革 20 世纪 70 年代发轫于美国供应学派，是供给侧经济研究的先驱，在大约十年间成为日后著名的"里根经济学"基础之一。在"冷战"背景下，美英的通胀和经济停滞具有格外的政治放大效应，引发了学界和政界的反思。供给学派针对凯恩斯主义的弊端提出通过提高生产能力而非刺激社会需求促进经济增长的主张，通过减税提高全要素生产率由此成为供给学派最鲜明的口号。美国曾在 20 世纪 70 年代陷入滞胀，英国也在 20 世纪七八十年代面临滞胀叠加结构性问题的窘境。作为供给学派的典型实践，"里根经济学"和"撒切尔主义"分别采用减税和国企改革等措施帮助经济走出衰退的困境。以"里根经济学"为例，1981年里根就任美国总统后提出"经济复兴计划"，以减税为核心，主要措施包括：降低税率、减少政府干预、缩减政府开支、紧缩货币供给等等。其间，个人所得税边际税率从 70% 降至 28%，不仅提高了可支配收入，增加了劳动供给意愿，也推动了国内消费上行；而企业所得税率则从 46% 降至 33%，直接提高了企业盈利与投资意愿，为长期经济增长打下了良好的基础。

2. 以供给侧促进资源型产业转型

绿色低碳发展是当前社会最迫切的需求，而资源环境的强制约束也直接影响到供给侧结构性改革的价值取向。遵循绿色发展理念是通过严格的环境保护制度强化对低端供给侧发展的约束，推动供给侧结构性改革的绿色发展导向，形成低碳循环和减量化的经济发展方式，在满足人类需求无限性与资源、环境、生态供给可持续性中寻求最优最佳配置，实现区域生态共生。以生态文明建设为指导，提高全要素生产率，才能以最小的能源资源消耗和环境破坏取得最大的产出效益，实现资源型产业结构的优化升级，促进企业生态工程的实施。

首先，增加有效供给。在经济新常态背景下，实现产业转型升级的核心在于提升供给能力。新一届政府的顶层设计已越来越从制度和政策层面发力供给端，实施经济管理。国家发改委早在"十二五"规划实施评估报告中就已将"供给管理"提升到与"需求管理"并重的地位，政策制定侧重于供给端调整，为微观经济主体创造发展条件。在当前产能过剩比较严重的状况下，货币政策调控不限于简单的收放流动性等问题，而是通过产业信贷政策调整匹配现代产业政策，切实增加有效供给能力，力图对产业结构调整和发展方式转变予以支持，并通过进一步加大税收增减、财政补贴等方式促进产业供给能力的提升。

其次，推行"链式改革"。按照市场化的程度划分，产业链可以分为完全市场产业链和不完全市场产业链，而资源型产业的产业链多为不完全市场产业链，在资源型产业中出现的问题往往无法不能从一个点来解决，而需结合产业链上下游的改革统筹考虑解决方案，即用"链式改革"代替以往的"点式改革"。例如对国有资源型企业的划分与补贴问题，资源是商品，应由市场机制决定其配置方案。但有些资源型企业又负有普遍服务的职能，如为工、农业生产提供平价资源，这些业务又具有一定的公益性。要解决这一问题，关键在于划清政府与企业的职能，即政府为企业和居民提供基本的公共服务，包括对特殊群体提供补贴，而资源型企业应按照供需关系定价经营，使用资源的企业和居民按照市场价格付费——在明确政企职能的前提下将应由政府承担的公共服务职能从资源型企业中剥离出来。

再次，以新供给形成新动力推进去产能。产能过剩是资源型产业转型升级的重点，要从根本上解决产能过剩问题，只能通过引导要素资源从供给成熟、供给老化的产业向供给形成、供给扩张阶段的新业态来实现。即一方面通过重点领域的制度要素供给破除阻碍成熟供给、老化供给向新供给形成和扩张的机制障碍，建立生产要素自由流动和转移的环境，健全生产要素按照边际贡献参与分配的机制；另一方面则鼓励市场主体创新发展，为新业态、新模式、新产品等等提供支持。通过促进新供给去产能的路径可以是要素转移，也可以是对老化供给的整合创新。生产要素的转移可以提高供给效率，引导新供给形成，替代老化供给吸收过剩产能，使产业进入良性循环，通过市场机制的调节实现去产能。另一种去产能的路径是对老化供给产业的整合创新，为其提供新价值，形成新供给，也可以带动过剩产能转化为新产能，实现过剩产能在老化供给产业的内部消除。

最后，充分发挥市场机能。在引导产业升级的过程中，政府的责任在于建立有利于提升经济效率的制度，做好基本服务，在遇到严重的经济波动时采应对政策，将微观层面的决策留给企业与消费者。对于资源型产业升级过程中最艰难的去产能任务，政府行为往往存在两个误区，一是通过行政手段强制供给老化企业关闭或者破产——通过行政手段进行产业或者企业要素的强制分配会造成大规模政策性转出和投入；二是保护"僵尸企业"，影响生产要素向新供给转移，违背市场规律，带来老化供给产量骤降，使上下游产业需求推动老化供给企业产品价格非理性上升，催生老化供给新一轮产能过剩，在新供给尚未形成时导致刚性下滑，破坏经济和劳动力市场的弹性，以至于滋生出一系列社会问题。因此，在去产能过程中，政策作用的着力点在于建设市场机制以及健全社会保障机制，在资源型产业转型过程中，政府要保证市场在要素转移中的主导地位。

8.5 本章小结

要实现京津冀区域生态共生，必须加强三地合作，建立基于区域共生的长效合作机制。京津冀三地的博弈资源存在显著的梯度差，为京津冀区域合作提供了良好的基础与条件。而中央政府与地方政府的合作障碍以及地方政府之间的合作障碍却严重影响了区域协同发展，破坏了区域生态共生协同。特别是地方政府间的各种矛盾，是不同地区无法达成利益均衡的根本原因。只有用多边合作模式是取代陈旧的单边合作与简单双边合作模式，才能破解这一难题。除政府之间的协同合作以外，区域生态协同治理还有赖于区域市场协同、社会协同、人才协同发展以及合理的生态补偿。因此，需要发力供给侧改革，建立健全生态补偿方面的政策与法规，形成完善的制度体系。

| 第 9 章 |
京津冀生态共生与资源型
企业生态工程

　　京津冀是我国北方典型的区域复合生态系统，河北省不仅是京畿之门户，还是京津冀协同发展的物质与自然生态承载地。要实现京津冀协同发展，建设美丽的雄安新区，生态共生是基础，经济共赢是条件，社会共荣是目的。推进京津冀协同发展，需要把京津冀作为一个生命共同体来善待，并以良善的心态与思维方式，做好北京、天津、河北和雄安新区的功能定位。这需要重塑并弘扬良心、良知与良能的良善理念与精神。京津冀协同发展涉及人口、资源、环境、经济与社会诸多因素，而京津冀自然资源（如矿产资源）的短缺与生态环境的脆弱交织在一起，成为制约京津冀协同发展的瓶颈。京津冀区域内资源型产业的长足发展以及资源型企业高能耗高污染低效益的生产经营模式也成为制约企业自身可持续发展的桎梏。因此，京津冀协同发展的重要基础是通过资源型企业实施生态工程，推进资源型产业转型与升级。资源型企业生态工程是旨在增强企业生命力与可持续发展能力的系统工程，既不是事后的环境治理，也不是一般意义上的环境保护工程。在实施生态工程的初期，生态与社会效益较大，而经济效益较小。要调动资源型企业实施生态工程的主动性、能动性与积极性，不仅要加强制度约束，还要建立以激励为主的规制体系，还要继承中华优秀传统文化，立德树人，培育新儒商，引领新风尚。全面推进资源型企业实施生态广场呢，还需要根据行业特点针对不同类型的资源型企业制定生态战略与规划，设计科学的生态工程方案，实施具有可操作性的措施。

9.1 京津冀区域生态共生及其发展战略

9.1.1 生态共生是京津冀雄协同发展的基础

京津冀是我国典型的区域社会—经济—自然复合生态系统。京津冀地处华北平原，而河北省却是京畿之门户，也是京津冀协同发展的物质与自然生态承载地。乾坤定位，天地阴阳，四象八卦，五行十方。小到个人，大到宇宙，万事万物皆在乾坤中依循时间和空间进行定位，并按时位而运行。京津冀三省市，北京居乾位，而天津市、河北省均居坤位。三省市的定位，其实就是乾坤定位。我们认为，河北省应以土德之祥瑞和厚德载物之精神，推进京津冀良性协同发展。在京津冀协同发展进程中，生态共生是基础，经济共赢是条件，社会共荣是目的。北京市、天津市、河北省三地不仅要重视政治、经济、资源、生态、科技、教育、文化、法规与社会诸方面的协同发展，而且还有必要从区域复合生态系统的视角，系统研究区域生态共生问题，构建京津冀区域生态共生机制，促进社会—经济—自然三个维度的共荣、共赢与共生。我们认为，京津冀区域复合生态系统的共生之核心是"生态、生产与生活三位一体式的共生"。共生不仅需要不同共生单元之间的相互依存与相互作用，也需要特定的空间，如生态空间、生产空间与生活空间等。三个空间不是绝对独立的，也不能严格分割开来，它们之间是相互依存、相互作用，甚至是相互叠加、相互融合的。其中，生态空间是生产空间与生活空间的基础。生态共生需要良好、清新的自然环境，生态共生、生产共生与生活共生之间是一体的，也是可以调控的，这需要发挥人的能动性与创造性。离开了生态共生，其他共生都不可能长久。可以说，区域复合生态系统的共生是京津冀协同发展战略实施的基础与保障，而生活、生产与生态共生的重要基础是区域复合生态系统的水、空气、土地以及相关的资源与环境对人、组织及其产业集群的承载力。

我们必须清醒地认识到，京津冀区域正面临着有史以来最为严重的环境污染与严峻的生态危机，生态共生的基础非常脆弱。具体地说，一是京津冀及其环渤海流域的水土流失和河流湖泊水系淤积严重，如太行山东坡、燕山山地和坝上植被遭受严重破坏，白洋淀、衡水湖、岗南水库、黄壁庄水库、官厅水库、密云水库水位下降，大部分河流淤积或断流，遭受不同程度的污染，湿地和水源涵养地不断减少，地表水与地下水严重短缺且污染严重，水资源供求矛盾非常突出。二是冀北地区和冀中平原土地长期过垦，土壤的自然恢复能力下降，水土流失比较严重，大面积的干旱区域与荒漠化趋势并存，沙尘暴也更加肆虐。三是京津冀晋豫鲁等更为广大的区域中的工业"三废"排放量在国家"节能减排"的引领下有所降低，但积重难返，大气污染依然比较严重，温室效应与酸雨现象并存。近几年的严重雾霾天气也呈现出常态化趋势，并成为困扰京津冀及周边区域广大人民身心健康的切肤之痛。京津冀要实现良性协同发展，就必须依法治理企业，依法调整产业结构，淘汰落后产能与过剩产能，依法推进生态文明建设。把生态文明的理念融合到精神文明、政治文明、物质文明和社会文明的建设中，挖掘良善（包括良心、良知、良能）价值观，探索生产、生活与生态相融合的新范式，形成生态共生、经济共赢、社会共荣的生态文明新常态。可以说，京津冀协同发展的基础是生态共生与社会和谐，并呈现出多维度的传统文明与新文明范式融合协同创新的趋势。要实现生态共生，需要构建北京、天津与河北省之间长效的生态补偿机制，制定有利于三地协同发展的补偿政策与法规，还需要建立健全排污交易权制度。京津冀协调发展的重要基础是构建京津冀区域共生机制。共生机制是由共生单元、共生关系、共生模式相互作用中按照共生规律所形成的综合性的运行机制。京津冀共生机制的构建不仅要遵循生态学的基本规律，还必须遵循经济与社会规律，充分考虑复合生态系统的人工性和开放性，并遵守良善、循环、共生、持续、协同等基本原则。京津冀区域的河北省是资源大省，以钢铁、石化、煤炭、建材、建材、医药、化工为支柱的传统产业结构。从资源型产业的视角入手，我们初步构建了京津冀区域产业生态共生机制。在京津冀生态共生中，自然资源与生态环境，尤其是水陆空立体环境的综合承载力是关键。南水北调等国家重大工程对解决京津冀及华北地区严重缺水问题起到了重要作用，但空气质量差，雾霾日趋严峻却无法把南方的新鲜空气调过来。要解决空气问题，还必须从转变生活观念与生产方式入手，推进京津冀产业结构调整与升级，通过对供给侧过剩产能的精确分析与科学预测，逐渐淘汰用水多、对空气污染严重而产能又相对过剩的产业。具体如图9-1所示。

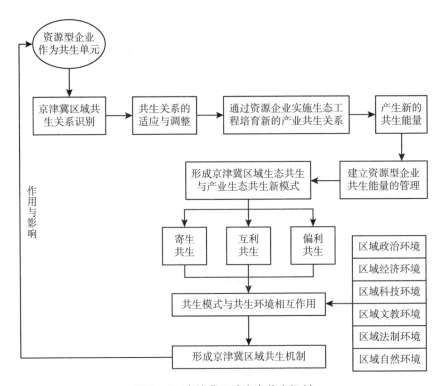

图9-1　京津冀区域生态共生机制

习近平总书记曾经指出："我们要认识到，山水林田湖是一个生命共同体，人的命脉在田，田的命脉在水，水的命脉在山，山的命脉在土，土的命脉在树。"习近平总书记重要讲话明确地提出了生命共同体的概念。生命共同体的思想不仅是复合生态系统观，而且还是唯物辩证观。这是一个非常重要的概念与思想，也是指导京津冀生态共生与协同发展的行动纲领。如果我们把京津冀区域复合生态系统比喻为一个生命共同体（像人之身体，五脏俱全，相生相克），北京则是生命共同体的"心脏"，心对应五行之火、五常之礼、五戒之戒淫。人本来就有天地良心，也必须唤醒那颗良善之心，才能产生良知与良能。心良，则清则正，才能形成健康的心态与体态。北京作为国家政治、科技、文化与教育中心，不应该承担过多的经济与产业功能，尤其是资源型产业应逐步向周边省市转移。天津则是生命共同体的"肝脏"，肝对应五行之木、五常之仁、五戒之戒杀。天津应积极扩大开放，加强服务与对外贸易，以大仁大爱架起蓝海之路，保持环渤海生物多样性，同时积极向外转移资源型产业或重型制造业，以仁爱之心养肝。太行山、燕山和坝上草原等植被涵养地则是生命共同体的"肺脏"，肺对应五行之金、五常之义、五戒之戒盗。坚决禁止乱砍滥伐，加大投资力度长期滋养植被涵养地，全面建设绿水青山，保护天然的生态环境，是京津冀最为神圣的使命与责任。该区域的白洋淀、衡水湖、官厅水库、密云水库、永定河、海河、滹沱河等水系以及渤海湾则是生命共同体的肾脏，肾对应五行之水、五常之智、五戒之戒酒。要汲取上善若水之智慧，科学治理水污染，保护水之源流。肾是先天的生命力，作为千年大计，党中央和国家政府英明地提出了"建设雄安新区"的伟大战略，其根本目的就是为了强肾。肾好了，则养肝；肝好了，则养心；心好了，则养脾；脾好了，则养肺；肺好了，则强肾。水→木→火→土→金→水，五行相克相生循环往复。建设雄安新区，是增强京津冀区域复合生态系统生命力的根本，本立而道生，根壮则物长，德治则民生，治本才能实现天下大治。建设雄安新区必须做好乾坤定位。北京居乾位，雄安居坤位。就"雄安"二字而言，雄居乾位，安居坤位。先雄之，再安之。建设雄安新区还必须以水为命脉，以水养木，以木生火，绿化美化京津冀，建成生态文明的首善之区。建设雄安新区还必须继承弘扬传统文化中的朴素思想。老子曰："见素抱朴，少私寡欲。"我们认为，在雄安新区建设的理念设计中，应学习并领悟"雄心如朴，安志若素"这八个字。朴素就是原生态，朴素就是自然之道。朴就是大地厚德载物而养成的万物自然而生机勃勃，朴居于坤位；素就是似乎看不见的自强不息之精神，素就是蓝天白云，也是自然宇宙之本色，素居于乾位。朴素正是中华优秀文化之乾坤大道及其折射出的人文精神。只有朴素，才是大善大美；只有坚守朴素，才能逐渐趋于至善至美。以石家庄为中心的华北平原及河南省、山东省、山西省等则是生命共同体的"脾脏"，脾对应五行之土、五常之信、五戒之戒妄。河北省要大肚能容，坚决贯彻党中央的战略部署，认真做好"肺肾脾"的功能定位，甘于牺牲眼前利益，扎扎实实地开展工作，把建设绿色河北、美丽河北作为京津冀良性协同的重要基础。坚持诚实守信，积极消化资源型行业的产能过剩，深化资源类产品供给侧结构性改革，促进资源型产业转型与升级，苦练内功，强身健体，创造生机，全面提升河北省的产业生命力与市场竞争力。

9.1.2 全面实施生态工程是京津冀协同发展的战略途径

所谓生态的"生"蕴含着生命、生机、生发的含义，还蕴藏着生存、生活、生产等紧密相连的生生不息之文明。"生"字上面是一个卧人，下面是个土字，"人"与"土"牢牢结合在一起，寓意"人法地"，弘道立德，信在其中矣。也就是说，在广袤的土地上，有了与土地融合之人，才有勃勃生机，才能生生不息。人要把握土地这个命根子，上承天之诚，下启人之诚，合乎地之诚，从而养成人之诚信品格，才能顶天立地，天地人合一。人字左撇为真，右捺为正。常行正真，才是真正大写的人。土属于五行，居中。古代的轩辕氏黄帝主土，神农氏炎帝主火。由炎帝到黄帝，正是火生土。五行之土对应五常之信。要守住土地这个命根子，就要诚实守信，正所谓："种瓜得瓜，种豆得豆。""态"字（繁体字"態"）上能下心。"態"就是心能，即从内心而生发出来的能量。著名超导物理学家阮耀钟教授认为，能量是标量，没有正负之说。我们认为，能量是物质、精神与信息的综合体。能量之间以及能量与物质、精神之间的相互作用与转化的确是客观存在的。从人类的视角及评判准则来看，能量作用及转化的结果有好有坏。孟子所谓的良能就是人之天然能量，也是一种本能。"态"字不仅反映了客观世界物质能量之交换，而且还反映了主观与客观、精神与物质之间的能量交换及其复杂关系。人有良心，所产生的能量就朝好的方面发展；人有坏心（丑恶之心），所产生的能量可能会导致不好的结果。人有什么样的心，就产生什么样的能，从而形成个人身心态势、家庭态势、家族态势、企业态势、区域态势、国家态势和社会态势，乃至自然态势。生态（ecology）一词源于古希腊语"oikos"，本义为住所或栖息地。生态反映了自然界生物种群以及自然系统中诸要素之间错综复杂的关系及其态势。

习近平总书记指出："走向生态文明新时代，建设美丽中国，是实现中华民族伟大复兴的中国梦的重要内容。"习近平总书记还指出："良好生态环境是最公平的公共产品，是最普惠的民生福祉。""要加强生态文明建设，划定生态保护红线，为可持续发展留足空间，为子孙后代留下天蓝地绿水清的家园。""生态兴则文明兴，生态衰则文明衰。"可以说，生态文明是一切文明的基础，没有良好的生态，任何文明都会衰落，而生态工程正是通向生态文明的微观路径。生态工程是复杂的社会系统工程，涉及生态环境、经济发展与社会进步三个大的方面。其中，生态共生、经济共赢与社会共荣是系统的三个维度。我们要学会辩证思维，在对立中求统一，实现天人合一。生态工程也是修养身心、止恶扬善，从而改变命运的良心工程。我们认为，人不能仅仅站在人类的立场上看待自然界，认识天地万物，还应该从天地万物的视角反思人类的行为。不论是工业企业，还是商业企业，要有效地实施企业生态工程，首先就要学会换位思考，甚至在换位思考中，在逆向思维或反向思维中，平衡自己的人生观、价值观、财富观、竞争观和世界观。人类决不能简单地以人类为中心，以人的好恶为价值尺度，而应该以生态为中心，以整个自然界的存续为追求，从而树立正确的价值取向与行为方式。这要求树立可持续发展的观念，进一步解放思想，革新理论，培育良心经济，笃行良善管理，大力发展循环经济和低碳经济，促进人口、资源、环境、经济与社会的良性协同发展。我们认为，工业企业生态工程不仅要切实维护并不断提升复合生态系统可持续发展的综合能力，而且还要以良善的价值观治理人心，从而形成良性和谐的生态伦理与生活、生产、生态智慧。我国的工业企业，尤其是资源型工业企业，在生态工程的实施中需要重视"九化"，具体地说：一是减量化，主要包括物质消耗、能量消耗、人力消耗、设备消耗，以及各种废弃物的减量化。二是无害化，主要包括自然资源在采掘与制造等生产经营过程中，以及废弃物回收、储存、处理、再利用等过程中，对人体健康及生物的危害降到最小，对企业所在区域复合生态系统健康无公害。三是清洁化，主要包括清洁的能源、清洁的产品、清洁技术与清洁生产方式。四是资源化，主要包括资源型企业生产活动及矿产品使用过程中所产生的废弃物的回收与利用、再循环与再利用等。五是产业化，主要包括资源型工业企业的规模化和产品的市场化，形成综合交织与协同发展的低碳产业链。六是集群化，主要包括资源型企业及其相关产业集群之间的耦合与共生，形成产业之间以及相关废弃物循环再利用的生态链合圈。七是精细化，主要包括资源型企业生产过程、生产工艺、工序和管理的精细化。八是信息化，主要包括资源型企业精确的企业废物产生、排放及综合利用的信息平台，形成信息公开透明的机制，形成内外监督、控制与有效管理的新机制。九是系统化，主要包括资源型企业的全生命周期能够符合复合生态系统的净化与优化规律等。

9.1.3　以京津冀为龙头科学规划长城经济带战略

中华民族自古就称为龙的传人，龙的传人不仅仅是美丽的神话传说，而是中华民族心心相印的信仰与生生不息的精神。我们认为，京津冀协同发展就是要促进区域良性协同发展。良性，需要良好的心态；协同，更需要同心同德；发展，需要以良心而感同身受的无限时空。乾坤大道的本质就是时位关系，所谓生生之谓易也。中华民族伟大复兴战略，不仅包括东西南北中全面覆盖，也包括天地上下与纵横交织。京津冀协同发展，是一个在我国华北地区内小的纵横交织。而"一带一路"倡议则是横跨不同区域与国家的更大的纵横交织。长江经济带，是我国南部东西纵横发展的战略。而长城经济带（尽管提的人还不多，也不够响亮），恐怕是我国未来需要重视的北部东西区域的纵横发展战略。我们认为，只有长城这条中华巨龙腾飞于世界，并以长城经济带引领北方经济，中华民族伟大复兴才能至善至美。这要要求我们构思长城经济带战略，高度重视长城经济带的自然资源可持续开发与综合利用。我们认为，京津冀协同发展战略属于南北区域纵轴战略；而长城经济带发展，则属于东西区带横轴战略。也只有南北与东西纵横交织，才是十全十美的"十"字，从而呈现出"人"字，才能更好地经天纬地，造福华夏子孙。长城经济带战略需要京津冀三省市的高度重视，也需要党中央和国务院的支持，还需要更多学者的广泛关注与深入研究。

绵延起伏的万里长城，横贯东西，依山而建，因地制宜，宛若一条神奇的巨龙。长城从东到西，可谓龙脉，凝聚了中华大地的灵气，凝练了中华民族的智慧，凝结为中国龙之精神。长城也是中华文化之荟萃，儒道墨法兵，诸子百家，历朝历代，天子的梦想，人民的创造，铸就了"自强不息，厚德载物"的民族自信与乾坤文化。我们认为，加强对长城的认识，深入挖掘长城文化，重塑长城精神，必须树立正确科学的观念。一是树立长城中华龙的概念与意识，挖掘"刚健有为，自强不息，以人为本，厚德载物"的中华龙精神。二是树立系统与辩证的思维，乾坤定位，天人合一，阴阳和合，动静结合等哲学思想，使长城中华龙之精神昭示于世，深入民心，造福苍生，惠及天下。三是树立品牌意识，将长城打造成国际文化遗产与绿色旅游名牌，造福人类，促进世界和平。四是树立区域复合生态系统的理念，重视长城遗产保护与适度开发利用，创造更好的生态效益、经济效益与社会效益。五是科学规划长城经济带，重视长城带农牧业、工业与服务业等产业结构调整、优化与升级，谋划长城中华龙经济带可持续发展之战略，促进长城东中西经济带的区域协同发展。

万里长城的老龙头在秦皇岛，从天下第一关到北京八达岭，长城横贯北京、河北、天津。长城在京津冀的区带应属于中华神龙的脖颈，实为要害之处，关键地位。中国万里长城沿线，涉及北京、河北、天津、山西、陕西、甘肃、内蒙古、黑龙江、吉林、辽宁、山东、河南、青海、宁夏、新疆等 15 个省（区市），大约 400 多个县，其中 58% 的县属于贫困县。因此，从国家战略的高度重视并构思、研究、规划、设计长城经济带的协同发展，不仅是精准扶贫共同富裕的需要，也是中华神龙腾飞实现中国梦的需要。长城神龙，龙头先行，飞龙在天，横贯西东，中华复兴，气势恢宏。建设长城经济带要求京津冀龙头先行，带动北方十五个省区市的协同发展。我们认为，若能把京津冀协同发展、雄安新区建设和长城经济带发展等战略进行融合创新，必将呈现出振兴北方经济，构建和谐社会的新态势。发展长城经济带，京津冀区域是龙头。神龙飞腾，龙头先行。这要求充分发挥京津冀龙头的协同带动作用，从而推进北方十几个省市自治区的协同共进与良性发展，形成长治久安的新局面。

京津冀作为长城经济带的龙头，要发挥带动作用，必须高度重视以下几个方面：一是把建设绿色长城作为长城经济带战略的坚实基础。京津冀应率先建立长城带生态保护的长效机制，高度重视长城文物文化与生态环境双修复，促进区域生态共生与社会共荣。保护长城物质文化遗产，维护长城区域复合生态系统的稳定、健康、持续、协同与共生，必须以仁为本，全面推进绿色发展。京津冀需要全面实施长城带植树造林工程，切实保护长城带动植物的多样性，科学发展长城绿色旅游、智慧旅游、体验旅游、适度旅游与全域旅游。京津冀必须遵循复合生态系统规律，对长城经济带进行科学的生态规划，把建设绿色长城与长城带产业发展融合创新结合起来，形成良性发展的新态势。二是突出爱国主义教育，全力建设红色长城，促进我国北方多民族的团结与协同，更好地维护政治共和之国体。长城作为中华民族伟大的物质与文化遗产，不仅是有形的建筑体，而且深邃的精神与文化需要挖掘。长城不仅体现了"先礼后兵"的东方智慧，也反映了我国诸民族对和解、和谐、和平的不懈追求。建设红色长城，把忠于国家、热爱人民与传统仁爱礼仪有机结合起来，建设爱国主义阵地，构建政治、经济、文化、社会与生态新秩序，实现人类社会的小康与大同。三是建设黄色长城，加强长城经济带资源开发同与可持续利用，实现东西区域经济共赢。史载黄帝因有土德之瑞，故号黄帝。孟子曰："诚身有道，不明乎善，不诚其身矣。是故诚者，天之道也；思诚者，人之道也。"诚乃天道，思诚乃人道。"诚"为"城"之基。城，会意。从土，从成，成亦声。《说文》曰："城，所以盛民也。""城"之左部为"土"，土为五行之一，对应五常之信。守土有责，守土的关键是守信。"城"字右部，是"成"。《说文》曰："成，就也。"成，包括天成、地成、人成。长城正是天地人之大成也。长城的根基是山川大地，是土德之瑞，也是诚实守信的精神。长城的魂魄是大地之诚、大国之信。我们应把修城与修诚有机结合起来，传承大地之诚，筑牢人民之信，建立健全中华诚信体系，弘扬中华民族厚德载物之精神。要高度重视农业与其他产业的融合创新与协同发展，扎扎实实地推进长城带贫困县的精准扶贫工作，让长城带贫困县率先脱贫致富，实现共同富裕。四是建设白色长城，促进我国北部区域社会经济良性发展，实现社会发展成果的共享。长城修复就是修复人心，长城保护就是保护民心。不忘初心，精进前行，厚德载物，自强不息。我国应把长城经济带发展战略与西部大开发战略有机结合起来，促进各民族之间的相互学习与相互交流，在民族融合中形成团结向上、凝神聚气、齐心协力的新风尚。五是建设黑色长城，加强长城物质与文化遗产的全面研究，重视多学科之间的交融渗透，构建长城学，促进长城文化共荣。中国长城学会在河北地质大学设立的长城研究院就是一个成立不久而又蓄势待发的研究机构。长城研究要遵循：先易后难，攻坚克难，顺势而行，泽被中华，惠及众生，逐梦共飞。

总之，要实现长城经济带的战略崛起，就必须在共生、共和、共赢、共享、共荣之中实现和气、和解、和睦、和谐、和平，让长城中华神龙腾飞起来，实现中华民族伟大复兴的中国梦！

9.2 京津冀资源型企业实施生态工程的规制及其制度设计

9.2.1 资源型企业实施生态工程的激励性规制分析

激励性规制理论（incentive theory of regulation）是西方规制经济学的一个分支，它产生于 20 世纪 70 年代末 80 年代初，由"规制中的激励问题"衍生。施蒂格勒和弗里德兰等人早在 1962 年就撰文提出了规制无效率问题，勒布等（Loeb et al.，1979）在 20 世纪 70 年代提出了激励性规制方案。信息经济学的应用促进了规制理论的形成与发展。巴伦和梅耶森（Baron & Myerson，1982）将微观经济学中的信息经济学（information economics）、非合作委托—代理理论（incorporation of principal-agent theory）以及激励机制框架设计（mechanism design theory）等研究方法引入规制理论，使其有了较大的进展。尤其是拉丰和梯若尔（Laffont & Tirole，1993）将激励理论（incentive theory）和博弈论（game theory）应用于规制理论分析后，规制经济学研究进入新的高峰。"规制中的激励问题"存在两个内因，一是忽视了信息不对称，所设计的规制应用于实践时因缺乏效率而遭质疑，如报酬率规制等；二是主张"引入市场竞争替代规制，以根治规制无效率"的理论在实践中陷入困境。外因则是信息经济学、动态随机过程理论、博弈论以及非对称信息理论的新发展为研究规制问题提供了新工具，而 20 世纪 70 年代末以来全球性声势浩大的放松规制运动则促使更有效率、成本更低的激励性规制方案出台。在内、外因素的共同驱动下，激励性规制理论得以进一步发展。

日本著名经济学家植草益（1993）认为，所谓激励性规制（incentive regulation），就是在保持原有规制结构的条件下，激励受规制企业提高内部效率，也就是给予受规制企业以竞争压力和提高市场或经营效率的正面诱因。我们通常认为，激励性规制是指将激励手段应用于政府规制，即"政府为了纠正市场失灵，提高经济效率，通过激发、引导的方法使市场主体（主要是企业）自愿按政府意图进行经济活动的一种规制行为"。激励性规制用契约赋予受规制企业一定范围的价格制定权，使企业利用追求利润最大化动机和拥有的信息优势发挥主动性，实现内部效率的提高和成本降低，从而获取由此带来的利润增额。其理论核心是通过有效的激励契约缓解规制机构与被规制企业之间的信息不对称，提高被规制企业的生产效率，使其获取更高的利润。与传统规制经济学相比，激励性规制理论的重心由"为何规制"转入"如何规制"，并实现了两个方面的突破：一是比较充分地考虑了规制过程中的信息不对称问题并通过委托—代理方式（即公共利益范式下的激励性规制）解决；二是打开了传统规制中的"黑箱"，使其制定与使用过程更加透明，创立了的激励性规制理论。

要全面推进京津冀协同发展，生态共生是基础。而要保证京津冀乃至全国的生态共生，必须设计具有激励性的生态政策与规制，并形成生态治理纲领与健全制度。可以说，针对资源型企业，制定具有激励性的政策与规制十分必要。

首先，这是资源型企业履行社会责任的需要。资源型企业实施企业生态工程履行社会责任，不仅是资源型企业自身生存与发展的需要，也是利益相关者对生态环境安全的强烈要求，是政府谋求矿业持续、健康、和谐发展的要求。事实上，资源型企业实施生态工程、履行社会责任需要长期、大量的投资，会增加企业生产经营的成本，如果缺少了相应的规制与激励性政策措施，企业的股东及经营管理者很可能会放弃参与，尤其中、小型资源型企业，更容易急功近利，只关注企业的当前利益。资源型企业实施生态工程、履行社会责任能够改善企业员工的工作环境与生存质量，但会使其直接经济利益受到一定的损失。企业加大生态工程与社会责任等方面的投入能够提升企业竞争力与企业形象，但也相对提高了生产成本，导致其价格上涨。顾客（或客户）一方面希望从绿色矿产品中获取使用价值与健康收益，另一方面又不愿意付出相对较高的价格。矿山所在地的居民资源型企业实施生态工程，履行社会责任，改善生态环境持肯定的态度，但因为是弱势群体，对企业重大决策的影响力较小。此外，资源型企业实施生态工程还涉及消费者、供应商、经销商、竞争者等其他利益相关者的利益。因此，没有激励性规制，企业不仅缺少实施生态工程的压力与动力，在博弈中仅考虑自身及当下利益，也缺少有效的约束与激励。随着生态环境形势越来越严峻，资源型企业所制造的环境污染将成为政府在生态环境治理中的"顽疾"。

其次，这是克服资源型企业动力不足和生命力不活的需要。激励性规制理论为实现政府引导企业生态工程决策提供了完整的理论体系。之所以资源型企业对环境的污染愈加严重，是因为企业实施生态工程、履行社会责任的动力严重不足。基层政府成为资源型企业利益共同体、保护落后矿山的保护伞，其主要原因是企业与政府在规制方面存在严重的信息不对称，责权利不明确。信息不对称主要包括两种形式：一种是隐藏信息（hidden information），又称为逆向选择，如规制企业在与政府签订合约之前拥有规制机构所不知道的信息，事前隐瞒企业对环境污染的部分数据等等；另一种是隐藏行为（hidden actions），又称为道德风险，如企业与政府签订合约之后，实行一些政府不易观察到的举措——私下排污等等。近几年来，尽管政府从宏观层面出台了一系列有关环境保护与治理的政策与法规，但作为操作层面的工业企业，追逐利润仍是其经营的主要目的。企业既缺少规制者，又缺少具有有效的激励性规制措施。因此，政府需要选择合适的第三方规制者，通过对企业决策行为的有效规制实现对企业决策行为的导向作用。

最后，这是制约企业、政府和个人恶性博弈的需要。博弈是一种在特定条件下进行策略选择的活动，博弈过程就是博弈者在策略与方案选择中不断优化直至最优化的全过程。这种最优化是从多方博弈中的非均衡达到纳什均衡。张维迎认为，博弈论是一种既考虑自己的选择对别人选择的影响，也考虑别人的选择对自己的影响，即存在互动的条件下，研究个人或个体（如企业）如何选择的方法。博弈论实质是从自利的前提出发，在博弈中达成博弈多方公认的道德，它功利论和正义论的思想、理论及原则有机地统一起来了。

资源型企业是否实施生态工程、能否履行社会责任，表面上看是一种单纯的企业行为，而实质上是资源型企业与利益相关者之间，以及资源型企业与各级政府之间等不通过利益主体之间的博弈。资源型企业与政府之间的博弈往往存在严重的信息不对称。这需要按照激励性规制理论，根据实际情况制定激励性政策与法规，以督促资源型企业在生产经营中考虑生态与社会等因素。鉴于此，政府可以从制度上设计社会贡献和生态补偿机制。社会贡献和生态补偿并非资源型企业首要考虑的影响因素，很多中小型资源型企业过于追求经济利益，而忽视道德及正义等方面的软约束，原因是履行生态等方面的社会责任需要较高的成本。因此，需要政府对实施生态工程履行社会责任的资源型企业根据其社会贡献大小和履行生态责任效果好坏给予一定数量的货币补偿。这一补偿应考虑资源型企业实施生态工程履行生态责任的实际成本及努力程度。由于政府很难完全掌握资源型企业实施生态工程履行生态责任的成本、技术和努力程度等方面的信息，而一些资源型企业上报信息的真实性和准确性也值得怀疑。在信息不对称的前提下，资源型企业当经济目标与生态目标、社会目标相悖时，不少资源型企业的典型行为是根据上述分析，其理性决策行为可能出现以下几种情况：一是尽可能缩减生态工程实施成本，追求当下经济效益；二是虚报生态工程决策实施的成本，虚报生态业绩，争取更多的生态补偿；三是既缩减生态工程决策实施的成本，又虚报生态业绩或贡献。四是主动应对政府管制，选择"偷懒"或"欺瞒"策略。这样一来，资源型企业就可能一方面尽量压缩用于实施生态工程履行生态责任方面的成本；另一方面又虚报有关的成本，夸大自身的社会贡献，形成逆向选择问题。资源型企业在无约束或约束弱化的情况下，也很容易触犯道德与法律风险，出现"欺上瞒下"的行为。

9.2.2　资源型企业实施生态工程履行生态责任的制度设计

通过上述分析，要推进资源型企业实施生态工程，全面履行以生态责任为主的社会责任，实现建设绿色矿山的目标，政府及有关部门就必须从制度上进行理性、科学的设计，制定激励性政策、法规与制度，形成促进资源型企业良性发展的长效激励机制。具体地说，主要包括以下几个方面：

（1）科学界定企业与政府的责权利，构建长效管理机制。要建立资源型企业实施生态工程履行社会责任的激励机制，必须科学界定各类资源型企业、各级政府与第三方规制者的责权利，明确政府及相关部门的职能，构建政府及相关部门长效的管理机制。尽管工业企业作为社会公民承担着重要的环境责任，从企业的博弈行为来看，市场机制固有的缺陷会导致生态环境问题上的"市场失灵"。如果企业实施生态工程的行为会损失自身的受益，而且也未给地方政府带来 GDP 的增长，那么企业与地方政府就会采取"合谋"，共同应对上一级政府。在第三方规制者缺位的前提下，上一级政府对下级政府及企业的干预效率就会增多，而不一定取得良好的效果。究其原因，是企业、规制者、政府三方责权利不够明确，而且地方政府及有关部门承担了过多的经济责任，在政府过于追逐经济利益时，很容易迷失方向，从而漠视或淡化生态责任。如在 2012 年修改后的《清洁生产促进法》第四条指出："国家鼓励和促进清洁生产。国务院和县级以上地方人民政府，应当将清洁生产促进工作纳入国民经济和社会发展规划、年度计划以及环境保护、资源利用、产业发展、区域开发等规划。"进一步明确了各级政府在促进清洁生产的义务与责任。第五条指出："国务院清洁生产综合协调部门负责组织、协调全国的清洁生产促进工作。国务院环境保护、工业、科学技术、财政部门和其他有关部门，按照各自的职责，负责有关的清洁生产促进工作。县级以上地方人民政府负责领导本行政区域内的清洁生产促进工作。县级以上地方人民政府确定的清洁生产综合协调部门负责组织、协调本行政区域内的清洁生产促进工作。县级以上地方人民政府其他有关部门，按照各自的职责，负责有关的清洁生产促进工作。"我国有关生态环境的法律法规或多或少都存在职责界定不明，责权利不对称等问题。因此，很多法律法规执行起来都大打折扣。因此，各级政府需要依法制定并完善更具体可行的办法与措施，进一步完善政府管理机制，使政府角色定位实现由管理者和经营者向服务者、维护者和监督者转变。

（2）建立全覆盖的奖惩制度，规范资源型企业的行为。要完善工业企业实施生态工程的激励机制，需要加大激励与惩罚的反差，促使博弈行为朝着良善价值取向发展。近几年来，各级政府及有关部门加大了环境治理的力度和对排污超标单位的惩罚力度，有关法律法规也制定了奖励措施，如《清洁生产促进法》第三十条明确指出："国家建立清洁生产表彰奖励制度。对在清洁生产工作中做出显著成绩的单位和个人，由人民政府给予表彰和奖励。"《循环经济促进法》第四十八条也明确指出："县级以上人民政府及其有关部门应当对在循环经济管理、科学技术研究、产品开发、示范和推广工作中做出显著成绩的单位和个人给予表彰和奖励。"但这些规定均未对奖励的形式及金额做出明确的规定。在有关法律、法规执行过程中,重罚款、轻奖励,重约束、轻激励的现象比较普遍。事实上,在缺乏有效激励及规制的前提下,资源型企业,尤其是中小型资源型企业在利益的驱动下,不可能自觉地实施生态工程履行生态责任。而且激励程度与惩罚程度的差距越小,越可能导致资源型企业在博弈中趋向罪恶而不是良善。因此,基于对良善道德观的弘扬,在制度设计上加大激励与惩罚的反差有利于资源型企业与区域生态环境良性发展。

(3)建立健全排污交易权制度,加强政府对企业的监控。资源型企业之间,资源型企业与利益相关者(包括政府)之间在是否实施生态工程履行生态责任的博弈涉及到排污权交易制度的设计。所谓排污权交易是指在污染物排放总量控制指标确定的条件下,利用市场机制,建立合法的污染物排放权利即排污权,并允许这种权利像商品那样被买入和卖出,以此来进行污染物的排放控制,从而达到减少排放量、保护环境的目的。美国、德国等西方发达国家比较重视排污权交易及其制度建设,但我国排污交易权法律体系还不完善。排污权交易政策与制度的设计与实施目的就在于在承认污染排放权利的基础上,通过创建市场来实现污染权利的合理配置,以达到节约社会污染治理成本的目的。因此,必须强化政府政策与制度的威胁置信度,通过提供政策信号或实施激励约束机制等措施推动尽可能多的资源型企业(尤其是中小型资源型企业)参与排污权交易市场,促使交易市场在博弈中趋向预期均衡,实现社会污染治理成本的节约与污染权利的合理配置。

(4)建立环境信息披露制度,建立企业生态信誉披露机制,更好地树立企业生态形象。企业生态工程行为也是市场行为,企业、个人、政府作为市场主体其生态博弈的价值观基础是"善恶"价值取向。因此,促进企业树立良善价值,是从"恶性"博弈转向"良性"博弈的基础。这要求政府建立健全企业环境信息披露制度,对企业是否实施生态工程以及效果等信息进行披露,加强媒体和公众等监督,形成畅通的信息反馈机制。同时,建立完善的综合评价制度,将是否实施生态工程以及对其实施生态工程效果的综合评价作为企业"生态信誉"晋级的重要依据,从而形成市场引导企业生态行为、企业调控市场的良性运行机制。

9.3　资源型企业生态伦理文化与新儒商培育

9.3.1　生态伦理与文化建设

伦理（ethics）来自希腊语"ethos"，其意思是"惯例"（custom）。早在古希腊荷马史诗《伊利亚特》中，就已出现"ethos"一词，公元前 4 世纪，亚里士多德在雅典学院讲授道德品行的学问，提出了 ethikas（伦理学）这一术语。开始，"ethos"一词只是表示一群人所共居的地方，以后其意义不断扩大，还包括了这一群人的性格、气质及其所形成的风俗习惯。在中国古代，"伦"和"理"是分开使用的。"伦"的本意为"辈"，《说文解字》解释"伦，辈也。从人，仑声。一曰道也。""仑"我国古代的一种音域高高低低而有序的和音管状类乐器，常用来比喻等级与秩序。"伦"也用来反映家庭、家族、氏族中的美德良序。"伦"字后来引申为类、比、序等意思。"理"的本意是"治玉"。东汉学者许慎在《说文解字》中解释"理，从玉，里声"、"理，治玉也。顺玉之文而剖析之。"古代有和氏璧的故事。据传说，卞和看见凤落青石，于是在青石下挖出了价值连城的玉璞。卞和曾先后三次献玉璞给楚厉王、武王、文王。可惜，楚厉王和武王都不识货，卞和被以欺君之罪而受到严厉惩罚。后来，楚文王乃令玉工剖开这块玉璞，才得到了这款价值连城的美玉，被后人命名为"和氏之璧"。玉的质地和美妙之处在于玉之纹理。不剖开玉璞，就看不到内在的纹理。因此，理也常指内在的、客观的、本质的东西，而又往往通过表面让人认识不到其内在的价值。可以说，"理"是对事物内在性的反映，包括道理、规则和原则。"伦理"的连用，最早见于《礼记·乐记》的"乐者，通伦理者也。"一般说来，"伦"是包括人与人、人与组织、人与社会、人与自然，个体与群体、群体与群体、群体与社会、社会与自然等多方面相互之间的利益关系。伦理就是指人与人相处应当遵守的道理，或者说处理人与人之间相互关系的道理与准则，包括家庭伦理、组织伦理（如企业伦理）、社会伦理、生态伦理（环境伦理）等。汉语"伦理"的含义是条理、纹理、顺序与秩序。"伦理"（ethics）在《韦氏大词典》上被定义为："符合道德标准或为一种专业行为的标准。"概括地说，伦理是处理人、群体、社会、自然之间利益关系的行为准则或规范的总称。生态伦理是伦理学的重要组成部分，加强对生态伦理的认识与研究，形成新的伦理准则与文化体系，是经济增长与社会进步的需要。生态伦理对经济与社会发展具有重要的能动作用，伦理道德对经济、社会、自然之间关系与和谐发展亦有巩固、促进与保障功能。生态伦理可以引导人们尊重自然、敬畏生命，维护生态系统的整体平衡与良性循环，在经济活动中自觉节约资源，切实解决当今面临的严重的生态问题，实现人与自然关系的和谐，从而实施复合生态系统的共生、循环与可持续发展。

在中国古代，"文化"的含义是"人文化成"和"以文教化"，以及"以文教化、培育人、化育天地自然社会"的含义。《易经》中有"观乎人文，以化成天下"，其意思是要以文化典籍和礼仪道德来教化民众。生态文化是人类的文化积淀，是由特定的民族或地区的生活方式、生产方式、宗教信仰、风俗习惯、伦理道德等文化因素构成的具有独立特征的结构和功能的文化体系。它是一个国家区域代代沿袭传承下来的针对自然资源进行合理摄取、利用和保护，以促使人与自然能够和谐相处。它是可持续发展的知识和经验等文化长期积淀。企业生态文化是一种亚文化，它是社会生态文化在特定企业的具体反映与表现。它是企业在获取资源、利用资源进行生产经营活动中所形成的资源与环境理念、生态文明价值观和生产经营行为准则等。笔者认为，我国传统生态文化的核心是乾坤定位，由此而衍生出天人合一、阴阳和谐、刚柔相接、自强不息和厚德载物等一系列的价值观与文化。企业生态文化由外显文化和内隐文化两部分构成，具体可分为精神文化、组织（制度）文化、物质文化和形象文化，其中物质文化和形象文化是外显文化，而精神文化和组织（制度）文化属于内隐文化。企业生态伦理是企业生态文化的导向，也是企业生态文化建设的基础。企业生态文化建设则是企业生态伦理在企业中落地生根的平台或土壤，也是企业生态伦理建设的重要措施与途径。

资源型企业生态伦理与文化建设是资源型企业实施生态工程的基础。资源型企业生态伦理是指资源型企业在处理自身生产经营与自然环境关系的过程中所需要遵循的基本伦理原则、道德规范和道德实践的总和。树立遵循生态伦理的价值观，实现人与自然关系的和谐发展显得尤为重要。工业革命以来，资源型企业随着工业化进程迅速发展。矿业经济作为社会经济的基础，受到重视。资源型企业不仅是物质财富的生产者与创造者，也是污染物的主要排放者和资源环境主要破坏者。在工业化的长期发展进程中，资源型企业为了自身的经济利益，以牺牲环境来降低成本，以破坏生态环境为代价来换取眼前利益。这些现象的存在，归根结底是生态伦理危机，是天良丧失的表现。因此，反思资源型企业粗放发展的历程，重建环境伦理准则，构建生态文化显得尤为重要。这要求重视以下几点：

第一，加强资源型企业生态伦理与文化建设，需要继承和弘扬中华优秀传统文化。这是中华文明的传承，也是文化自信的基础。习近平总书记指出："一个国家、一个民族的强盛，总是以文化兴盛为支撑的。没有文明的继承和发展，没有文化的弘扬和繁荣，就没有中国梦的实现。"以资源型企业为中破口，加强企业生态伦理与文化建设，也是中国梦的重要组成部分。

第二，树立敬畏天地尊重自然的价值观。只有敬畏，才能产生尊重。天地生人，天地大恩于人。敬畏天地是人之本性，更是良善心态的表现。通过道德引领资源型企业经营者及职工敬畏天地，尊重自然，珍爱生命；通过舆论扬善，通过法律惩恶，逐渐形成敬畏天地、尊重自然、众生平等的文化与传统。

第三，树立良善价值观，建立仁民爱物的生态文化。儒家创始人孔子一生倡导"仁者爱人""以义生利"。孟子倡导"仁民爱物"。仁爱出自本我的良知与良能。良知良能的根源则是俗话所说的良心。构建企业生态伦理与文化，需要继承包括儒家、道家在内的中华文化体系，在企业中构建以"良心、良知、良能"等良善价值观为导向的生态伦理与文化脉络。

第四，从东方文化视角来看，东方文化居乾位，西方文化则居坤位。中华优秀文化是东方文化的主干。只有乾坤合一，才是太极。因此，资源型企业生态文化建设在继承中华优秀传统文化的同时，还需要汲取西方发达国家有关生态伦理与文化的研究成果，以及生态文明建设的实践。

第五，京津冀资源型企业生态伦理与文化建设是京津冀协同发展的重要内容，应结合京津冀区域生态治理与共生机制的构建，做好资源型企业的生态与市场定位，在资源型企业中逐渐建立生生不息、心心相印的生态伦理准则与纲领。

第六，京津冀资源型企业生态伦理与文化建设是一个复杂的社会系统工程，不仅需要文化自信，也需要正确的舆论引导，还需要制定科学的生态伦理文化建设目标，制定生态伦理建设规划，做好路径设计。这是促进资源型企业实施生态工程，履行生态责任的前提。

9.3.2 坚持立德树人着力培育中华新儒商

党的十八大提出了立德树人的重要思想。立德树人，不仅要坚持马列主义和毛泽东、习近平思想，还需要继承弘扬儒家、道家等中华优秀传统文化。这需要坚持天人合一、以人为本，实现生态宜人宜居、生物多样化和谐发展。而要培育良好的生态，就必须从改变心态开始，奏响止恶扬善的主旋律，形成"三良→三和→三共→小康→大同"的新常态。"三良"是指"良心、良知、良能"。其中，"良心"是天性，也是天良，这是做人的根本。笃行恕道，将心比心，推己及人，经常换位思考，就能唤醒良心。在我国传统性命学里，性是命的基因与源泉，命则是性的某种表现状态及其趋势。可以说，有什么样的性，就决定什么样的命。万物皆有性，也皆有命。人之性命如此，万物众生性命也如此，国家性命、社会性命、世界性命还是如此。生命在于生生不息，以静制动，循环往复，共生协同。正所谓："大道至简，悟在天成。"知晓性，才能抓住事物的本质；知晓性，才能掌握自己的命运；知晓性，才能掌控企业（或组织）的命运；知晓性，才能决定国家与社会的命运。唤醒良心，关键在于止恶，止恶就需要正心。这个"正"字寓意"天下止于一""天下定于一""天下一统"。我们经过长期揣摩体悟到："正"字上面的一横就是天，下面的一横就是地；上面的一半为阳，下面的一半为阴；左边的一半为阳，右边的一半为阴。这正是乾坤阴阳合为太极也。"正"字还凝聚了中国五行之道与无常之德。上面这一横，是火，对应礼；下面这一横是水，对应智；中间这一竖是土，对应信；中间这一短横是金，对应义；左边这一短竖则是木，对应仁。若"正"字从最下面的一横开始运转，则为"水（智）→木（仁）→火（礼）→土（信）→金（义）→水（智）"，五行循环往复，五常良性发展。天是天良，地是地良，天地之良作用于人就是良心。只有唤醒了良心，才能真正止恶。"扬善止恶"四字中，"扬善"为乾为阳，"止恶"为坤为阴。从长远来看，扬善是主旋律。但在特定环境下，止恶却是先机。而要止恶，就要长期修炼克己的功夫，还要形成以德治心，依法治国，按照伦理治家、治企、治国的新常态。这需要学习中华优秀传统文化，按照习近平总书记倡导的"三严三实"和"两学一做"的要求，坚持不懈地修身，认真贯彻习近平总书记的治国理念与大政方针，依法治理国家，以德修养人心。修身是内在的觉悟与外在的实践过程，修身能产生和气（阳气、阴气和冲气相合），身心以及家庭、组织就和气，人与社会自然就和谐，人与世界就和平。这就会促使"三良"（良心、良知、良能）基因转化为"三和"（和气、和谐、和平）之果。以"三良"为导向，以"三和"为基石，就能涌现出"三共"（生态共生、经济共赢、社会共荣）的新常态。

毛主席说过："人民，只有人民，才是创造世界历史的动力。"历史及事实证明，人民群众是创造历史的真正英雄。不论是发展经济，还是生态文明建设，其重要的市场主体是企业、个人与政府。这需要不断提高个人素质和企业生命力，尤其要着力培养适应中国特色社会主义新常态与全球化的中华新儒商。我们通过反复学习、体悟习近平总书记关于中华优秀传统文化的重要讲话深受启发。我们认为，"中华新儒商"的"中华"不仅是指中华民族，还指中华优秀传统文化，更是中华民族伟大的精神。这是沃土，这是源泉，这是命脉，这是根本。"中华新儒商"的"新"就像一件外衣，"衣"也是"易"，冷了就穿厚点儿，热了就穿薄点儿。这就是变化与适应，也是永远的创新。汤之《盘铭》上说："苟日新，日日新，又日新。"宇宙万物皆是日新月异，这是天地自然之道。为中华民族培养新儒商正是天命，这既是对中华优秀传统文化的继承与弘扬，也是社会发展的必然；既是对传统儒商精神的继承与弘扬，也是一个新生事物。这需要坚持"日新，日日新，又日新"的理念，在新儒商观念、理论、模式与措施诸方面进行创新。"中华新儒商"的"儒"是精神，是灵魂，是性命；而"商"则是身体、躯体和载体。"儒"离开了躯体或载体就是幽灵或亡灵，"商"离开了精神、灵魂，就是僵尸，也会沦为腐尸。《说文解字》对"儒"的解释是："儒，柔也，术士之称。从人，需声。"可以用这样一个等式表示："儒 = 人 + 需"，左边一个立人，其寓意是"人，无仁不成，无信不立"。右边一个"需"字。需在《周易》六十四卦中的第五卦。需卦是别卦，水天需（需卦）属于守正待机，处于中上卦。其卦辞为"需：有孚，光亨，贞吉，利涉大川"。其中"有孚"是指阴爻和阳爻亲近，也只有阴阳相合才能孵化生命，孕育生机。而孵化生命，就需要等待!《彖》曰："需，须也。险在前也。刚健而不陷，其义不困穷矣。"需卦为上坎下乾。主卦为乾，客卦为坎。坎对应月，代表水。老子曰："上善若水。"乾对应天，乾卦《大象》曰："天行健，君子以自强不息。"从卦象上来看，水在天上，而水要变成雨，必须穿过云层落到地上来，才能滋生万物，这就需要时间，也必须等待。因此，"儒"的内涵就是"立人之所需"，也是指一个人"己欲立而立人"的需要或需求，当然包括个人需要和群体需要，也包括自己的需要和他人的需要。"商"是新儒商的终极使命，商就要取信于民，满足民之所需。经商要以儒为根本，赋予商之人文精神。曾子曰："道得众则得国，失众则失国。是故君子先慎乎德。有德此有人，有人此有土，有土此有财，有财此有用。德者，本也。财者，末也。外本内末，争民施夺。是故财聚则民散，财散则民聚。"培养中华新儒商，就要基于中华人文沃土，以儒家和道家等优秀传统文化为基因，在整合中创新，整合"商"，形成新的儒商之道。"新儒商"归根结底还是"商"，培养中华儒之精神，也是为了更好地经商。东汉许慎在《说文解字》一书中说："商，从外知内也。"《广雅》中说："商，度也。"其本义是计算，估量。当今，商是交易的统称。华商始祖王亥（又名振），夏朝诸侯国商国第七代诸侯王。契的六世孙，商汤的七世祖。王亥肇始经商，造福人类，后人崇拜，奉为华商始祖，商丘亦被誉为"华商之都"。"商"对应五行之水，水则对应儒家五常之智。人生最大智慧，不是把"水"（财富）据为己有，而是满足人之需。所谓"取之于民，用之于民"。"商"对应《易经》四象之老阴，对应的季节是冬天。每年的冬至正是一阳复发之时，有仁心，就有生机，能以正能满足人之需，历尽严寒必然迎来春之万物复苏。儒商，儒主乾，属阳；商主坤，属阴。如果不提倡儒，弘扬儒，商就会愈加阴暗、阴险、阴毒。阴气过重，必然病入膏肓，生命岂能长久？"中华新儒商"是一个群体，也是一个基于我国特色社会主义与中华优秀传统文化的概念与理论。这需要不断地在企业实践中推陈出新，更需要引入到商科教学中，还需要根植于广大人民群众的心中。中华新儒商不仅仅是一个商人或企业家，也不是一个懂中华传统文化的教师与学生，而是一个以习近平思想为引领，扎根于中华优秀传统文化沃土上的中华儿女群体。这个群体应该是推进国家经济建设与社会进步，建设物质文明、精神文明、生态文明，乃至政治文明与社会文明的主力军。培养中华新儒商是一个复杂的社会系统工程，必须以人文本，以德为根，德商、智商、情商、胆商、财商之"五商"并举，正己化人，富民强国。德商（moral intelligence quotient，MQ）的概念是由美国哈佛大学罗伯特·科尔斯教授提出，它是指个人道德、品格、人格、作风及其商数的简称。而新儒商之德商则是基于社会主义核心价值观的个人商业道德修为。智商（intelligence quotient，IQ）就是智力商数的简称，是通过一系列的测定标准与方法来测试不同年龄段的智力水平。智商高低不仅反映了知识结构与智力水平，还反映了创新意识、认知能力与创业能力等。儒家的"智"不仅是智力的高低，更是一种做人做事的智慧。所谓"智"就是日日增长知识、更新知识，把知识转化为职能、智慧的过程。儒家所倡导的"智"不是孤立的，而是以"仁"为基础，与"义""礼""信"紧密结合的。情商（emotional intelligence quotient，EQ），是情绪智力商数的简称，是一种自我情绪、情感控制能力的指数。情商这一概念由美国心理学家彼德·萨洛维于 1991 年创立。哈佛大学丹尼尔·戈德曼（1995）发展了情商理论。他认为，长期以来商业社会过于强调"思维"智力的重要性，而忽略了情商，而要真正厘清情商内涵，科学认识领导效力，既要衡量情商，又要衡量智商。事实上，情商包括情绪、情感、信心、抗挫折等因素。情商对应五行之土，土对应五常之信，对应的季节是长夏（三伏）。高情商之人必是厚德载物、信实笃行之人。新儒商不仅要能够驾驭自己的情绪，志存高远，满怀信心，还要善于引导与控制他人的情绪、情感，做到诚实守信，共同为理想而奋斗，从而激发正能量。胆商（daring intelligence quotient，DQ），是一个人胆量、胆识、胆略等智力商数的简称。它不仅反映了一个人的胆魄，还体现了个人或组织的一种创新意识、创造能力与冒险精神。俗话说"艺高人胆大"，就反映出了胆商是以德商、智商、情商为基础的。当今，胆商以德操与智慧为基础，以胸襟与气魄为两翼，以勇于决断，敢于担当为己任，是德行与智力在更高更险的层次上的综合体现。有了德，是个好人；有了智，是个能人；有了胆，才可能是一个敢于冒险、勇于担当、敢于奉献，善于抓住机遇，勇于承担社会责任，具有巨大正能量的成功商人。财商（financial quotient，FQ），其本意是金融智商的商数简称。美国作家兼企业家罗伯特·T. 清崎（Robert T. Kiyosaki）在《富爸爸穷爸爸》一书中提出了"财商"一词。我国汤小明先生认为，财商就是指一个人与金钱（财富）打交道的能力。人都离不开钱，经商之人更离不开钱财。俗话说"君子爱财取之有道"，财商就是驾驭财富生财有道的综合能力。财商也反映了一个人对稍纵即逝的生财机遇的把握，也是一个人命运、财运在某一阶段的反映。取财之道就是商道，凝聚着商的精神，这比金子还珍贵。

新儒商工程作为复杂的社会系统工程应包括五大系统，即目标系统、价值系统、知识系统、能力系统与行为系统等。新儒商工程作为中国社会主义市场经济发展到一定阶段的产物，它的最终目的是建立健全中国市场经济，积极发展生态经济，不断壮大企业经济，提升个人素质，提升企业生命力，形成良心经济，呈现良性发展，更好地为天地人服务。这要求将新儒商工程与生态工程相互融合，在融合中发展与创新，从而实现自然、经济与社会复合系统的共生和谐与良性发展，更好地维护人与自然的关系。

9.4 资源型企业实施生态工程履行社会责任的流程与措施

9.4.1 资源型实施企业生态工程履行社会责任的流程

资源型企业生态工程，不仅涉及企业自身，还涉及利益相关者以及所在区域的自然环境。它是在遵循"整体、协调、自生、循环"等复合生态系统前提下，改变资源型企业的经营理念、生产方式和结构，重视生态规划与设计，治理、恢复和改良资源型企业的生态环境，促进资源型企业经济、生态与社会效益协调发展的人工复杂系统工程。因此，资源型企业实施生态工程，不仅要结合资源型企业的实际，还要针对特定资源型企业的特点以及所处区域的自然生态环境的要求，对资源型企业之生产要素、结构及环境进行系统科学而富有前瞻性的生态规划与设计。资源型企业生态工程包括：

（1）资源型企业生态伦理与文化建设工程。资源型企业生态伦理与文化建设需要资源型企业按照科学发展观的要求，继承我国以"良心、良知、良能"为基础的传统良善价值观，并构建以良善价值观为核心的资源型企业生态伦理与文化体系，为实施生态工程奠定伦理思想与生态文化基础。

（2）资源型企业生态规划与设计工程。资源型企业生态规划与设计需要资源型企业运用复合生态系统理论与方法，以习近平总书记的建设绿水青山理念为指引，按照我国发展循环经济和国土资源部建设绿色矿山的总体要求，系统分析资源型企业的生命周期，并制定科学资源型企业生态规划，实行生命周期的精细化与智能化管理。

（3）资源型企业生态工程的实施。资源型企业生态工程的实施即按照矿山生态规划，全面推进资源型企业清洁生产，重视资源型企业产品生态设计，促进资源型企业采用生态技术、实施矿山生态恢复工程，全面履行资源型企业生态责任，并对资源型企业生态工程进行事前、事中和事后的科学评价，对企业生态工程活动进行及时的调控。资源型企业生态工程实施流程，如图9－2所示。

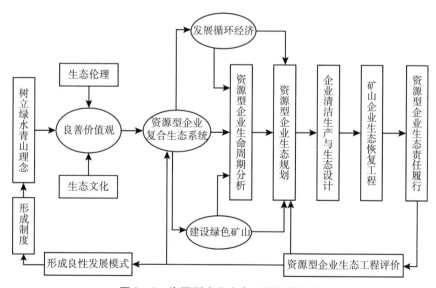

图9－2 资源型企业生态工程实施流程

9.4.2 矿山实施企业生态工程履行社会责任的措施

（1）科学制定企业生态规划与战略是企业的行动纲领。资源型企业生态规划是从资源型企业自身生存发展的角度出发，充分考虑资源型企业与外部环境的生态关系，并按国家政策法规对资源型企业生态系统的要素进行科学定位、重组、优化，从而形成制度，以保证资源型企业发展目标的实现。对资源型企业进行生态规划的目的是解决资源型企业与其他产业，以及资源型企业与自然生态系统的协调问题，为实现复合生态系统的可持续发展提供科学依据。对资源型企业要进行科学的生态规划必须重视两点：一是确立资源型企业生态规划的总体目标。二是按照生态规律和市场需求对资源型企业的生命周期、运行机制和产品结构、技术条件、营销策略等进行科学的规划。具体地说：一是明确资源型企业生态规划的目的、目标、范围与意义。二是广泛收集资源型企业所在区域的资料，包括地理、地质、气候、水文、土壤、人口、交通、科技、文化等一般性资料，以及当地资源型企业的数量、质量、结构、效益、技术、装备、竞争力及其对环境的影响程度。三是制定资源型企业中长期生态规划（如五年以上）和年度生态工程计划方案，并高度重视规划方案的可行性与可操作性。在资源型企业内实施生态规划和年度生态计划，并通过反馈、修订、完善生态规划，实现生态规划的"滚动"。四是在资源型企业中积极推进生态伦理教育，严格执行生态规划妨碍，切实加强政策、法规的推动与引导，使生态规划落实到位。五是在资源型企业生态规划制定与实施过程中，企业领导要高度重视，形成长效机制，充分调动广大职工及利益相关者参与的主动性与积极性。

（2）推进 ISO14001 环境管理标准是关键。从企业层面来看，资源型企业建设生态工程的关键是按照国际惯例，全面引进 ISO14000 环境管理系列标准。ISO14000 是国际标准化组织（ISO）继颁布 ISO9000 后，颁布的第二套有关环境管理的系列标准。在该标准中，ISO14001 及环境管理体系（EMS）规范与使用指南则是整个该系列标准的核心和基础。在资源型企业中建立 ISO14001 环境管理体系，有利于资源型企业树立生态保护意识，加强生态伦理与文化建设，改变资源型企业行为，促进资源型企业全面推进清洁生产，切实节约资源与能源、减少环境污染，促进绿色矿山建设，提升资源型企业形象。随着社会各界生态环境保护意识的提高，政府依法加大了矿山生态治理与生态恢复的力度，绿色消费及当地居民的环境意识也形成了巨大的绿色市场需求压力。这促使有越来越多的资源型企业按照 ISO14001 标准，建立全面、系统的环境管理体系。这对持续改善矿山生态环境，提高资源型企业生态绩效是有效的途径。资源型企业实施 ISO14001 标准，建立健全环境管理体系，需要领导重视，也需要投入一定的人力与财力，并建立相关的制度。如果资源型企业已经实施了 ISO9000 质量认证体系，在推进 ISO14001 标准过程中，企业就能节约大量的人力与财力资源。具体地说：首先，ISO14001 环境管理标准与 ISO9000 质量体系标准都遵循"计划—实施—验证—改进（PC-DA）"这一共同运行模式。在已经推行 ISO9000 质量认证体系的资源型企业，再推进 ISO14001，成本就会大大降低。其次，环境管理系统（ISO14000）是资源型企业日常管理的重要组成部分，而不应独立于资源型企业日常管理活动之外，但需要增加相应的制度与措施。在 ISO14000 标准的推行中，资源型企业应采取尽可能减少各类干扰运作的思维方式与操作办法，科学设计环境管理程序，建立环评定期报告制度。例如，可在现有的定期企业运行报告中，加上环境管理及环境评价报告。另外，也不一定设专职结构，可以在某机构中按照环境管理的要求，设置其职能，并按照"责权利对称"原则，设计环境管理职责，落实责任，使责任落实到人。另外，还应制定相关的文件管理程序与奖惩办法，加强预防和审核，强化动态管理，奖惩到位。最后，在资源型企业生产经营中，非常有必要将环境管理系统纳入到企业战略规划中，形成科学的行动纲领。如：在矿山及矿区的开发计划中，按照需要，对开采区域、矿区排土场的地点和矿区复垦、矿山生态恢复等制定具有可操作性的。要把矿山生态环境问题纳入到矿山发展战略与规划中，要重视计划及其措施的细节。因为任何疏忽都可能导致环境管理成本的升高，一定要避免矿山盲目开采对生态环境所造成的危害。

（3）资源型企业全面履行生态责任是实施生态工程的根本。世界经济合作与发展组织（OECD）明确提出："企业生态责任是产品生产者延伸至产品消费后阶段的责任，包括由地方政府转移至生产者的废弃物回收及处理责任等，并鼓励生产者将环境因素纳入到产品设计中。"资源型企业是矿产经济发展的经济实体，也是实施矿产资源战略，切实保护生态环境的重要组织。资源型企业作为社会—经济—自然复合生态系统的基本单元，其生产经营行为必须符合生态系统对资源型企业的规制与要求。资源型企业生态责任一般是指资源型企业在矿山开采、矿石采选，以及矿石冶炼过程中，在追求企业经济利益的同时，所需要承担的生态保护环境、资源合理利用，实现资源型企业"节能减排"，促进资源型企业与生态环境协调发展的责任与义务。在矿业经济发展的不同阶段，资源型企业从破坏生态环境，到逐渐树立环保意识，切实履行生态责任是一个较漫长的过程，已历经百年。事实上，资源型企业积极承担，并切实履行生态责任，实现资源型企业与环境的协调发展的客观要求，也是资源型企业的实现可持续发展的内生行为，而不是简单市场、政府等外力强加的结果。因此，资源型企业必然经历从不承担生态责任，甚至肆意破坏生态的非道德阶段，发展为讲道德重伦理，切实履行生态责任的可持续发展阶段。资源型企业从对自身生产经营行为负责，到对股东、员工、客户、供应商，以及消费者、竞争者、政府部门等利益相关者负责，这是资源型企业伦理的演变及企业内生力量发展的必然结果，也是社会正义、公平及环境运动等外生力量发展的结果。

事实上，资源型企业的生态责任是资源型企业社会责任的重要组成部分。资源型企业履行生态责任，应重视以下几个方面：第一，资源型企业不仅要对客户承担生产合格的、安全的绿色产品，也必须引导矿产品消费者健康、持续、适度、理性地进行消费。第二，资源型企业对矿区居民承担着生态环境安全的责任，对有关社区也承担着无公害生产的责任，还承担着引导社会公众树立生态环境保护价值观的责任。第三，资源型企业不仅要对市场交易负责，履行经济责任，也必须履行保护自然环境和人文环境的社会责任，从而实现资源型企业利益相关者的生态链合，促进资源型企业、矿区、后续的矿产品加工企业，以及资源型企业与市场、资源型企业与社会、资源型企业与自然系统的和谐，促进复合生态系统的永续发展。第四，资源型企业实施生态工程是资源型企业履行生态责任的具体举措。资源型企业实施生态工程，履行生态责任，不仅有利于资源型企业树立"生态中心主义"的伦理观，科学制定资源型企业生态战略与规划，满足绿色需求，引导绿色消费，还有利于资源型企业提高生态形象，建立资源型企业生态伦理与文化，促进矿山、矿区及自然环境的和谐发展。

9.5 本 章 小 结

　　全面推进京津冀协同发展，生态共生是基础，经济共赢是条件，社会共荣是目的。这需要构建京津冀区域复合生态系统的共生机制，资源型产业链及其利益相关者之间的共生机制是其重要组成部分。京津冀协同发展，需要做好功能定位和顶层设计，重视雄安新区的功能定位与战略规划设计。京津冀协同发展与长城经济带战略是东西南北综合交织的战略选择。中华长城，龙头先行。京津冀是北方长城经济带的龙头，要发挥龙头带动效应。促进资源型企业实施生态工程是产业转型升级的基础，也是深化供给测结构改革的重要途径。资源型企业能否实施生态工程，关键在于顶层的生态规划与设计，其中以国家政府为主制定推进资源型企业实施生态工程压缩过剩产能推进转型升级的激励性规制与政策是重要保证。通过制度设计，促进资源型企业将生态工程的伦理观念、决策流程与措施手段纳入战略规划与生产经营活动中，形成一种新的常态。京津冀需要将资源型企业实施生态工程纳入发展战略与规划，资源型企业也应该制定具有可操作性的措施，树立生态工程的理念，全面推进资源型企业按照市场与生态两个方面的要求进行转型与升级，切实减少资源型企业行为对京津冀区域生态环境的危害程度，把京津冀建设得更美更好。

参考文献

［1］习近平．习近平谈治国理政［M］．北京：外文出版社，2014.

［2］中共中央文献研究室．习近平总书记重要讲话文章选编［M］．北京：中央文献出版社、党建读物出版社，2016.

［3］陈国庆注释．论语［M］．西安：陕西人民出版社，1996.

［4］陈国庆，张爱东注译．道德经［M］．西安：三秦出版社，1995.

［5］李明哲．四书五经［M］．乌鲁木齐：新疆青少年出版社，2002.

［6］（东汉）许慎撰，（清）段玉裁注．说文解字［M］．上海：上海古籍出版社，2014.

［7］南怀瑾．易经杂说［M］．上海：复旦大学出版社，2002.

［8］南怀瑾．易经系传别讲［M］．北京：东方出版社，2015.

［9］杜维明．现代精神与儒家传统［M］．上海：生活·读书·新知三联书店，1997.

［10］梁漱溟．人心与人生［M］．上海：上海人民出版社，2011.

［11］张格，高维国主编．诸子箴言［M］．石家庄：河北人民出版社，1998.

［12］陈树文．周易与人生智慧［M］．北京：清华大学出版社，2010.

［13］刘路．先秦经济和中国经济思想史［M］．北京：新华出版社，2005.6.

［14］许文胜．大成之道［M］．北京：东方出版社，2008.

［15］胡适．哲学的盛宴（中国篇）［M］．北京：新世界出版社，2014.

［16］冯友兰．中国哲学简史［M］．北京：新世界出版社，2004．

［17］马世骏，王如松．社会—经济—自然复合生态系统［J］．生态学报，1984，4（1）：1－19．

［18］马世骏．生态工程——生态系统原理的应用［J］．生态学杂志，1983，2（3）：20－22．

［19］王如松．复合生态与生态文明［C］．北京：三生共赢论坛·2009北京会议，2009．

［20］王如松．复合生态与循环经济［M］．北京：气象出版社，2003．

［21］王如松．京津冀：期待在区域统筹发展中崛起［J］．前进论坛，2007（8）：17－19．

［22］王如松．认识生态复杂性弘扬可持续生态科学［J］．生态学报，2007，27（6）：2651－2654．

［23］王如松．资源、环境与产业转型的复合生态管理［J］．系统工程理论与实践，2003，（2）：125－132．

［24］王如松，欧阳志云．社会—经济—自然复合生态系统与可持续发展［J］．中国科学院院刊，2012，27（3）：337－345．

［25］王如松，胡聃．弘扬生态文明深化学科建设［J］．生态学报，2009，29（3）：87－98．

［26］欧阳志云，王如松．区域生态规划理论与方法［M］．北京：化学工业出版社，2005．

［27］颜京松，王如松，蒋菊生，任景明．产业转型的生态系统工程［J］．农村生态环境，2003，19（1）：1－7．

［28］颜京松．水资源保护和合理利用生态工程战略（一）［J］．水资源保护，2003，19（5）：1－6．

［29］颜京松．水资源保护和合理利用生态工程战略（二）［J］．水资源保护，2003，19（6）：43－45．

［30］颜京松．水资源保护和合理利用生态工程战略（三）［J］．水资源保护，2004，20（1）：22－27．

［31］曲文辉．生态工程原理与应用［M］．上海：华东师范大学出版社，1998．

[32] 云正明，刘金铜等．生态工程 [M]．北京：气象出版社，1998.

[33] 汪应洛．系统工程 [M]．北京：机械工业出版社，2005.

[34] 方美琪，张树人．复杂系统建模与方法 [M]．北京：中国人民大学出版社，2005.

[35] 张维迎．博弈论与信息经济学 [M]．上海：上海人民出版社，2008.

[36] 黄敬军，倪嘉曾，宋云飞，王玉军，朱谷．绿色矿山建设考评指标体系的探讨 [J]．金属矿山，2009（11）：147 – 150.

[37] 任恢忠，刘月生．生态文明论纲 [J]．河池师专学报 2004，24（1）：82 – 85.

[38] 戴怡富．工业生态化是我国新世纪工业发展的必然选择 [J]．生态经济，2001（8）：15 – 17.

[39] 秦大河，张坤民，牛文元．中国人口资源环境与可持续发展 [M]．北京：新华出版社，2002.

[40] 邓南圣，吴峰．工业生态学——理论与应用 [M]．北京：化学工业出版社，2002.

[41] 中华人民共和国环境保护部编．2011 中国环境统计年报 [M]．北京：中国环境出版社，2012.

[42] 中华人民共和国环境保护部编．2012 中国环境统计年报 [M]．北京：中国环境出版社，2013.

[43] 中华人民共和国环境保护部编．2013 中国环境统计年报 [M]．北京：中国环境出版社，2014.

[44] 中华人民共和国环境保护部编．2014 中国环境统计年报 [M]．北京：中国环境出版社，2015.

[45] 中华人民共和国环境保护部编．2015 中国环境统计年报 [M]．北京：中国环境出版社，2016.

[46] 李宇凯，翁明静，杨昌明，陈懿．我国资源型企业可持续发展制约因素与对策研究 [J]．中国人口·资源与环境，2010，20（3）：415 – 454.

[47] 曾刚．基于生态文明的区域发展新模式与新路径 [J]．云南师范大学学报（哲学社会科学版），2009，41（5）：33 – 43.

[48] 李校利. 生态文明研究新进展: 一个文献综述 [J]. 重庆社会科学, 2010 (3): 98-101.

[49] [英] 布赖恩·巴克斯特著, 曾建平, 译. 生态主义导论 [M]. 重庆: 重庆出版社, 2007.

[50] 王冰冰, 于传利, 宫国靖. 循环经济——企业运行与管理 [M]. 北京: 企业管理出版社, 2005.

[51] 苗泽华, 薛永基, 苗泽伟, 董莉. 基于循环经济的工业企业生态工程及其决策评价研究 [M]. 北京: 经济科学出版社, 2010.

[52] 苗泽华, 苗泽伟, 王汉新, 等. 发展循环经济背景下工业企业与生态工程良性发展研究 [M]. 北京: 经济科学出版社, 2013.

[53] 苗泽华, 王殿茹, 彭靖, 卜娜, 李骁晟. 河北省矿山生态工程及资源型产业转型升级研究 [M]. 北京: 地质出版社, 2016.

[54] 苗泽华. 基于利益相关者视角的矿山企业生态工程研究 [J]. 生态经济, 2014, 30 (5): 98-102.

[55] 苗泽华. 新儒商理论与实践研究 [M]. 北京: 经济科学出版社, 2011.

[56] 苗泽华. 中华新儒商与传统伦理 [M]. 北京: 经济科学出版社, 2016.

[57] 苗泽华, 薛永基. 工业企业生态工程决策的博弈分析 [J]. 统计与决策, 2013 (1): 47-50.

[58] 苗泽华, 陈永辉. 京津冀区域复合生态系统的共生机制 [J]. 河北大学学报 (哲学社会科学版), 2016, 41 (5): 79-84

[59] 苗泽华, 邓思远. 矿山企业生态工程与转型升级的激励性规制研究 [J]. 矿产保护与利用, 2017 (1): 17-21.

[60] 苗泽华. 全面建设绿色矿山: 京津冀经济与环境协同发展基础工程 [J]. 企业经济, 2017 (6): 23-28.

[61] 王殿茹, 李献士, 殷阿娜. 京津冀水资源优化配置及政策协同机制研究 [M]. 北京: 地质出版社, 2016.

[62] 陈炳富, 周祖成. 企业伦理学概论 [M]. 天津: 南开大学出版社, 2004.

［63］周祖成．企业伦理学［M］．北京：清华大学出版社，2005．

［64］许文胜著．和谐之道［M］．北京：东方出版社，2008．

［65］吉海涛，楚金华．基于资源基础理论的资源型企业社会责任特殊性分析［J］．辽宁大学学报（哲学社会科学版），2009，37（4）：122－125．

［66］吉海涛．利益相关者视角下资源型企业社会责任研究［D］．辽宁大学，2010．

［67］周一枝，李杨．打造美丽、和谐矿区，促进企业健康发展——冀中能源股份有限公司绿色生态矿山建设探讨［J］．能源环境保护，2013，27（6）：55－58．

［68］李田兴，程鲁军，刘慧平，李瑞倩．东庞矿大力实施节能减排发展循环经济［C］//2014煤炭工业节能减排与生态文明建设论坛论文集，北京：中国煤炭工业协会，2014（5）：370－375．

［69］王兆华．区域生态产业链管理理论与应用［M］．北京：科学出版社，2010．

［70］王兆华，尹建华．工业生态学与循环经济理论：一个研究综述［J］．科学管理研究，2007，25（1）：25－28．

［71］杨忠直．企业生态学引论［M］．北京：科学出版社，2003．

［72］中国矿业年鉴2011［M］．北京：地震出版社，2012．

［73］石建平．复合生态系统良性循环及其调控机制研究［D］．福建师范大学，2005．

［74］薛建春．基于生态足迹模型的矿区复合生态系统分析及动态预测［D］．中国地质大学，2010．

［75］姜宏汝．福建省矿循环经济发展研究［D］．中国地质大学，2010．

［76］王雪峰．开发利用矿山二次资源是发展矿产资源循环经济的关键［J］．国土资源，2008（5）：32－36．

［77］朱云．株洲市清水塘工业区生态恢复模式研究［D］．湖南师范大学博士论文，2013．

［78］L. W. Jelinski, T. E. Graedel, R. A. Laudise etc.. Industrial Ecology: Concepts and Approaches［J］. Proceedings of the National Academy of Sciences of the United States of America, 1992, 89 (3): 793－797.

[79] Faye Duchin. Industrial Input – Output Analysis: Implications for Industrial Ecology [J]. Proceedings of the National Academy of Sciences of the United States of America, 1992, 89 (3): 851 – 855.

[80] John R. Ehrenfeld, Industrial ecology: an framework for product and process design [J]. J. Cleaner Prod. Vol. 5, No. 1 – 2, pp87 – 95, 1997.

[81] A. B. Caroll. A Three-dimensional Conceptual Model of corporate Social Performance [J]. Academy of Management Review, 1979, No. 4.

[82] A. Bassen, K. Meyer, J. Schlange. The Influence of Corporate Responsibility on the Cost of Capital, University of Hamburg. Hamburg. 2006.

[83] A. Di Giulio, P. O. Migliavacca, A. Tencati. What Relationship between Corporate Social Performance and the Cost of Capital? Working Paper, Bocconi University. 2007.

[84] A. G. Scherer, G. Palazzo. Toward a political conception of corporate responsi-bility. Business and society seen from a Habermasian perspective [J]. Academy of Management Review, 2007 (32): 1096 – 1120.

[85] A. McWilliams, D. Siegel. Corporate Social Responsibility: a Theory of the Firm Perspective [J]. Academy of Management Review, 2001, 26 (1): 117 – 127.

[86] A. McWilliams, D. Siegel, P. M. Wright. Corporate Social Responsibility: Strategic Implications [J]. Journal of Management Studies, 2006 (43): 1 – 18.

[87] A. Soppe. Sustainable Corporate Finance [J]? Journal of Business Ethics, 2004 (53): 213 – 224.

[88] Andrews, Richard N. L., ed. Third – Party Auditing of Environmental Management Systems: U. S. Registration Practices for ISO 14001. Washington, DC: National Academy of Public Administration. 2001.

[89] Andrews C., Baptista A., Patton S. A Multi – Agent Model of a Small Firm. Corporate Environmental Behaviour and the Effectiveness of Government Interventions. In: Proceedings of Session III: Approaches to Environmental Performance; 2004.

［90］ B. Cornell, A. Shapiro. Corporate Stakeholders and Corporate Finance ［J］. Financial Management, 1987 （16）: 5 – 14

［91］ B. H. Spicer. Investors, Corporate Social Performance and Information Disclosure: An Empirical Study ［J］. The Accounting Review, 1978, 53 （1）: 94 – 111.

［92］ C. Keinert. Corporate Social Responsibility As An International Strategy: Contributions to Economics. 978 – 3 – 7908 – 2023 – 2. Physica – Verlag Heidelberg, 2008.

［93］ Chapple W. , Morrison Paul C. J. , Harris R. Manufacturing and Corporate Environmental Responsibility: Cost Implications of Voluntary Waste Minimisation ［J］. Struct Chan Econ Dyn, 2005, 16 （3）: 313 – 373.

［94］ D. J. Wood. Corporate Social Performance Revisited. Academy of Management Review, 1991 （16）: 691 – 718.

［95］ D. S. Siegel. Green Management Matters Only if It Yields More Green: An Economic/Strategic Perspective ［J］. Academy of Management Perspectives, 2009, 23 （3）: 5 – 16.

［96］ D. Vogel. The Market for Virtue: the Potential and Limits of CSR. Brooking Institution Press, Washington, DC. 2005.

［97］ De Bruijn T, Tukker A. Partnership and Leadership. Dordrecht: Kluwer Academic Publishers; 2002.

［98］ E. Kurucz, B. Colbert, D. Wheeler. In: Crane, A. , McWilliams, A. , Moon, J. , Siegel, D. （Eds. ）, The Business Case For Corporate Social Responsibility: The Oxford Handbook of Corporate Social Responsibility. Oxford University Press, Oxford. 2008.

［99］ E. Merrick Dodd. For Whom Are Corporate Managers'Trustee? ［J］. Harvard Law Interview, 1932, p: 1146.

［100］ Frederick, WC. Business and City, Corporate Strategy, Public Policy, ethics （6thed）. McGraw Hill Book Co. 1988.

［101］ G. Heal. Corporate Social Responsibility: An Economic and Financial Framework. Geneva Papers, 2005 （30）: 387 – 409.

［102］ G. Hilson. Inherited Commitments：Do Changes in Ownership Affect Corporate Social Responsibility（CSR）at African Gold Mines［J］? African Journal of Business Management, 2011, 5（27）: 10921 – 10939.

［103］ Golob U. , Bartlett J. L. Communicating about Corporate Social Responsibility: a Comparative Study of CSR Reporting in Australia and Solvenia［J］. Pub Rel Rev, 2007（33）: 1 – 9.

［104］ H. R. Bowen. Social Responsibilities of the Businessman. New York: Harper & Brothers. 1953.

［105］ Howard R. Bowen. Social Responsibilities of the Businessman. New York: Harper and Row, Inc, 1953.

［106］ J. C. Henderson. Corporate Social Responsibility and Tourism: Hotel Companies in Phuket, Thailand, after the Indian Ocean tsunami［J］. Hosp Manage 2007（26）: 228 – 239.

［107］ J. Derwall. The Virtues and Consequences of CSR. RSM Erasmus University, Rotterdam. 2007.

［108］ J. J. Angel, P. Rivoli. Does Ethical Investing Impose a Cost upon the Firm? A Theoretical Perspective. Journal of Investing, 1997, 6（4）: 57 – 64.

［109］ K. TelleIt. Pays to be Green—a Premature Conclusion［J］? Environmental and Resource Economics, 2006（35）: 195 – 220.

［110］ L. A. Mohr, D. J. Webb, K. E. Harris. Do Consumers Expect Companies to be Socially Responsible? The impact of Corporate Social Responsibility on Buying Behavior［J］. Journal of Consumer Affairs, 2001, 35（1）: 45 – 72.

［111］ M. A. Delmas, M. W. Toffel. Organizational Responses to Environmental Demands: Opening the Black Box［J］. Strategic Management Journal, 2008, 29（10）: 1027 – 1055.

［112］ Michael C. Jensen. Value Maximization, Stakeholder Theory, and the Corporate Objective Function［J］. Business Ethics, 2002, Quarterly12（2）: 235 – 256.

［113］ M. Friedman. The Social Responsibility of Business Is to Increase Its Profits［J］. The New York Times Magazine, 1970, 32 – 33: 122 – 126.

［114］ M. L. Barnett, R. M. Salomon. Beyond Dichotomy: the Curvilinear Relationship between Social Responsibility and Financial Performance ［J］. Strategic Management Journal, 2006, 27 (11), 1101 – 1122.

［115］ M. P. Miles, J. G. Covin. Environmental Marketing: A Source of Reputational, Competitive, and Financial Advantage ［J］. Journal of Business Ethics, 2000, 23 (3): 299 – 311.

［116］ M. Russo, P. Fouts. A Resource – Based Perspective on Corporate Environmental Performance and Profitability ［J］. Academy of Management Journal, 1997 (40): 534 – 559.

［117］ Michael C. Jensen. Value Maximization, Stakeholder Theory, and the Corporate Objective Function ［J］. Business Ethics, 2002, Quarterly12 (2): 235 – 256.

［118］ N. Guenster, J. Derwall, R. Bauer, and K. Koedijk. The Economic Value of Corporate Eco – Efficiency, RSM Erasmus University Rotterdam. 2006.

［119］ P. Wesley Schultz, The structure of environmental concern: Concern for self, other people, and the biosphere ［J］. Journal of Environmental Psychology 2001, 21 (4): 327 – 339.

［120］ P. Milgrom, J. Roberts. Price and Advertising Signals of Product Quality ［J］. Journal of Political Economy, 1986, 94 (4): 796 – 821.

［121］ P. Gugler, J. Shi. Corporate Social Responsibility for Developing Country Multinational Corporations: Lost war in Pertaining Global Competitiveness ［J］. Journal of Business Ethics, 2009 (87): 3 – 24.

［122］ Paul Shrivastava. The Role of Corporations in Achieving Ecological Sustainability ［J］. Academy of anagement Review, 1995, 20 (4): 936 – 60.

［123］ Rikhardsson, Pall, Raj Andersen, Anders Jacob, Heine Bang. Sustainability Reporting on the Internet ［J］. Greener Management International, 2002, 40 (Winter, 2002): 57 – 75.

［124］ S. Berman, A. C. Wicks, S. Kotha, T. Jones. Does Stakeholder Orientation Matter? The Relationship between Stakeholder Management Models and Firm Financial Performance ［J］. Academy of Management Journal, 1999, 42 (5):

488 – 505.

［125］ S. C. Shastri. Environmental Law. Lucknow：Eastern Book Company. 2005.

［126］ Steiner G. ，Steiner J. Business，government and society—a management perspective. New York：McGraw Hill. 1997.

［127］ Strange T. and Bayley，A. Sustainable Development：Linking Economy，Society，Environment，available at：http：//www. oecd. org/document/45/0，3746，en_2157136137705603417503171111，00. html. 2008.

［128］ Stuart L. Hart. A Natural – Resource – Based View of the Firm ［J］. The Academy of Management Review，1995，20（4）：996 – 1014.

［129］ W. Baumol. Perfect Markets and Easy Virtue：Business Ethics and the Invisible Hand，Basil Blackwell，Oxford. 1991.

［130］ Wesley Schultz，P. 2001. The Structure of Environmental Concern：Concern for Self，Other

［131］［美］奥尔多·利奥波德. 沙乡年鉴［M］. 长春：吉林人民出版社，1997.

［132］［美］保罗·霍肯（Paul Hawken）. 商业生态学（1994）［M］. 夏善晨，余继英，方堃，译. 上海：上海译文出版社，2006.

［133］陈浩. 生态企业与企业生态化机制的建立［J］. 管理世界，2003（2）：99 – 103

［134］［美］底特·本巴赫尔. 责任的哲学基础［J］. 齐鲁学刊，2005（3）：129 – 135

［135］胡孝权. 企业可持续发展与企业社会责任［J］. 重庆邮电学院学报（社会科学版），2004（2）：123 – 125.

［136］李正，向锐. 中国企业社会责任信息披露的内容界定、计量方法和现状研究［J］. 会计研究，2007（7）：3 – 11.

［137］王军. 资源与环境经济学［M］. 北京：中国农业大学出版社，2009.

［138］资源型企业.［EB/OL］. http：//baike. baidu. com/view. 2016.

［139］邵孝侯，朱亮，姜谋余. 生态学导论［M］. 南京：河海大学出版

社，2005.

　　[140] 蔡仲秋，张青. 资源型企业群落演变各阶段的特征及其转型实现策略研究 [J]. 生产力研究，2010 (6)：226 - 229.

　　[141] 索贵彬. 河北省资源型城市可持续发展问题研究 [M]. 北京：中国财富出版社，2014.

　　[142] 张璐鑫，于宏兵，蔡梅. 中国清洁生产 [J]. 生态经济，2012 (8)：45 - 66.

　　[143] 许竹桃. ISO14000 环境管理体系标准介绍 [J]. 中国资源综合利用，2003 (12)：2 - 5.

　　[144] 董建萍. 探讨提高煤炭企业经济效益的途径 [J]. 现代工业经济和信息化，2014 (20)：13 - 14.

　　[145] 韩军杰. 浅析煤炭产业的现状及未来发展趋势 [J]. 煤，2012 (08)：59 - 60.

　　[146] 张永红，袁熙志，罗冬梅等. 我国钢铁行业节能降耗现状与发展 [J]. 工业炉，2013 (3)：12 - 16.

　　[147] 徐丽英，杜军炜，郑方伟. 水泥清洁生产现状与技术发展趋势探析 [J]. 建材发展导向，2012 (22)：54 - 55.

　　[148] 王丽. 京津冀地区资源开发利用与环境保护研究 [J]. 经济研究参考，2015 (2)：47 - 71.

　　[149] 石建平. 复合生态系统良性循环及其调控机制研究 [D]. 福建师范大学，2005

　　[150] 谢雄标，吴越等. 中国资源型企业绿色行为 [J]. 中国人口·资源与环境，2015，25 (6)：5 - 11.

　　[152] 王信领，王孔秀，王希荣. 可持续发展概论 [M]. 济南：山东人民出版社，1999.

　　[153] 孙文营. 循环经济伦理的内涵和本质 [J]. 学术论坛，2013，36 (2)：14 - 18.

　　[154] 王丽阳. 循环经济伦理观及其功能初探 [J]. 创新科技，2007 (10)：20 - 21.

　　[155] 张金枝. 发展低碳经济的伦理价值及其实现路径研究 [D]. 山西

财经大学，2011.

[156] 任玉军，江俊任. 传统文化背景下对低碳消费伦理问题的审视 [J]. 安徽理工大学学报（社会科学版），2012，14（2）：18 - 21.

[157] 张永奇. 企业社会责任思想新走向：企业公民研究述评 [J]. 中国商论，2013（22）：92 - 93.

[158] 周斌泉. 我国环境信用评价体系建设研究 [D]. 河北经贸大学，2014.

[159] 李连甲. 上海市企业环境信用评价体系构建研究 [D]. 东华大学，2014.

[160] 庄国泰，高鹏. 中国生态环境补偿费的理论与实践 [J]. 中国环境科学，1995（15）：6.

[161] 毛显强，钟瑜，张胜. 生态补偿的理论探讨 [J]. 中国人口·资源与环境，2002，12（4）：38 - 41.

[162] 康定华. 工业企业生态补偿机制的补偿要素探析 [J]. 中国经贸，2012（14）：158 - 159.

[163] 邵孝侯，朱亮，姜谋余. 生态学导论 [M]. 南京：河海大学出版社，2005.

[164] 蔡仲秋. 资源型企业群落脆弱性形成机理及其评价研究 [D]. 中国矿业大学（北京）博士学位论文，2011.

[165] 蔡仲秋，张青. 资源型企业群落演变各阶段的特征及其转型实现策略研究 [J]，生产力研究，2010（6）：226 - 229.

[166] 黄鲁成，张红彩. 种群演化模型与实证研究 [J]. 科学学研究，2006（4）：524 - 528.

[167] 张青，徐之舟等. 资源型企业群落脆弱性评价及治理模式 [J]. 软科学，2011（5）：5 - 10.

[168] 徐之舟，蔡仲秋. 资源型企业群落界定与构造的系统分析——基于网络的视角 [J]. 科技进步与对策，2011（5）：83 - 87.

[169] 陆小成. 产业集群协同演化的生态位整合模式研究 [D]. 中南大学，2008.

[170] 陈效一编译. 共生趣谈 [M]. 北京：气象出版社，1986.

［171］［美］林恩·玛格丽斯．生物共生的行星一进化的新景观［M］.易凡，译．上海：上海科学技术出版社，1999．

［172］袁纯清．共生理论：兼论小型经济［M］.北京：经济科学出版社，1998．

［173］姚德超．"共生"视域下农业转移人口市民化问题治理研究［D］.华中师范大学，2014．

［174］刘光富，鲁圣鹏，李雪芹．产业共生研究综述：废弃物资源化协同处理视角［J］.管理评论，2014，26（05）：151－162

［175］王珍珍．产业共生理论发展现状及应用研究［J］.华东经济管理，2012，26（10）：131－136．

［176］石磊，刘果果，郭思平．中国产业共生发展模式的国际比较及对策［J］.生态学报，2012，32（12）：3950－3957．

［177］肖忠东，顾元勋，孙林岩．工业产业共生体系理论研究，科技进步与对策［J］.2009，26（17）：45－48．

［178］周碧华，刘涛雄，张赫．我国区域共生深化研究［J］.当代经济研究，2011，（3）：68－72．

［179］孙洪磊．哲学视域下的京津冀区域协调发展［D］.中共中央党校，2010．

［180］郭炜煜．京津冀一体化发展环境协同治理模型与机制研究［D］.华北电力大学博士学位论文，2016．

［181］彭靖．企业竞争与共生系统分析［M］.长沙：湖南大学出版社，2016．

［182］齐子翔．首都圈省际经济利益协调机制研究［D］.首都经贸大学，2014．

［183］佟丹丹．京津冀生态共享与区域补偿机制研究——以河北张家口为例［J］.宏观经济管理，2017（S1）：42－43．

［184］陶红茹，马佳腾．京津冀都市圈生态协同治理机制研究［J］.理论观察，201（3）：27－28．

［185］邸晓星，徐中．京津冀区域人才协同发展机制研究［J］.天津师范大学学报（社会科学版），2016（1）：37－40．

[186] 申志永，袁素娟，唐欣等．京津冀区域人才合作的现实困境与机制重构［J］．河北联合大学学报（社会科学版），2014，14（3）：21-24.

[187] 楼宗元．京津冀雾霾治理的府际合作研究［D］．华中科技大学，2015.

[188] 吕翔．区域冲突与合作及制度创新研究——以京津冀地区为例［D］．南开大学，2014.

[189] 张予，刘某承，白艳莹等．京津冀生态合作现状、问题与机制建设［J］．资源科学，2015，37（8）：1529-1535.

[190] 王家庭，曹清峰．京津冀区域生态协同治理：由政府行为与市场机制引申［J］．改革，2014（5）：116-123.

[191] ［美］乔治·恩德勒．面向行动的经济伦理学［M］．高国希译．上海：上海社会科学院出版社，2002.

[192] 吴季松．新循环经济学［M］．北京：清华大学出版社，2005.

[193] ［日］岩佐茂．环境的思想与伦理［M］．冯雷，等译．北京：中央编译出版社，2011.

[194] 李宇．清洁生产、循环经济与低碳经济：政府行为博弈市场边界［J］．改革，2011（10）：106-115.

[195] 曲福田，张锋．循环经济发展模式的激励与规制机制分析［J］．经济与管理研究，2006（4）：75-77.

[196] 张智勇．ISO14001环境管理体系认证指南［M］．广州：广东科技出版社，2004.

[197] 陈磊，张世秋．排污权交易中企业行为的微观博弈分析［J］．北京大学学报（自然科学版），2005，41（6）：926-934.

[198] 王先甲，黄彬彬，胡振鹏，徐开钦．排污权交易市场中具有激励相容性的双边拍卖机制［J］．中国环境科学，2010，30（6）：845-851.

[199] 杨印朝．提高东庞矿煤炭资源回收率的措施［J］．河北煤炭，2012（3）：1-2.

[200] 陈建光．东庞矿循环经济和生态化建设项目研究［D］．河北大学，2010：37-41.

[201] 肖金成．京津冀：环境共治生态共保［J］．环境保护，2014

（9）：21－25.

[202] 陈清泰. 自主创新和产业升级 [M]. 北京：中信出版社，2011.

[203] 李秋斌. 区域产业升级中的关键技术选择研究 [M]. 北京：北京大学出版社，2008.

[204] 白云朴. 环境规制背景下资源型产业发展问题研究 [D]. 西北大学，2013.

[205] 陈楚岚. 推进供给侧结构改革加快产业转型升级 [J]. 吉林工程技术师范学院学报，2016，32（3）：24－25.

[206] 滕泰，范必，等. 供给侧改革 [M]. 北京：东方出版社，2016.

[207] Silvia Blajberg Schaffel, Emilio Lèbre La Rovere, The quest for eco-social efficiency in biofuels production in Brazil, Journal of Cleaner Production 18 (2010) 1663－1670.

[208] Zhigang Dan, Xiuling Yu, Jie Yin et al. An analysis of the original driving forces behind the promotion of compulsory cleaner production assessment in key enterprises of China. Journal of Cleaner Production, 2013 (46)：8－14.

[209] G. J. Stigler, C. Fredland. What Can Regulators Regulate? The Case of Electricity [J]. Journal of Law and Economics, 1962 (5)：1－6.

[210] Jordi Oliver－Sola, Montserrat Nunez, xavier Gabarrell, Marti Boada, and Joan Rieradevall. Service Sector Metabolism Accounting for Energy Impacts of the Montjuic Urban Park in Barcelona. Research and Analysis. 2007, 11 (2)：83－8.

[211] Bloodgood, J. M., Morrow Jr., J. L. Strategic Organizational Change：Exploring the Roles of Environmental Structure, Internal Conscious Awareness and Knowledge. Journal of Management Studies, 2003, 40 (7)：1761－1782.

[212] Bovenberg, A. Lans, Goulder, Lawrence and Derek Gurney. "Efficiency Costs of Meeting Industry－distributional Constraints under Environmental Permits and Taxes." RAND Journal of Economics. 2005, 36 (4). 951－71.

[213] Delmas M. A., Toffel M. W. Stakeholders and environmental management practices：an institutional framework [J]. Business Strategy and the Environment, 2004, 13 (4)：209－222.

［214］Joanna Burgera, Michael Gochfeldb, Charles W Powers. Integrating Long Term Stewardship Goals into the Remediation Process: Natural Resource Damages and the Department of Energy ［J］, Journal of Environmental Management, 2007 (82): 189 – 199.

［215］Moledina, A. A. Coggins, J. S. Polasky, S. and Costeilo, C. Dynamic Environmental Policy with Strategic Firms: Prices versus Quantities. Journal of Environmental Economics and Management. 2003 (45): 356 – 376.

［216］Nutt, P. C. Prompting the Transformation of Public Organizations. Public Performance & Management Review, 2004, 27 (4): 9 – 33.

［217］P. Desrochers. Regional Development and Inter-industry Recycling Linkages: Some Historical Perspectives ［J］. Entreneurship and Development, 2002: 49 – 65.

［218］Ralf Isenmann, Sustainable Development: Industrial ecology: Shedding More Light on its Perspective of Understanding Nature As Model. Sust. 2003, Dev. 11, 143 – 158.

［219］Sterner, T., 2002. Policy Instruments for Environmental and Natural Resource Management. Washington, DC: Resource for the Future.

［220］王学评. 资源环境约束下矿山企业竞争力研究 ［D］. 中国地质大学博士学位论文, 2008.

［221］张红凤. 激励性规制理论的新进展 ［J］. 经济理论与经济管理, 2005 (8): 63 – 68.

［222］郭志斌. 论政府激励性管制 ［M］. 北京: 北京大学出版社, 2002.

［223］李俊奇, 曾新宇, 何建. 激励机制在环境管理中的运用 ［J］. 北京建筑工程学院学报, 2005, 21 (2): 17 – 20.

［224］蔡守秋. 环境资源法教程 ［M］. 北京: 高等教育出版社, 2006.

［225］邓伟. 产业生态学导论 ［M］. 北京: 中国社会科学出版社, 2006.

［226］姬振海. 生态文明论 ［M］. 北京: 人民出版社, 2007.

［227］李庆喜. 以干热岩资源开发助力能源产业转型升级 ［J］. 经济纵

横, 2016 (3): 31 -35.

[228] 李烨, 潘伟恒, 龙梦琦. 资源型产业绿色转型升级的驱动因素 [J]. 技术经济, 2016 (4): 65 -69.

[229] 桑轶群, 翟洪波. 淮南矿区绿色生态工程建设规划的思考 [J]. 安徽林业科技, 2011 (2): 43 -45.

[230] 田原, 孙慧. 低碳发展约束下资源型产业转型升级研究 [J]. 经济纵横, 2016 (1): 45 -48.

[231] 易开刚, 林肖肖. 企业能力提升视角下资源型产业转型升级的路径选择 [J]. 中国矿业, 2013 (7): 29 -32.

后　记

共生共荣，共享共赢，中华复兴，天地共和弘大道；①

生存生活，生产生机，世界和平，人间生态立达德。②

在本书成稿期间，中共中央总书记、国家主席、军委主席习近平同志对河北塞罕坝林场建设者感人事迹作出重要指示指出："55年来，河北塞罕坝林场的建设者们听从党的召唤，在'黄沙遮天日，飞鸟无栖树'的荒漠沙地上艰苦奋斗、甘于奉献，创造了荒原变林海的人间奇迹，用实际行动诠释了绿水青山就是金山银山的理念，铸就了牢记使命、艰苦创业、绿色发展的塞罕坝精神。他们的事迹感人至深，是推进生态文明建设的一个生动范例。"总书记的批示是给河北塞罕坝几代人的勤奋努力点赞，也是给我国千千万万绿水青山的建设者点赞。习近平强调："全党全社会要坚持绿色发展理念，弘扬塞罕坝精神，持之以恒推进生态文明建设，一代接着一代干，驰而不息，久久为功，努力形成人与自然和谐发展新格局，把我们伟大的祖国建设得更

---

①　《礼记》上说："大道之行也，天下为公。"伟人孙中山先生曾题写"天下为公"四字。伟大领袖毛泽东主席立党为公，建国为民，终生践行天下为公。2017年9月9日是毛主席领导秋收起义90周年，也是毛主席逝世41周年的忌日。在此，鄙人怀着无比崇敬的心情以诗词缅怀伟大领袖毛主席。《感恩毛主席》："感恩毛主席，万岁中华新。立党为人民，共和天地心。"这首诗后三句中的"中华""人民""共和"三词合为"中华人民共和"，寄意毛主席等老一辈革命家缔造中华人民共和国的丰功伟绩。该诗之书法作品在2016年纪念毛主席诞辰123周年全国书画大展中荣获银奖。《秋收起义》："秋收起义开新天，毛为人民打江山。泽被中华润苍生，东方共和舞翩跹。"这首诗也将"中华""人民""共和"嵌入诗中，而且第二、第三、第四句的首字合为"毛泽东"。毛主席永远活在人们心中，毛泽东思想永远照耀中华人民共和国的伟大征程。

②　子曰："知者不惑，仁者不忧，勇者不惧。"《中庸》上说："知、仁、勇三者，天下之达德也。"在古代，知通智。智仁勇谓之三达德。智、仁、勇是天下通行的品德，可正心修身，可滋润天下苍生万物。《中庸》上说："中也者，天下之大本也；和也者，天下之达道也。"生命是过程，也是态势。中和则是生命和谐的状态。有什么样的心态，就有什么样的生态。我们要以良好的心态认识生态、维护生态、创造生态。要把家庭生态、企业生态、区域生态、产业生态、社会生态、自然生态做的更美更好，就要弘大道立达德。该联上联五个"共"字，巧合五行；上联一个"生"字，下联五个"生"字，共六个"生"字，正合六爻。真可谓："五行运转，六六大顺也。"

加美丽,为子孙后代留下天更蓝、山更绿、水更清的优美环境。"塞罕坝精神是中华民族自强不息厚德载物的精神体现。塞罕坝精神必然激起全国人民建设绿水青山的热情,也必然激励我国更多的资源型企业实施生态工程,全面建设绿色矿山,实现绿色发展,把祖国建设得更加美好。

看到习近平总书记对塞罕坝林场感人事迹批示的电视广播,我们课题组深受感动和鼓舞。伏案桌前,回想本人对企业生态工程20年的研究,更加坚定了潜心学海、服务企业、砥砺前行的信心与决心。不论是一个家庭、企业、区域、产业,还是一个国家乃至世界,要有良好的生态,必先有良善的心态。有什么样的心态,就有什么样的状态;有什么样的状态,就有什么样的态势。维护自然生态,要从改善心态开始!一个人心态好了,就会身心和谐健康;一个家庭心态好了,就会和睦幸福;一个企业心态好了,就会和顺健壮;一个国家心态好了,就会和谐兴旺;一个世界心态好了,就会和平发展。身心就是乾坤,家庭就是乾坤,企业就是乾坤,国家就是乾坤,世界就是乾坤,天地就是乾坤。只有乾坤定位天地和谐,个人身心才能良好,家庭才能和好,企业、区域、国家乃至世界才能更加美好!自 2014 年 10 月河北省教育厅下达 2014 年河北省教育厅人文社会科学研究重大课题攻关项目"京津冀资源型企业生态工程及区域生态共生机制研究"(项目编号:ZD201428)以来,在课题组负责人苗泽华教授的主持下,课题组成员积极开展研究工作,对京津冀区域的资源型企业进行了调查分析与研究,并多次组织课题组成员进行研讨。通过近三年的研究,学术专著《京津冀资源型企业生态工程及区域生态共生机制研究》在反复推敲与修改的基础上才得以定稿。正值金秋时节,天高气爽,我们从内心里感受到了收获的喜悦。本书不仅是河北省教育厅人文社会科学研究重大课题攻关项目的最终研究成果,也是学术团队齐心协力,坚持不懈,长期致力于工业企业生态工程研究的结果。本人从 1997 年 1 月开始,因申报国家自然基金项目需要,开始查阅国内外有关生态工程理论与方法的资料,深感生态工程是研究的趋势,也是社会经济发展不可回避的问题,还是企业发展必须重视的战略。斗转星移,日月穿梭。随着本人对生态管理问题研究的不断深入,才逐渐将工业企业生态工程的理论与方法作为自己及学术团队的研究方向。在长期研究中,我们还围绕我校企业管理省级重点学科,确定工业企业生态管理与社会责任为学科究方向之一,并依托省级重点学科的优势逐步培育了得力的学术团队。我们这个学术团队在国内较早地将复合生态系统理论和生态工程理论方法等引入到工业企业及其产业研究中，并成了企业管理重点学科的特色与优势。近几年来，我们又将生态工程理论与方法应用到资源型企业及其产业转型与升级的研究之中。2010 年，本人作为项目负责人主持了国家社科基金项目"发展循环经济背景下工业企业与生态工程良性发展研究"（项目批准号：10BJY027），鉴定等级为良好。该项目主要研究对象就是河北省的钢铁企业、煤炭企业和制药企业。2012 年，本人主持了河北省高校百名优秀创新人才支持计划（Ⅱ）项目"基于社会责任和利益相关者视角的河北省资源型企业生态工程评价与激励机制研究"（项目编号：BR2 - 126）。2013 年，本人主持了国土资源部软科学研究项目"矿山企业生态工程与社会责任研究"（合同编号：201345）。2014 年，本人还主持了河北省科技厅软科学重点项目"河北省矿山生态工程及资源型产业转型升级研究"（项目编号：14454217D）。因此，该著作是我们学术团队长期研究资源型企业生态工程及其产业共生的重要学术成果，也是集体智慧之结晶。

本人长期秉承河北地质大学"地经渗透，工管结合"的办学特色，坚持为地质矿产系统与国土资源行业服务，为河北省地方经济建设与社会发展服务的科研宗旨。在课题研究中，我们课题组重视调查研究，重视理论联系实际，重视出版高质量的论著，重视为有关部门及学校发展献计献策。2017 年6 月，由本人执笔向国土资源部提交了《关于我国实施生态工程全面建设绿色矿山的建议》。该建议被国土资源部调控和检测司采纳，并出具了成果应用证明。国土资源部调控和监测司认为，该建议报告将生态文明建设与资源型企业转型升级相结合，从文化、理念、结构、机构、机制等方面提出了全面建设绿色矿山的建议，该建议报告具有很好的思想性、前瞻性、系统性，为我司掌握矿山企业生态工程建设情况提供了良好支撑，为我司开展国土资源领域有关改革顶层设计提供了理论和实践支持。在研究中，课题组还紧密结合京津冀资源型企业的实际，重视研究成果在企业中的应用，重在解决企业改革与发展中的生态"瓶颈"问题，为深化资源型产业改革提供了理论依据。

长期以来，课题组致力于矿山企业生态工程与资源型产业升级方面的研究，并运用复合生态系统理论与方法分析和解决问题。本人独著或作为第一作者出版的学术专著有《基于循环经济的工业企业生态工程及其决策评价研究》《发展循环经济背景下工业企业与生态工程良性发展研究》《制药企业生态工程综合评价与激励机制研究——基于社会责任视角》《河北省矿山生态工程及资源型产业转型升级研究》等。课题组其他成员也撰写并出版了《我国矿产资源型县域经济可持续发展问题研究》（索贵彬）、《城市物流配送体系及环境影响研究》（王汉新）、《企业竞争与共生动力系统分析》（彭靖）和《供应链上企业绿色技术合作机理与策略研究》（宿丽霞）等学术著作，为培育富有特色与优势的学术团队贡献了智慧与力量。

在课题研究中，我们重视学术成果的公开发表。近几年来，课题组发表的相关学术论文主要有：《基于利益相关者视角的矿山企业生态工程研究》（《生态经济》2014 年第 5 期）、《资源型企业生态工程评价指标体系的构建》（《科技管理研究》2014 年第 23 期）、《矿山企业生态环境及其生态工程》（《生态经济》2015 年第 2 期）、《德日美英等发达国家循环经济模式的比较研究与启示》（《石家庄经济学院学报》2015 年第 3 期）、《西方生态伦理演变及对工业企业伦理管理的价值导向》（《企业经济》2015 年第 10 期）、《基于产业生命周期理论的矿产资源型产业转型问题研究》（《前沿》2015 年第 6 期）、《京津冀地区生态系统服务价值变化及其与经济增长的关系》（《生态经济》2015 年第 8 期）、《京津冀区域复合生态系统的共生机制》（《河北大学学报》(哲学社会科学版) 2016 年第 5 期）、《矿山企业生态工程与转型升级的激励性规制研究》（《矿产保护与利用》2017 年第 1 期）、《全面建设绿色矿山：京津冀经济与环境协同发展基础工程》（《企业经济》2017 年第 6 期）等。另外，学术论文 "Study on the Path to Executing Eco-engineering and Circular Economy in the resource enterprise" 和 "The Social Responsibilities and Strategy Selection of the Resource Corporate" 被 EI 或 CPCI – SSH 检索收录。参加了首届中韩可持续经济技术国际学术论坛，提交了论文 "京津冀协同发展背景下资源型企业生态工程模式及路径研究"；参加了江西社会科学院主办的江西·智库论坛 "生态文明·绿色发展" 学术研讨会，提交了论文 "资源型企业实施生态工程推动京津冀协同发展"，并在会议上做了主题发言。正是多年坚持不懈的研究以及这些发表的或未发表的学术成果，为本书的撰写奠定了坚实基础。

在本书的撰写中，苗泽华负责该著作大纲的拟定，撰写前言、第 1 章、

第 4 章（4.1、4.2 节）、第 9 章和后记，并负责全书的编纂与统稿。索贵彬教授（博士、博士后）撰写第 2 章和第 6 章，王汉新教授（博士）撰写第 3 章，彭靖副教授（博士、博士后）撰写第 7 章和第 8 章，宿丽霞副教授（博士）撰写第 4 章（4.3、4.4、4.5 节）和第 5 章。和文证和初汉芳等商学院教师帮助校对了部分书稿。在课题申报及后续的研究中，北京理工大学管理与经济学院党委书记博士生导师王兆华教授（博士、博士后）、美国杜克大学 Nicholas 环境学院研究科学家苗泽伟（博士、博士后）、天津工业大学经济学院张炜熙教授（博士、博士后）和河北地质大学会计学院叶陈毅教授（博士、博士后）、王俊岭教授（博士）、孙文博教授（博士）、李献士副教授（博士）和李晓晟讲师（博士）等人参加了课题研究思路的论证和研讨，部分成员参加了多次相关学术会议，为深入开展课题研究提供了思想与智力支持。河北省社科联常务副主席兼河北省社会科学院副院长曹保刚研究员，中国地质大学（北京）人文经管学院院长、博士生导师安海忠，国土资源部调控与监督司曹清华主任和河北省教育厅科技处王兴达处长、刘树船处级调研员等领导给予了关心与支持。河北地质大学校长王凤鸣教授和商学院师生也给予了关心与帮助。在此深表谢意。

在本书撰写过程中，作者参阅了大量的相关著作和论文等资料，尤其是马世骏先生、王如松先生等关于复合生态系统的理论与方法，是我们进行科学研究的思想宝库与理论支撑。尽管马世骏和王如松先生已经仙逝，但他们的高尚的品德与学术精神成为我们不忘初心、潜心学问、精进前行的不竭动力。另外，国内著名生态学家李文华先生、颜京松先生、云正明先生、欧阳志云先生等对生态工程的研究及其学术思想对我及其课题团队也产生了莫大的影响。饮水思源，衷心感恩这些前辈。本人在 20 多年的学术生涯中，《河北学刊》《河北大学学报》《河北地质大学学报》《生态经济》《科技管理研究》《科学学与科学技术管理》《科技进步与对策》《经济问题》《企业经济》《中国人口·资源与环境》《现代经济探讨》《当代经济管理》《中国企业报》《中国机电日报》等 80 多家杂志或报纸刊登过我的学术论文。在此，对上述报纸期刊等媒体表示真诚的感激。同时在本书的编写中，经济科学出版社给予了关心与支持，在此也表示衷心感谢。

全书定稿之日，适值第三十三个教师节。自 1985 年大学毕业分配到高校任教以来，本人在河北地质大学（原石家庄经济学院、河北地质学院）度过了33个教师节。节日期间，我将师生们的祝福珍藏在心，继续精雕细琢、润色书稿，感觉更加充实与快乐。我作为一名教师也真切地感受到涵养、学养、教养和修养是人生弥足珍贵的精神财富，而修养良善心态、涵养自然生态正是有学养与教养的重要表现。在本课题的研究中，尽管课题组成员就就业业地工作，认认真真地开展研究，对书稿进行了反反复复的推敲与雕琢，但鉴于本人学疏才浅，尤其对京津冀广大区域资源型企业的过去与现在调查的还不够广泛深入，理论与方法应用方面还有诸多需要进一步探索与实证的地方。因此，在课题研究及本书撰写行文中，难免有不妥或纰漏之处，敬请诸位专家、学者和读者，以及有关部门的领导多多批评指正，不吝赐教。您的批评与指正，不仅是对我们的莫大鼓励与鞭策，也是我们不忘初心、潜心学海、教书育人、继续前进的不竭动力。

自古以来，中华民族就有尊师重教、弘道立德、崇智尚学的优良传统。习近平总书记指出，一个人遇到好老师是人生的幸运，一个学校拥有好老师是学校的光荣，一个民族源源不断涌现出一批又一批好老师则是民族的希望。中华民族自古就敬奉天地君亲师，天地君亲师也称为天伦，教师则是天地君亲师之一。荀子曰："天地者，生之本也；先祖者，类之本也；君师者，治之本也"（《荀子·礼论》）。天伦之乐，需要天地共生与和谐；国泰民安，需要德高望重的伟大领袖的指引。人生至要，莫若教子。望子成龙，望女成凤，不仅需要父母的悉心养育，更需要老师的精心培育。陶行知先生说："千教万教，教人求真，千学万学，学做真人。"在天伦五字中，师放在最后，也最为关键。帝王有其师，庶民也有其师。《尔雅》中解释："师，众也。"鄙人认为，在众人中，德高望重者，以其道深学高为师。德高望重之人才不愧为师，才能担当起教师的重任。唐代韩愈曰："古之学者必有师。师者，所以传道授业解惑也。"有好的老师，才能真正传道授业解惑。传道，就是要传授天地自然之道，乃至人生与社会之道。传道是老师的第一要务，也是最为神圣的责任。教师要以弘道立德为己任，才能立德树人。据说，孔子去世后，子贡从卫国带来了几株楷树（楷树也称为黄连木，俗称黄连树）种在孔子墓前。其意思是说，孔夫子永远是学生的楷模。学高为师，行为世范。老师就要做学生的良师益友，做人民群众的楷模。在祝福微信飞来飞去的教师节，我们每一个教师都该静下心来，以虔诚之心感恩至圣先师孔子，不忘初心，立德树人，教好书育好人；我们每一个中华儿女，都应该敬畏天地、感念至圣先师孔子，不忘初心，终生学习，做好人做好事。在欢度教师节之际，特将去年本人赴曲阜拜谒孔庙瞻仰孔子时所作的一首诗与广大师生共勉，与全国人民共勉。①

驻足孔庙心肃然，瞻仰至圣大成殿。

金声玉振千秋颂，万世师表蠹人寰。

周游列国播仁义，创立儒家种学田。

德配天地彰六艺，中华斯文薪火传。

2017 年 9 月 10 日中午

---

① 自 2003 年 3 月，本人出任商学院院长以来秉承的人生使命是"弘扬儒学，培育新儒商！"拜谒孔庙瞻仰至圣先师是我由来已久的夙愿。2016 年 9 月 3 日，我和妻子、儿子参观孔庙后瞻仰先师，如愿以偿。仰视孔子圣像，深感为人师表，率先垂范，责任重大。感慨之余，即兴赋诗。成诗后，我于 9 月 5 日通过短信将该诗的初稿发给河北省社科联常务副主席曹保刚研究员、我校党委书记李军教授、校长王凤鸣教授和我校经贸学院院长刘德智教授、学术传播中心主任杨智杰教授、会计学院王震副教授等人，诸位领导和同仁多有赞美之词。在此，鄙人特别感激的是曹保刚先生以他深厚的文化底蕴与睿智，确切地指出了此诗中的三处不足，鄙人真是受益匪浅。后来，鄙人按照曹保刚先生的指点，经过反复推敲与雕琢，该诗才得以定稿。修改后再次发给曹先生，他夸奖改得好！